丛书主编 萧鸣政

人力资源管理专业实用系列教材

人力资源政策与法规

（第二版）

萧鸣政 金志峰 编著

北京大学出版社
PEKING UNIVERSITY PRESS

图书在版编目(CIP)数据

人力资源政策与法规/萧鸣政,金志峰编著.—2版.—北京:北京大学出版社,2022.4
人力资源管理专业实用系列教材
ISBN 978-7-301-32969-6

Ⅰ.①人… Ⅱ.①萧… ②金… Ⅲ.①人力资源管理—劳动政策—教材②劳动法—中国—教材 Ⅳ.①F249.20②D922.5

中国版本图书馆 CIP 数据核字(2022)第 049298 号

书　　　名	人力资源政策与法规(第二版) RENLI ZIYUAN ZHENGCE YU FAGUI(DI-ER BAN)
著作责任者	萧鸣政　金志峰　编著
责任编辑	韩月明　武　岳
标准书号	ISBN 978-7-301-32969-6
出版发行	北京大学出版社
地　　　址	北京市海淀区成府路 205 号　100871
网　　　址	http://www.pup.cn
新浪微博	@北京大学出版社　　@未名社科-北大图书
微信公众号	北京大学出版社　北大出版社社科图书
电子邮箱	编辑部 ss@pup.cn　总编室 zpup@pup.cn
电　　　话	邮购部 010-62752015　发行部 010-62750672 编辑部 010-62753121
印 刷 者	北京鑫海金澳胶印有限公司
经 销 者	新华书店
	787 毫米×1092 毫米　16 开本　16.5 印张　271 千字 2013 年 10 月第 1 版 2022 年 4 月第 2 版　2024 年 11 月第 3 次印刷
定　　　价	45.00 元

未经许可,不得以任何方式复制或抄袭本书之部分或全部内容。
版权所有,侵权必究
举报电话:010-62752024　电子邮箱:fd@pup.cn
图书如有印装质量问题,请与出版部联系,电话:010-62756370

第二版前言

随着我国经济社会的发展,在众多人力资源领域理论研究者和从业者的努力之下,优秀的人力资源法规方面的书籍不断涌现。但是在教学和研究过程中,我们发现一个非常显著的特点,就是现有的人力资源法规方面的书籍多是对现有法规文本的分类汇编。这类书籍虽便于查阅,但对于一般高校的教师、学生和从业人员而言,并没有系统介绍人力资源管理的某一领域或特定环节法律法规的发展、不同政策法规的效力及相互之间的关系等内容,因此急需一部涵盖人力资源学科内容各领域与实践流程各环节、按照人力资源管理内在逻辑编写的、有较强指导性和实践性的书籍。本书正是在这样的背景下组织编写而成的。

《人力资源政策与法规》是北京大学人力资源开发与管理研究中心 2012 年编写、2013 年 10 月出版的教材,全书十六章 40.7 万字。本书是在第一版内容的基础上,根据基础性、重要性、关键性与实用性进行删减与更新而成的。

把原有的十六章压缩成现在的十二章,总字数压缩了三分之一。全书内容如下:

第一章至第四章为人事管理政策法规,分别为公务员管理、事业单位人事管理、专业技术人员管理(原第四章博士后管理合并于此)、军队转业干部安置等。

第五章介绍劳动就业方面的政策法规,包括就业服务与管理、特殊就业保障、外国人在中国就业(原第七章涉外劳动管理合并于此)。

第六章至第十二章则集中介绍企事业组织人力资源管理的具体业务环节的法规。这些环节包括劳动合同,劳动管理与薪酬(原第九章与第十一章合并于此),社会保障(原第十章内容),培训与开发(原第十二章内容),离职、退休与裁员(原第十四章合并于此),工会与民主管理(原第十五章内容),以及劳动争议协调(原第十六章内容)。在培训与开发一章中,增加了开发方面的内容,把《国家中长期教育改革和发展规划纲要(2010—2020年)》和《国家中长期人才发展规划纲要(2010—2020年)》以及各部委颁发的有关人才队伍建设的政策法规中有关职业生涯规划、岗位交流、锻炼等的要求进行了概述。

本书总体来说有以下三个特点:

第一,内容全面。这主要表现在两个方面:一是涵盖了当前人事管理、就业与各种组织人力资源管理等领域的各个方面和各个环节;二是重新梳理与更新了现行有效的法律、行政法规、司法解释、地方法规、地方规章、部门规章及其他规范性文件等,同时为了使读者对相关法规的沿革有一个总体的了解,在叙述过程中,本书对于部分废止或失效的法律法规也有所涉及,补充了新发布的相关法规。

第二,体例新颖。各章均以综述的形式,将相关法规发展的脉络进行了清晰的梳理,同时按照内在的逻辑关系,以简洁的文字将分散的法规串联起来。这种形式便于将同一领域的相关法规全面、系统、清晰地展示给读者。这一点有别于当前多数仅仅将相关法律法规文本简单罗列的书籍。

第三,结构完备。每章对其中涉及的关键概念、主要法规等做详细介绍;结尾部分对本章内容做总结和回顾;同时,每章还附有思考题、案例及案例讨论题,部分章节还有示范案例,便于引导读者对本章内容做进一步的思考,以加深理解,提高实践应用能力。

这次修订之所以能够删减又不失去原有内容的全面性,主要是因为在每章中尽量进行叙述和论述,减少对于法律法规的直接复述及引文比例,特别是尽量减少大篇幅引用和全文附录。第一章至第六章内容由金志峰教授完成,第七章至第十二章的内容由萧鸣政教授完成。萧鸣政还负责全书的修订指导与统稿工作。北京大学法学院顾凤、张猛同学参与了第七章至第十二章的部分修订工作,在此表示感谢。

由于本书内容涉及面广,相关法律法规纷繁复杂,加上编写者自身水平所限,书中难免存在错漏之处,敬请广大读者批评指正!

萧鸣政
2022年1月25日

目　录

第一章　公务员管理　／1
　　第一节　职务、职级与级别　／3
　　第二节　考试与录用　／6
　　第三节　考核、职务任免、升降与奖惩　／12
　　第四节　培训与交流　／20

第二章　事业单位人事管理　／31
　　第一节　登记管理　／32
　　第二节　岗位设置管理　／34
　　第三节　公开招聘　／37
　　第四节　岗位聘用　／43
　　第五节　考　核　／48
　　第六节　薪　酬　／50

第三章　专业技术人员管理　／59
　　第一节　专业技术资格　／59
　　第二节　专业技术人员职业资格　／70
　　第三节　以留学人员为主体的海外高层次人才政策　／79
　　第四节　博士后制度　／82

第四章　军队转业干部安置　／91
　　第一节　安置对象与安置地点　／93

第二节 工作分配与就业 / 95
第三节 待遇保障 / 97
第四节 自主择业军转干部安置管理 / 101

第五章 劳动就业 / 108
第一节 就业服务与管理 / 109
第二节 特殊就业保障 / 114
第三节 外国人在中国就业 / 119

第六章 劳动合同 / 127
第一节 劳动合同的订立、履行和变更 / 128
第二节 劳动合同的解除、终止和续订 / 132
第三节 集体合同 / 136
第四节 非全日制用工 / 140
第五节 劳务派遣 / 140

第七章 劳动管理与薪酬 / 146
第一节 劳动时间 / 146
第二节 劳动保护 / 149
第三节 薪酬管理 / 155

第八章 社会保障 / 160
第一节 养老保险 / 160
第二节 医疗保险 / 165
第三节 工伤保险 / 171
第四节 失业保险 / 180
第五节 生育保险 / 184
第六节 住房公积金 / 186

第九章 培训与开发 / 191
第一节 培训与开发的保障 / 191
第二节 职业培训与开发的方式 / 193

第三节 职业培训的费用 / 196

第四节 职业培训服务期限与违约金的约定 / 197

第十章 离职、退休与裁员 / 202

第一节 离 职 / 202

第二节 退 休 / 204

第三节 裁 员 / 212

第十一章 工会与民主管理 / 218

第一节 工会的性质与职责 / 219

第二节 工会的组织组建与成员构成 / 220

第三节 工会的权利与义务 / 223

第四节 工会经费 / 233

第五节 职工民主管理 / 235

第十二章 劳动争议协调 / 243

第一节 劳动监察 / 243

第二节 劳动争议的处理 / 248

第三节 劳动争议的调解 / 249

第四节 劳动争议的仲裁 / 250

第五节 劳动争议的诉讼 / 253

第一章 公务员管理

1993年8月,《国家公务员暂行条例》(国务院令第125号,现已失效)正式颁布,标志着我国公务员制度的建立。1997年,党的十五大提出完善国家公务员制度的要求,进一步推动了公务员制度的发展。公务员制度的建立和推行,标志着适合机关特点的干部人事管理制度的建立,奠定了机关、事业单位、国有企业干部分类管理的基本格局,基本形成了与社会主义市场经济相适应的干部人事管理体制,逐步构建了独具中国特色的人事管理制度。2005年4月27日,第十届全国人民代表大会常务委员会第十五次会议通过了《中华人民共和国公务员法》[1](以下简称《公务员法》)。《公务员法》的颁布实施,是我国人事制度改革的重大成果,在干部人事工作法制化进程中具有里程碑意义,作为我国第一部带有干部人事管理总章程性质的重要法律,标志着我国干部人事工作在法制化轨道上迈入了一个新的阶段。[2]

我国公务员是指依法履行公职、纳入国家行政编制、由国家财政负担工资福利的工作人员。公务员的范围包括以下机关中除工勤人员以外的工作人员:中国共产党各级机关;各级人民代表大会及其常务委员会机关;各级行政机关;中国人

---

[1] 根据2017年9月1日第十二届全国人民代表大会常务委员会第二十九次会议《关于修改〈中华人民共和国法官法〉等八部法律的决定》修正;2018年12月29日第十三届全国人民代表大会常务委员会第七次会议修订。

[2] 余兴安、唐志敏主编:《人事制度改革与人才队伍建设(1978—2018)》,中国社会科学出版社2019年版,第36—42页。

民政治协商会议各级委员会机关；各级监察机关；各级审判机关；各级检察机关；各民主党派和工商联的各级机关。公务员职位类别按照公务员职位的性质、特点和管理需要，划分为综合管理类、专业技术类和行政执法类等类别。

《公务员法》颁布实施的同时，一系列有关公务员管理的配套政策法规也陆续出台。

2007年至2009年，中共中央组织部、人事部（现为人力资源和社会保障部）先后印发《公务员考核规定（试行）》（中组发〔2007〕2号，已修订）、《公务员录用规定（试行）》（人事部令2007年第7号，已修订）、《公务员奖励规定（试行）》（中组发〔2008〕2号，已修订）、《公务员调任规定（试行）》（中组发〔2008〕6号，已修订）、《公务员职务任免与职务升降规定（试行）》（中组发〔2008〕7号，现行有效）、《公务员申诉规定（试行）》（人社部发〔2008〕20号，现行有效）、《公务员培训规定（试行）》（中组发〔2008〕17号，已修订）、《新录用公务员任职定级规定》（中组发〔2008〕20号，已修订）、《公务员辞去公职规定（试行）》（人社部发〔2009〕69号，已修订）、《公务员辞退规定（试行）》（人社部发〔2009〕71号，已修订）等。

2007年，国务院发布《行政机关公务员处分条例》（国务院令第495号，现行有效）。

2011年，中组部、人社部、总政治部对2007年印发的《人事争议处理规定》（国人部发〔2007〕109号，现行有效）进行了修正。

2013年，中组部、人社部出台《公务员公开遴选办法（试行）》（中组发〔2013〕7号，已修订）。

2016年至2017年，中办、国办印发《行政执法类公务员管理规定（试行）》（2016年发布，现行有效）和《聘任制公务员管理规定（试行）》（2017年发布，现行有效）。

2019年3月3日，中共中央发布了修订后的《党政领导干部选拔任用工作条例》。同年3月19日，中办发布《公务员职务与职级并行规定》（现行有效）。

2019年至2020年，中组部对《公务员考核规定（试行）》《公务员录用规定（试行）》《公务员调任规定（试行）》《公务员培训规定（试行）》等作了修订，发布了《公务员录用规定》《公务员调任规定》《公务员培训规定》《公务员平时考核办法(试行)》《公务员登记办法》《公务员范围规定》《公务员职务、职级与级别管理办法》《公务员考核规定》《公务员奖励规定》《公务员辞去公职规定》《公务员辞退规定》等文件。

第一节 职务、职级与级别

职位分类通常是根据职位的工作性质、责任轻重、工作难易程度和所需资格条件等进行分类,划分为若干种类和等级,以便对从事不同性质工作的人用不同的要求和方法治理,对同类同级的人员用统一的标准治理,以实现人事治理的科学化,做到"适材适所",劳动报酬公平合理,这是现代人事分类的一种类型。国家实行公务员职位分类制度。公务员职位类别按照公务员职位的性质、特点和管理需要,划分为综合管理类、专业技术类和行政执法类等类别。国家实行公务员职务与职级并行制度,根据公务员职位类别和职责设置公务员领导职务、职级序列。领导职务、职级与级别是实施公务员管理、确定公务员工资以及其他待遇的依据。公务员职务、职级与级别的规定主要见于《公务员法》《公务员职务与职级并行规定》和《公务员职务、职级与级别管理办法》。

一、职务、职级与级别

领导职务与职级是确定公务员待遇的重要依据。

领导职务层次分为国家级正职、国家级副职、省部级正职、省部级副职、厅局级正职、厅局级副职、县处级正职、县处级副职、乡科级正职、乡科级副职。

职级是公务员的等级序列,是与领导职务并行的晋升通道,体现公务员政治素质、业务能力、资历贡献,是确定工资、住房、医疗等待遇的重要依据,不具有领导职责。

公务员职级在厅局级以下设置。职级序列按照综合管理类、专业技术类、行政执法类等公务员职位类别分别设置。综合管理类公务员职级序列分为:一级巡视员、二级巡视员、一级调研员、二级调研员、三级调研员、四级调研员、一级主任科员、二级主任科员、三级主任科员、四级主任科员、一级科员、二级科员。

公务员根据所任职级执行相应的工资标准,享受所在地区(部门)相应职务层次的住房、医疗、交通补贴、社会保险等待遇。担任领导职务且兼任职级的公务员，按照就高原则享受有关待遇。公务员晋升职级，不改变工作职位和领导指挥关系，不享受相应职务层次的政治待遇、工作待遇。因不胜任、不适宜担任现职免去领导职务的，按照其职级确定有关待遇，原政治待遇、工作待遇不再保留。

担任领导职务且兼任职级的公务员，主要按照领导职务进行管理。不担任领导职务的职级公务员一般由所在机关进行日常管理。公务员晋升至所在机关领导成员职务对应的职级，不作为该机关领导成员管理。根据工作需要和领导职务与职级的对应关系，公务员担任的领导职务和职级可以互相转任、兼任；符合规定资格条件的，可以晋升领导职务或者职级。

公务员的级别根据所任领导职务、职级及其德才表现、工作实绩和资历确定。公务员在同一职务上，可以按照国家规定晋升级别。公务员级别由低至高依次为二十七级至一级。

公务员职务结构具有较鲜明的金字塔形特点，越到高级，职位越少，大批基层公务员面临晋升空间狭窄的问题，很难晋升到科级和处级岗位。职务晋升困难直接影响了工资待遇和事业成就感的提升，加剧了基层公务员职业懈怠等问题。这种背景下，在县以下机关实行公务员职务与职级并行制度，是我国干部人事制度改革的一个重要举措，也体现了公务员管理制度的创新和完善。这项制度的核心内容就是在公务员法的框架内，在保持原有领导职务晋升通道不变的情况下，增加职级晋升通道，形成公务员晋升的"双阶梯"模式，为基层公务员拓宽了晋升通道，提供了更广阔的职业发展空间。基层公务员既可以经由"领导职务"序列晋升，也可以通过"职级"序列晋升，并相应得到工资待遇的提升，获得更有效的物质和精神激励。

二、职务、职级与级别的对应关系

公务员的领导职务、职级对应相应的级别。公务员在同一领导职务、职级上，可以按照国家规定晋升级别。

公务员领导职务层次、综合管理类公务员职级与级别的对应关系如表1-1所示。

第一章 公务员管理

表1-1 领导职务、职级与级别对应表

职务层次		对应级别范围	级别序列
领导职务	职级		
国家级正职		1	一
国家级副职		4—2	二—四
省部级正职		8—4	四—八
省部级副职		10—6	六—十
厅局级正职	一级巡视员	13—8	八—十三
厅局级副职	二级巡视员	15—10	十—十五
县处级正职	一级调研员	17—11	十一—十七
县处级副职	二级调研员	18—12	十二—十八
	三级调研员	19—13	十三—十九
	四级调研员	20—14	十四—二十
乡科级正职	一级主任科员	21—15	十五—二十一
	二级主任科员	22—16	十六—二十二
	三级主任科员	23—17	十七—二十三
乡科级副职	四级主任科员	24—17	十七—二十四
	一级科员	26—18	十八—二十六
	二级科员	27—19	十九—二十七

资料来源：根据《公务员职务与职级并行规定》和《公务员职务、职级与级别管理办法》整理。

第二节 考试与录用

除《公务员法》第四章(第二十三条至第三十四条)之外,公务员考试录用规定主要见于《公务员录用规定》、《新录用公务员试用期管理办法(试行)》(人社部发〔2011〕62号,现行有效)、《公务员录用体检通用标准(试行)》(人社部发〔2016〕140号,现行有效)、《公务员录用体检操作手册(试行)》(人社部发〔2016〕140号,现行有效)、《公安机关录用人民警察体能测评项目和标准(暂行)》(人社部发〔2011〕48号,现行有效)等政策法规。

一、录用岗位类型、程序与管理机构

(一)录用岗位类型

《公务员录用规定》适用于录用担任主任科员以下及其他相当职务层次的非领导职务公务员,坚持公开、平等、竞争、择优的原则,按照德才兼备的标准,采取考试与考察相结合的方法进行。

(二)录用程序

录用公务员,应当按照下列程序进行:(1)发布招考公告;(2)报名与资格审查;(3)考试;(4)体检;(5)考察;(6)公示;(7)审批或者备案。省级以上公务员主管部门可以对上述程序进行调整。民族自治地方录用公务员,依照法律和有关规定执行。具体办法由省级以上公务员主管部门确定。

(三)管理机构权限

中央公务员主管部门负责全国公务员录用的综合管理工作,包括:拟定公务员录用法规;制定公务员录用的规章、政策;指导和监督地方各级机关公务员的录用工作;负责组织中央机关及其直属机构公务员的录用。省级公务员主管部门负责本辖区公务员录用的综合管理工作,必要时,省级公务员主管部门可以授权设区的市级公务员主管部门组织本辖区内公务员的录用。设区的市级以下公务员主管部门按照省级公务员主管部门的规定,负责本辖区内公务员录用的有关工作。招录机关按照公务员主管部门的要求,负责本机关及直属机构公务员录用的有关工作。

第一章 公务员管理

二、招录前期工作

（一）录用计划与招考工作方案

招录机关根据队伍建设需要和职位要求，提出招考的职位、名额和报考资格条件，拟订录用计划。中央机关及其直属机构的录用计划，由中央公务员主管部门审定。省级机关及其直属机构的录用计划，由省级公务员主管部门审定。设区的市级以下机关录用计划的申报程序和审批权限，由省级公务员主管部门规定。

省级以上公务员主管部门依据有关法律、法规、规章和政策，制订招考工作方案。设区的市级公务员主管部门经授权组织本辖区公务员录用时，其招考工作方案应当报经省级公务员主管部门审核同意。

（二）招考公告

公务员主管部门依据招考工作方案，制定招考公告，面向社会发布。招考公告应当载明以下内容：招录机关、招考职位、名额和报考资格条件；报名方式方法、时间和地点；报考需要提交的申请材料；考试科目、时间和地点；其他须知事项。

（三）资格审查

报考者应当向招录机关提交真实、准确、完整的报考申请材料，招录机关根据报考资格条件对报考申请进行审查，确认报考者是否具有报考资格。

报考公务员应当具备的资格条件包括：具有中华人民共和国国籍；年龄为十八周岁以上，三十五周岁以下；拥护中华人民共和国宪法，拥护中国共产党领导和社会主义制度；具有良好的政治素质和道德品行；具有正常履行职责的身体条件和心理素质；具有符合职位要求的工作能力；具有大学专科以上文化程度；省级以上公务员主管部门规定的拟任职位所要求的资格条件；法律、法规规定的其他条件。其中，年龄和文化程度条件经省级以上公务员主管部门批准，可以适当调整。公务员主管部门和招录机关不得设置与职位要求无关的报考资格条件。

因犯罪受过刑事处罚者，被开除中国共产党党籍或公职的，被依法列为失信联合惩戒对象的，以及有法律规定不得录用为公务员的其他情形的人员，不得报考公务员。公务员之间有夫妻关系、直系血亲关系、三代以内旁系血亲关系以及近姻亲关系的，不得在同一机关双方直接隶属于同一领导人员的职位或者有直接上下级领导关系的职位工作，也不得在其中一方担任领导职务的机关从事组织、人事、纪检、监察、审计和财务工作。报考者不得报考录用后即构成以上情形的职位。

三、考试、考察与录用

(一) 考试

公务员录用考试采取笔试和面试的方式进行,考试内容根据公务员应当具备的基本能力和不同职位类别、不同层级机关分别设置,重点测查用习近平新时代中国特色社会主义思想指导分析和解决问题的能力。

1. 笔试

笔试包括公共科目和专业科目。公共科目由中央公务员主管部门统一确定。专业科目由省级以上公务员主管部门根据需要设置。笔试结束后,招录机关按照省级以上公务员主管部门的规定,根据笔试成绩由高到低确定面试人选。

2. 面试

面试的内容和方法由省级以上公务员主管部门规定。由具有面试考官资格的人员组成面试考官小组。面试考官资格的认定与管理,由省级以上公务员主管部门负责。录用特殊职位的公务员,经省级以上公务员主管部门批准,可以采用其他测评办法。

(二) 报考资格复审与考察

招录机关根据报考者的考试成绩等确定考察人选,并进行报考资格复审和考察。报考资格复审主要核实报考者是否符合规定的报考资格条件,确认其报名时提交的信息和材料是否真实、准确、完整。考察应当组成考察组。考察组由两人以上组成,采取个别谈话、实地走访、严格审核人事档案、查询社会信用记录、同考察人选面谈等方法,根据需要也可以进行延伸考察等,广泛深入地了解情况,做到全面、客观、公正,并据实写出考察材料。考察情况作为择优确定拟录用人员的主要依据。

(三) 体检

公务员录用体检工作的相关法规有《公务员法》《公务员录用体检通用标准(试行)》《公务员录用体检操作手册(试行)》《公安机关录用人民警察体能测评

项目和标准(暂行)》等政策法规。

1. 体检的组织实施

承担体检工作的医疗机构由设区的市级以上公务员主管部门会同同级卫生健康行政部门指定。体检完毕,主检医生应当审核体检结果并签名,医疗机构加盖公章。

2. 体检项目和标准

体检的项目和标准参照《公务员录用体检通用标准(试行)》执行。人民警察录用还要进行体能测评,体能测评按照《公安机关录用人民警察体能测评项目和标准(暂行)》等文件的规定执行。招录机关根据职位需要,经省级以上公务员主管部门批准,可以对报考者进行体能测评和心理素质测评。

3. 复检

招录机关或者报考者对体检结果有疑问的,可以按照规定提出复检。必要时,设区的市级以上公务员主管部门可以要求体检对象重新体检。复检只能进行一次,体检结果以复检结论为准。

4. 体检纪律与处罚

用人单位和体检医院要按照规定的程序和要求做好体检工作,并对考生的体检结果保密。对于体检中有违反操作规程、弄虚作假、徇私舞弊、渎职失职等行为的直接责任人员和负有责任的领导人员,按照有关规定给予处分,涉嫌犯罪的,移送有关国家机关依法处理。参加体检的考生应当如实填写相关信息并回答有关询问。对于弄虚作假,或者隐瞒真实情况,致使体检结果失实的考生,不予录用或取消录用。

(四) 公示、审批或备案

招录机关根据报考者的考试成绩、体检结果和考察情况等,择优提出拟录用人员名单,向社会公示。公示时间不少于五个工作日。公示内容包括招录机关名称、拟录用职位,拟录用人员姓名、性别、准考证号、毕业院校或者工作单位,监督电话以及省级以上公务员主管部门规定的其他事项。公示期满,对没有问题或者反映问题不影响录用的,按照规定程序办理审批或者备案手续。

中央机关及其直属机构拟录用人员名单应当报中央公务员主管部门备案;地

方各级招录机关拟录用人员名单应当报省级或者设区的市级公务员主管部门审批。

新录用的公务员试用期为一年。试用期内,由招录机关对新录用的公务员进行考核,并按照规定进行初任培训。试用期满考核不合格的,取消录用;考核合格的,招录机关应当按照有关规定予以任职定级。

四、纪律与处罚

(一) 回避

从事录用工作的人员凡有下列情形的,应当实行回避:涉及本人利害关系的;涉及与本人有夫妻关系、直系血亲关系、三代以内旁系血亲关系以及近姻亲关系的人员的利害关系的;其他可能影响公正执行公务的。

(二) 录用工作人员违纪违规行为处罚

对于录用工作人员,有下列情形之一的,由省级以上公务员主管部门或者设区的市级公务员主管部门,视情况分别予以责令纠正或者宣布无效;对负有责任的领导人员和直接责任人员,根据情节轻重,给予批评教育、责令检查、诫勉、组织调整或者组织处理;涉嫌违纪违法需要追究责任的,依规依纪依法予以处分;涉嫌犯罪的,移送有关国家机关依法处理:

(1) 不按照规定的编制限额和职位要求进行录用的;(2) 不按照规定的任职资格条件和程序录用的;(3) 未经授权,擅自出台、变更录用政策,造成不良影响的;(4) 录用工作中徇私舞弊,情节严重的;(5) 发生泄露试题、违反考场纪律以及其他严重影响公开、公正行为的。

从事录用工作的人员有下列情形之一的,由公务员主管部门或者所在单位,根据情节轻重,给予批评教育、责令检查、诫勉、组织调整或者组织处理;涉嫌违纪违法需要追究责任的,依规依纪依法予以处分;涉嫌犯罪的,移送有关国家机关依法处理:

(1) 泄露试题和其他录用秘密信息的;(2) 利用工作便利,伪造考试成绩或者其他录用工作有关资料的;(3) 利用工作便利,协助报考者考试作弊的;(4) 因工作失职,导致录用工作重新进行的;(5) 违反录用工作纪律的其他行为。

（三）报考者违纪违规行为处罚

报考者有违反报考规则和管理规定行为的,由公务员主管部门、招录机关或者考试机构按照管理权限,分别采取纠正、批评教育、答卷不予评阅、当科考试成绩为零分、终止录用程序等方式进行现场处置或者事后处置。

报考者有隐瞒真实信息、弄虚作假、考试作弊、扰乱考试秩序等违反录用纪律行为的,情节较轻的,由省级以上公务员主管部门或者设区的市级公务员主管部门给予考试成绩无效、取消资格等处理;情节严重的,给予五年内限制报考的处理;情节特别严重的,给予终身限制报考的处理;涉嫌犯罪的,移送有关国家机关依法处理。

五、新录用公务员定级

新录用公务员试用期满三十日内,应根据拟任职务的要求,按照公务员的条件、义务和纪律要求,对新录用公务员进行任职考核。考核合格的新录用公务员任职定级,应当在规定的编制限额、职数和一级主任科员以下或者相当层次职级范围内,按照拟任职级及其对应的级别进行。新录用公务员任职时间从试用期满之日起计算,其在机关最低服务年限为五年(含试用期)。

（一）无工作经历的应届毕业生

直接从各类学校毕业生中录用、没有工作经历的公务员,根据其学历、学位,分别定级,详见表1-2:

表1-2 无工作经历的新录用公务员任职定级标准

学历/学位	级别
获得博士学位的研究生	二十二级
获得硕士学位的研究生	二十四级
大学本科毕业生	二十五级
获得双学士学位的大学本科毕业生(含学制为六年以上的大学本科毕业生)	二十五级
研究生班毕业生	二十五级
未获得硕士学位的研究生	二十五级
大学专科毕业生	二十六级
高中和中专毕业生	二十七级

资料来源:根据《新录用公务员任职定级规定》相关条款整理。

（二）有工作经历的人员

具有工作经历的，可根据其资历和工作年限，比照本机关同等条件人员，确定职级与级别。

（三）其他

国家对法官、检察官等的任职定级另有规定的，从其规定。

第三节　考核、职务任免、升降与奖惩

公务员考核、职务任免、升降与奖惩等方面的规范当前主要见于《公务员法》《公务员考核规定》《公务员平时考核办法（试行）》《党政领导干部选拔任用工作条例》《公务员职务任免与职务升降规定（试行）》《行政机关公务员处分条例》等法律法规。

一、考核

公务员考核，是指国家行政机关根据法定的管理权限，按照公务员考核的内容、标准、程序和方法，对公务员的德才表现、工作能力和业务效果进行定期和不定期的考察、评价，并以此作为对公务员进行奖惩、任用、培训的依据。本节所介绍的公务员考核，是指对非领导成员公务员的考核，这类考核规定主要见于《公务员法》《公务员考核规定》《公务员平时考核办法（试行）》。

（一）考核内容和标准

对公务员的考核，以公务员的职位职责和所承担的工作任务为基本依据，全面考核德、能、勤、绩、廉，重点考核政治素质和工作实绩。

公务员的考核分为平时考核、专项考核和定期考核等方式。平时考核以职位职责和所承担的工作任务为依据，及时了解公务员德、能、勤、绩、廉日常表现，考核结果分为好、较好、一般和较差4个等次。其中，好等次公务员人数原则上掌握在本机关参加平时考核的公务员总人数的40%以内。专项考核是针对性的考核。定期考核以平时考核、专项考核为基础，采取年度考核的方式，考核结果分为优秀、称职、基本称职和不称职4个等次。其中，优秀等次的人数，一般掌握在本机关应参加年度考核的公务员总人数的20%以内；经同级公务员主管部门审核同意,可以掌握在20%以内。

(二)考核程序

公务员考核由其所在机关组织实施。机关在年度考核时可以设立考核委员会。考核委员会由本机关领导成员、组织(人事)部门、纪检监察机关及其他有关部门人员和公务员代表组成。

平时考核一般按以下程序进行:个人对本人工作表现情况做简要小结,并报主管领导;相关领导综合多方信息,对个人小结进行审核评鉴;有关领导或者机关组织(人事)部门采取适当方式,及时向公务员本人反馈考核结果。

专项考核是对公务员完成重要专项工作,承担急难险重任务和关键时刻的政治表现、担当精神、作用发挥、实际成效等情况所进行的针对性考核,可以按照了解核实、综合研判、结果反馈等程序进行,或者结合推进专项工作灵活安排。

定期考核采取年度考核的方式,在每年年末或者翌年年初进行。具体程序如图1-1所示:

图1-1 公务员年度考核程序

公务员对年度考核确定为不称职等次不服的,可以按照有关规定申请复核、申诉。

(三)考核结果的使用

公务员年度考核的结果作为调整公务员职位、职务、职级、级别、工资以及公务员奖励、培训、辞退的依据。

年度考核确定为优秀等次的,按照下列规定办理:(1)当年给予嘉奖,在本机关范围内通报表扬;晋升上一职级所要求的任职年限缩短半年。(2)连续三年确定为优秀等次的,记三等功;晋升职务职级时,在同等条件下优先考虑。

年度考核确定为称职以上等次的,按照下列规定办理:(1)累计两年确定为称职以上等次的,在所定级别对应工资标准内晋升一个工资档次。(2)累计五年确定为称职以上等次的,在所任职务职级对应级别范围内晋升一个级别。(3)本考核年度计算为晋升职务职级的任职年限,同时符合规定的其他任职资格条件的,具有晋升职务职级的资格。(4)享受年度考核奖金。

年度考核确定为基本称职等次的,按照下列规定办理:(1)对其进行诫勉,责令作出书面检查,限期改进。(2)本考核年度不计算为按年度考核结果晋升级别和级别工资档次的考核年限。(3)本考核年度不计算为晋升职务职级的任职年限;下一年内不得晋升职务职级。(4)不享受年度考核奖金。(5)连续两年确定为基本称职等次的,予以组织调整或者组织处理。

年度考核被确定为不称职等次的,按照下列规定办理:(1)本考核年度不计算为晋升职务职级的任职年限;降低一个职务或者职级层次任职。(2)本考核年度不计算为按年度考核结果晋升级别和级别工资档次的考核年限。(3)不享受年度考核奖金。(4)连续两年确定为不称职等次的,予以辞退。

二、职务任免与升降

当前我国公务员职务任免与升降的规定见于《公务员法》第六、第七章(第四十条至第五十条)、《公务员职务任免与职务升降规定(试行)》、《公务员职务、职级与级别管理办法》和《党政领导干部选拔任用工作条例》等文件。

(一)职务任免

公务员的职务任免是指任免机关依照国家有关法律和法规的规定,在其任免权限范围内,通过法定程序,任命公务员担任某职务或免去公务员担任的某职务。[①] 公务员领导职务实行选任制、委任制和聘任制。公务员职级实行委任制和聘任制。领导成员职务按照国家规定实行任期制。对于选任制公务员,选举结果生效时即任当选职务;任期届满不再连任或者任期内辞职、被罢免、被撤职的,其所任职务即终止。对于委任制公务员,遇有试用期满考核合格,职务、职级发生变化,以及其他情形需要任免职务、职级的,应当按照管理权限和规定的程序任免。

1. 任职

委任制公务员任职的具体情形包括:新录用公务员试用期满经考核合格的;通过调任、公开选拔等方式进入公务员队伍的;晋升或者降低职务的;转任、挂职锻炼的;免职后需要新任职务的;其他原因需要任职的。

公务员任职,应当在规定的编制限额和职数内进行,并有相应的职位空缺。

---

① 陈振明主编:《公务员制度(修订版)》,福建人民出版社2007年版,第244页。

任职程序一般为：(1)按照有关规定提出拟任职人选；(2)根据职位要求对拟任职人选进行考察或者了解；(3)按照干部管理权限集体讨论决定；(4)按照规定履行任职手续。公务员任职时，应当按照规定确定级别。

公务员因工作需要在机关外兼任职务的，应当经有关机关批准，并不得领取兼职报酬。

2. 免职

委任制公务员免职情形包括：晋升职务后需要免去原任职务的；降低职务的；转任的；辞职或者调出机关的；非组织选派，离职学习期限超过一年的；退休的；其他原因需要免职的。

免职按照以下程序进行：(1)提出免职建议；(2)对免职事由进行审核；(3)按照干部管理权限集体讨论决定；(4)按照规定履行免职手续。

公务员有下列情形之一的，其职务自然免除，可不再办理免职手续，由所在单位报任免机关备案：受到刑事处罚或者劳动教养[①]的；受到撤职以上处分的；被辞退的；法律、法规及有关章程有其他规定的。

（二）职务晋升

公务员晋升职务，应当具备拟任职务所要求的思想政治素质、工作能力、文化程度和任职经历等方面的条件和资格。公务员晋升职务，在规定任职资格年限内的年度考核结果均为称职以上等次。

1. 晋升资格条件

公务员晋升职务，应当逐级晋升。特别优秀的公务员或者工作特殊需要的，可以破格或者越级晋升职务。

提拔担任党政领导职务的，应当具备下列基本资格：(1)提任县处级领导职务的，应当具有五年以上工龄和两年以上基层工作经历。(2)提任县处级以上领导职务的，一般应当具有在下一级两个以上职位任职的经历。(3)提任县处级以上领导职务，由副职提任正职的，应当在副职岗位工作两年以上；由下级正职提任上级副职的，应当在下级正职岗位工作三年以上。(4)一般应当具有大学专科以

[①] 2013年12月28日，第十二届全国人民代表大会常务委员会第六次会议通过了《全国人民代表大会常务委员会关于废止有关劳动教养法律规定的决定》，标志着劳动教养制度被依法废除。部分法律法规尚未更新，本书保留原文说法。

上文化程度,其中厅(局)级以上领导干部一般应当具有大学本科以上文化程度。(5)应当经过党校(行政学院)、干部学院或者组织(人事)部门认可的其他培训机构的培训,培训时间应当达到干部教育培训的有关规定要求。确因特殊情况在提任前未达到培训要求的,应当在提任后一年内完成培训。(6)具有正常履行职责的身体条件。(7)符合有关法律规定的资格要求。提任党的领导职务的,还应当符合《中国共产党章程》等规定的党龄要求。

晋升乡科级领导职务的公务员,应当符合下列资格条件:(1)具有大学专科以上文化程度。(2)晋升乡科级正职领导职务的,应当任乡科级副职领导职务2年以上,或者任乡科级副职领导职务和三级、四级主任科员及相当层次职级累计2年以上,或者任三级、四级主任科员及相当层次职级累计2年以上,或者任四级主任科员及相当层次职级2年以上。(3)晋升乡科级副职领导职务的,应当任一级科员及相当层次职级3年以上。

公务员晋升职级须具备表1-3所列任职年限条件。

表1-3 职级晋升基本资格

晋升职级	任职年限条件	
一级巡视员	厅局级副职或者二级巡视员	4年以上
二级巡视员	一级调研员	
一级调研员	县处级正职或者二级调研员	3年以上
二级调研员	三级调研员	
三级调研员	县处级副职或者四级调研员	
四级调研员	一级主任科员	
一级主任科员	乡科级正职或者二级主任科员	2年以上
二级主任科员	三级主任科员	
三级主任科员	乡科级副职或者四级主任科员	
四级主任科员	一级科员	
一级科员	二级科员	

资料来源:根据《公务员职务与职级并行规定》相关条款整理。

2.晋升程序

公务员晋升领导职务需经过以下程序:(1)动议;(2)民主推荐;(3)确定考察对象,组织考察;(4)按照管理权限讨论决定;(5)履行任职手续。

公务员晋升职级按照下列程序办理:(1)党委(党组)或者组织(人事)部门研究提出工作方案;(2)对符合晋升职级资格条件的人员进行民主推荐或者民主测评,提出初步人选;(3)考察了解并确定拟晋升职级人选;(4)对拟晋升职级人选进行公示,公示期不少于5个工作日;(5)审批。各级机关中未限定职数比例的职级,其晋升程序可以适当简化。

厅局级正职以下领导职务出现空缺且本机关没有合适人选的,可以通过适当方式面向社会选拔任职人选。

3. 晋升领导职务公示制度和任职试用期制度

公务员晋升领导职务的,应当按照相关规定实行任前公示制度和任职试用期制度。按照《党政领导干部选拔任用工作条例》,提拔担任厅局级以下领导职务的,除特殊岗位和在换届考察时已进行过公示的人选外,在党委(党组)讨论决定后,下发任职通知前,应当在一定范围内公示,公示期不少于五个工作日。提拔担任下列非选举产生的厅局级以下领导职务的,试用期为一年:党委、人大常委会、政府、政协工作部门副职和内设机构领导职务;纪委监委机关内设机构、派出机构领导职务;法院、检察院内设机构的非国家权力机关依法任命的领导职务。

(三)降职

公务员降职,一般降低一个职务层次。降职程序为:(1)提出降职建议;(2)对降职事由进行审核并听取拟降职人的意见;(3)按照干部管理权限集体讨论决定;(4)按照规定办理降职手续。降职的公务员,在新的职位工作一年以上,德才表现和工作实绩突出,经考察符合晋升职务条件的,可晋升职务。其中,降职时降低级别的,其级别按照规定晋升;降职时未降低级别的,晋升到降职前职务层次的职务时,其级别不随职务晋升。

三、奖励

公务员奖励是指,对工作表现突出,有显著成绩和贡献,或者有其他突出事迹的公务员或者公务员集体,给予奖励。相关规定主要见于《公务员法》《公务员奖励规定》等法律法规。

(一)奖励种类与措施

公务员奖励坚持精神奖励与物质奖励相结合、以精神奖励为主的原则。奖励共分五种类型,即嘉奖、记三等功、记二等功、记一等功、授予称号。对获得奖励的公务员、公务员集体,由审批机关颁布奖励决定,颁发奖励证书。同时对获得记三等功以上奖励的公务员颁发奖章、公务员集体颁发奖牌。对获得奖励的公务员,按照规定标准给予一次性奖金。其中,获得"人民满意的公务员"称号的公务员,按照有关规定享受省部级以上表彰奖励获得者待遇。

(二)奖励条件

公务员、公务员集体有下列情形之一的,给予奖励:(1)忠于职守,积极工作,勇于担当,工作实绩显著的;(2)遵纪守法,廉洁奉公,作风正派,办事公道,模范作用突出的;(3)在工作中有发明创造或者提出合理化建议,取得显著经济效益或者社会效益的;(4)为增进民族团结,维护社会稳定做出突出贡献的;(5)爱护公共财产,节约国家资财有突出成绩的;(6)防止或者消除事故有功,使国家和人民群众利益免受或者减少损失的;(7)在抢险、救灾等特定环境中做出突出贡献的;(8)同违纪违法行为作斗争有功绩的;(9)在对外交往中为国家争得荣誉和利益的;(10)有其他突出功绩的。

(三)奖励权限

中央公务员主管部门负责全国公务员奖励的综合管理工作。县级以上地方各级公务员主管部门负责本辖区内公务员奖励的综合管理工作。上级公务员主管部门指导下级公务员主管部门的公务员奖励工作。各级公务员主管部门指导同级各机关的公务员奖励工作。

嘉奖、记三等功,由县级以上党委和政府或者市(地)级以上机关批准。

记二等功,由市(地)级以上党委和政府或者省级以上机关批准。

记一等功,由省级以上党委和政府或者中央和国家机关批准。

授予称号,由省级以上党委和政府批准。

由市(地)级以上机关审批的奖励,应当事先将奖励实施方案报同级公务员主管部门审核。

四、惩戒

纪律是特定组织为了维护自身的利益和形象并保证其职能的正常行使而要求组织成员遵守的行为准则。国家公务员的纪律,是指国家行政机关为了规范和约束国家公务员的行为,保证国家行政机关有秩序高效率的工作,所制定的要求国家公务员共同遵守的具有强制性和约束力的行为规范。公务员纪律是公务员义务的具体化,具有国家强制性,以惩戒作为执行的保障。相关规定主要见于《公务员法》《行政机关公务员处分条例》等法律法规。

(一)公务员纪律

1. 政治纪律

必须坚持党的以经济建设为中心,坚持四项基本原则,坚持改革开放的基本路线,遵守宪法和法律,保护国家和人民利益,维护政府声誉。不得有下列行为:散布有损宪法权威、中国共产党和国家声誉的言论,组织或参加旨在反对宪法、中国共产党领导和国家的集会、游行、示威等活动;组织或参加非法组织;组织或者参加罢工;等等。

2. 工作纪律

必须忠于职守,勤奋工作,服从命令,讲究效率,不得有玩忽职守、贻误工作、对抗上级依法作出的决定和命令以及在处理公务时敷衍塞责、互相推诿等行为。必须维护集体的统一与团结,不得有压制批评、打击报复、独断专行等行为。

3. 职业道德和社会公德

必须忠诚老实,实事求是,不得有弄虚作假、欺骗领导和群众以及知情不举、诬告、陷害他人等行为。必须密切联系群众,关心群众生活,自觉接受群众的批评与监督,不得有滥用职权、侵犯群众利益、损害政府和人民的关系等行为。必须遵守社会公德,不得有参与或者支持色情、吸毒、迷信、赌博等活动以及其他违反社会公德的行为。

4. 廉政纪律

必须公正廉洁,克己奉公,不得有贪污、盗窃、行贿或者利用职务之便牟取私利等行为。必须爱惜公物,节约国家资财,不得挥霍公款,浪费国家资财等。必须尽职尽责地完成本职工作,不得有从事或者参与营利性活动等行为。

5. 保密纪律

必须保持高度的警惕性,严守保密规定,保守国家秘密和工作秘密,不得有泄露国家秘密和工作秘密等任何违反国家保密规定的行为。

6. 外事活动纪律

在对外交往中必须维护国家的安全、荣誉和利益,不得有丧失国格、人格等有损国家荣誉和利益的行为以及其他违反外事纪律的行为。

从事特殊职业的国家公务员,还应遵守与本职工作有关的行为规范。

(二)处分规定

公务员因违纪违法应当承担纪律责任的,依照《公务员法》给予处分或者由监察机关依法给予政务处分;违纪违法行为情节轻微,经批评教育后改正的,可以免予处分。

《行政机关公务员处分条例》第十八条至第三十三条对违法违纪行为及其适用的处分作了详细的列举和规定,第三十四条至第三十八条则对处分权限作了规定。行政机关公务员处分分为六种,其相应期间和处分措施见表1-4。

表1-4 行政机关公务员处分种类、期间及措施

种类	期间	措施	
警告	6个月	不得晋升工资档次	不得晋升职务和级别
记过	12个月		
记大过	18个月		
降级	24个月		
撤职	24个月	按照规定降低级别	
开除		自处分决定生效之日起,解除其与单位的人事关系,不得再担任公务员职务	

资料来源:根据《行政机关公务员处分条例》整理。

受到处分的行政机关公务员对处分决定不服的,依照《公务员法》和《中华人民共和国行政监察法》的有关规定,可以申请复核或者申诉。复核、申诉期间不停止处分的执行。公务员不因提出复核、申诉而被加重处分。

第四节 培训与交流

一、培训

《公务员法》(第十章)、《干部教育培训工作条例》(2015年发布)、《2010—2020年干部教育培训改革规划纲要》(2010年发布)、《2018—2022年全国干部教育

培训规划》（2018年发布）及《公务员培训规定》等均对公务员培训作了规定。

（一）管理机构

公务员培训工作由中共中央组织部主管，人力资源和社会保障部负责指导协调全国行政机关公务员培训工作。公务员培训必须把学习贯彻习近平新时代中国特色社会主义思想作为首要任务，把提高治理能力作为重大任务，加强思想淬炼、政治历练、实践锻炼、专业训练，高质量培训公务员，高水平服务党和国家事业发展，体现不同类别、不同层级、不同岗位公务员能力素质需要，着力增强时代性、针对性、有效性。公务员培训情况、学习成绩作为公务员考核的内容和任职、晋升的依据之一。

（二）培训机构

承担公务员培训任务的机构包括以下几类：一是党校（行政学院）、干部学院和社会主义学院，这是我国干部教育培训的主渠道、主阵地；二是部门和行业的干部教育培训机构；三是高等学校和科研院所，主要提供新理论、新知识、新技能、新信息的培训；四是符合条件的社会培训机构；五是境外著名大学和培训机构。

（三）培训任务

担任县处级以上领导职务的公务员每5年应当参加党校（行政学院）、干部学院，以及经公务员主管部门或者公务员所在机关认可的其他培训机构累计3个月或者550学时以上的培训。其他公务员参加培训的时间一般每年累计不少于12天或者90学时。公务员参加培训经考核合格后，获得相应的培训结业证书。按规定参加组织选派的脱产培训期间，其工资和各项福利待遇与在岗人员相同。

（四）培训分类

公务员培训分为四种类型，即初任培训、任职培训、专门业务培训和在职培训。培训方式主要有脱产培训（以组织调训为主）、党委（党组）中心组学习、网络培训、在职自学等。

1. 初任培训

初任培训是对新录用公务员进行的培训，重点提高其思想政治素质和依法依规办事等适应机关工作的能力。初任培训由公务员主管部门统一组织，主要采取公务员主管部门统一举办初任培训班和公务员所在机关结合实际开展入职培训的形式进行。专业性较强的机关按照公务员主管部门的统一要求，可自行组织初任培训。初任培训中应当组织新录用公务员公开进行宪法宣誓。初任培训应当在试用期内完成，时间一般不少于12天。

没有参加初任培训或者初任培训考核不合格的新录用公务员，不能任职定级。

2. 任职培训

任职培训是按照新任职务的要求，对晋升领导职务的公务员进行的培训，重点提高其胜任职务的政治能力和领导能力。任职培训应当在公务员任职前或者任职后一年内进行。担任县处级副职以上领导职务的公务员任职培训时间一般不少于30天，担任乡科级领导职务的公务员任职培训时间一般不少于15天。

没有参加任职培训或者任职培训考核不合格的公务员，应当根据不同情况，按有关规定处理。

3. 专门业务培训

专门业务培训是根据公务员从事专项工作的需要进行的专业知识和技能培训，重点提高公务员的业务工作能力。专门业务培训的时间和要求由公务员所在机关根据需要确定。中央公务员主管部门对专业技术类、行政执法类公务员专门业务培训加强宏观指导。

专门业务培训考核不合格的公务员，不得从事专门业务工作。

4. 在职培训

在职培训是对全体公务员进行的培训，目的是及时学习领会党中央决策部署、提高政治素质和工作能力、更新知识。

省部级、厅局级、县处级党政领导干部应当每5年参加党校、行政学院、干部学院，以及干部教育培训管理部门认可的其他培训机构累计3个月或者550学时以上的培训。提拔担任领导职务的，确因特殊情况在提任前未达到教育培训要求的，应当在提任后1年内完成培训。干部教育培训管理部门应当作出规划，统筹安排。其他干部参加教育培训的时间，根据有关规定和工作需要确定，每年累计不少于12天或者90学时。

组织（人事）部门在干部年度考核、任用考察时，应当将干部接受教育培训情况作为一项重要内容。公务员因故未按规定参加培训或者未达到培训要求的,应当及时补训。无正当理由不参加培训的,根据情节轻重,给予批评教育、责令检查、诫勉、组织调整或者组织处理、处分。培训考核不合格的,年度考核不得确定为优秀等次。

二、交流

公务员的交流,是指机关根据工作需要或公务员个人愿望,通过调任、转任等形式,在机关内部调整公务员的工作职位,或者把公务员调出机关任职、将非公务员身份的公职人员调入机关担任公务员职务的管理活动。

(一)调任

调任,是指国有企业、高等院校和科研院所以及其他不参照公务员法管理的事业单位中从事公务的人员调入机关担任领导职务或者四级调研员以上及其他相当层次的职级。《公务员法》第七十条对公务员调任作了基本规定,《公务员调任规定》对公务员调任的资格条件、调任程序等作出详细规范。

调任人选除应具备公务员基本资格条件外,还应具有良好的政治和业务素质、与拟调任职位要求相当的工作经历和任职资历、公务员法及其配套法规规定的晋升至拟任职务职级累计所需的最低工作年限。专业技术人员调入机关任职的,应当担任副高级专业技术职务2年以上,或者已担任正高级专业技术职务。调入中央机关、省级机关任职的,应当具有大学本科以上文化程度;调入市(地)级以下机关任职的,应当具有大学专科以上文化程度。调任厅局级领导职务或者一级、二级巡视员及其他相当层次职级的,原则上不超过55周岁;调任县处级领导职务、县级和乡镇机关乡科级领导职务或者一级至四级调研员及其他相当层次职级的,原则上不超过50周岁;调任其他乡科级领导职务的,原则上不超过45周岁。

调任按照以下程序进行:(1)根据工作和队伍建设需要确定调任职位及调任条件;(2)提出调任人选;(3)征求调出单位意见;(4)组织考察;(5)集体讨论决定;(6)调任公示;(7)报批或者备案;(8)办理调动、任职和公务员登记手续。

调任人员除由国家权力机关依法任命职务的以外,一般实行任职试用期制,试用期为一年。试用期满考核合格的,正式任职;考核不合格的,另行安排工作。

（二）转任

转任，是指公务员在公务员队伍内部不同职位之间的交流或者交流到参照公务员法管理的机关（单位）工作人员职位。转任是交流的一种重要形式，它意味着公务员的职位和隶属关系的转变，但不涉及公务员身份的变更。转任是国家公务员在国家公务员系统内的流动。通过转任，达到人与职位的最佳配置。

从转任原因来讲，可细分为两种情形：一是机关根据工作需要决定公务员转任，二是经公务员个人申请、机关批准同意的转任。

根据《公务员法》及相关法规的规定，公务员的转任应当符合三个方面的基本要求：一是应当具备拟任职位所要求的资格条件；二是应当在规定的编制限额和职数内进行；三是转任时需要职位升降的，应当按照公务员职务晋升或降职的有关规定，严格履行程序。

担任机关内设机构领导职务和工作性质特殊的公务员转任，也应符合两方面要求：一是转任范围主要在本机关内部，一般不跨地区、跨部门。二是规定转任要事先制订计划，确定转任的具体人员、转任去向、转任时机等。此外，这两类人员的转任原则上有时间要求，即在同一职位连续任职一定时间就应当转任。

公务员公开遴选，是指市（地）级以上机关从下级机关公开择优选拔任用内设机构公务员。公开遴选既是公务员转任的一种方式，也是党政机关选拔人才的一种重要途径和方式。2021年，中共中央组织部修订发布《公务员公开遴选办法》，对公开遴选的原则、程序、权限、纪律和监督等作了明确规定。

公开遴选可由公务员本人申请并按照干部管理权限经组织审核同意后报名，也可征得本人同意后由组织推荐报名。遴选考试一般采取笔试和面试等方式进行，考试内容根据不同职位类别、不同层级机关公务员应当具备的能力素质分别设置，重点测查用习近平新时代中国特色社会主义思想指导分析和解决问题的能力。面试人选根据笔试成绩由高到低的顺序确定。根据考试综合成绩等，确定初步考察人选，进行差额考察。考察人数与计划遴选人数的比例一般不高于2∶1。

公务员遴选作为公务员队伍内部竞争性的转任和选拔方式，是在公务员队伍中"二次择优"的一项制度创新。公开遴选为中央及省市级公务员队伍注入了大量来自基层的新鲜血液，对优化公务员队伍的来源和经历结构有着重要作用，密切了党政机关与基层群众的联系;同时也能有效拓宽公务员队伍的上行通道,为基层公务员提供更好的职业发展激励。

本章小结

公务员管理包括公务员的录用与辞职辞退、职务任免、考核与晋升、奖惩、培训、工资福利保险等环节。当前我国公务员管理主要依据《公务员法》等法规。《公务员法》颁布以后,我国又陆续出台了一系列有关公务员管理的政策法规。

公务员职务、职级与级别的规定主要见于《公务员法》和《公务员职务、职级与级别管理办法》。公务员领导职务层次由高至低依次为:国家级正职、国家级副职、省部级正职、省部级副职、厅局级正职、厅局级副职、县处级正职、县处级副职、乡科级正职、乡科级副职。公务员职级在厅局级以下设置。职级序列按照综合管理类、专业技术类、行政执法类等公务员职位类别分别设置。综合管理类公务员职级序列分为:一级巡视员、二级巡视员、一级调研员、二级调研员、三级调研员、四级调研员、一级主任科员、二级主任科员、三级主任科员、四级主任科员、一级科员、二级科员。公务员级别由低至高依次为二十七级至一级。

《公务员法》《公务员录用规定》《新录用公务员试用期管理办法(试行)》《公务员录用体检通用标准(试行)》《公务员录用体检操作手册(试行)》《公安机关录用人民警察体能测评项目和标准(暂行)》等对公务员考试录用作了规定。公务员录用包括发布招考公告、报名与资格审查、考试、考察与体检、公示、审批或备案等环节。

公务员考核、职务任免、升降与奖惩等主要由《公务员法》《公务员考核规定》《公务员平时考核办法(试行)》《党政领导干部选拔任用工作条例》《公务员职务任免与职务升降规定(试行)》《行政机关公务员处分条例》等进行规范。公务员考核以其职位职责和所承担的工作任务为基本依据,全面考核德、能、勤、绩、廉,重点考核工作实绩。考核分为平时考核、专项考核和定期考核(年度考核)。年度考核的结果作为调整公务员职务、级别、工资以及公务员奖励、培训、辞退的依据。公务员奖励分嘉奖、记三等功、记二等功、记一等功、授予称号等五种类型。处分分为警告、记过、记大过、降级、撤职和开除等六类。

《公务员法》《干部教育培训工作条例》《2010—2020年干部教育培训改革规划纲要》《2018—2022年全国干部教育培训规划》《公务员培训规定》《公务员调任规定》等均对公务员培训和交流作了规定。公务员培训分初任培训、任职培训、专门业务培训和在职培训四种类型。公务员的交流包括调任、转任等形式。公务员公开遴选既是公务员转任的一种方式,也是党政机关选拔人才的一种重要途径和方式。

复习思考题

1. 公务员管理包括哪些环节?当前我国公务员管理主要依据哪些政策法规?
2. 试述我国公务员职务和级别的相关规定。
3. 公务员考试录用相关政策法规有哪些?公务员录用包括哪些环节?结合自己的认识谈谈哪些环节易出现违规行为。
4. 公务员奖励和处分各包括哪些类型?《行政机关公务员处分条例》对各类公务员处分的期限和措施是如何规定的?
5. 公务员培训有哪些类型?有关政策法规对不同级别公务员的培训任务有何规定?

案例与问题

考公务员体检被指不合格被刷①

如果不是在体检中被检出意外的结果,宋江明如今也许已经成为山西省长治市环保局的一名公务员了。

但命运跟这个小伙子开了一个玩笑。因为体检的一项指标被检出低于《公务员录用体检通用标准(试行)》的规定,获得笔试、面试和总成绩三项第一的宋江明被刷了下去。

然而,宋江明随后在3家医院的4次体检结果均显示,此前参加公务员招录体检出现问题的那项指标每次都达标。究竟是自己的身体出了问题,还是另有隐情?宋江明至今搞不明白。

---

① 根据以下资料整理:《宋江明求职验血记》,《中国青年报》2011年11月9日,第4版;《长治处理公务员考录违规事件责任人》,《中国青年报》2012年1月1日,第2版。

第一章 公务员管理

笔试、面试、总成绩第一,成为唯一参加体检者

在体检之前,宋江明参加公务员考试的经历一帆风顺。

2011年3月27日,山西省人力资源和社会保障厅、山西省公务员局联合发布《山西省行政机关2011年考试录用公务员公告》。彼时,作为吉林大学应届硕士研究生的宋江明看中了公告中的一个岗位:长治市环保局"科员2"。

中国青年报记者在《长治市行政机关2011年考录公务员(含参照管理)职位表》上看到,该岗位的"所需资格条件"为:户籍要求"山西省",年龄要求"35周岁以下",学历要求"本科以上",专业要求"环境资源法及相关专业"。

宋江明告诉记者,他报考这一岗位的原因有两个:第一,他是山西长治人,希望回家乡工作;第二,这个岗位专业要求是"本科以上"和"环境资源法及相关专业",这与他所学的环境法专业恰好吻合。

4月24日,宋江明参加了笔试。5月27日,他通过山西人事考试网查到,自己的笔试成绩为118分。在《长治市2011年行政机关考录公务员资格复审公告》中,宋江明看到,自己的名字位列长治市环保局"科员2"岗位的第一名。

在顺利通过资格复审之后,宋江明参加了7月28日举行的面试,并表现出色。张贴在长治市人力资源和社会保障局(以下简称长治市人社局)就业大厅内的公告显示,在长治市环保局"科员2"岗位报考者中,宋江明笔试成绩第一、面试成绩第一、总成绩第一。

按照长治市人社局在山西人事考试网上发布的《2011年长治市行政机关考试录用公务员体检通知》,报考长治市环保局"科员2"岗位的,最终只有宋江明一人进入了体检环节。8月11日,宋江明在医院参加了体检。

一切似乎没有悬念了。因为就在7月1日进行的吉林大学毕业生体检中,宋江明的体检结论为"合格"。

然而,8月15日下午,来自长治人社局公务员科的一个通知,打断了宋江明的一路顺利。公务员科的工作人员通知宋江明,让他第二天到长治市人社局赵副局长的办公室去一趟。

第二天,在人社局办公室,赵副局长对宋江明说:体检查出你的身体有点问题。不过,尽管宋江明一再追问,赵副局长并没有透露宋江明的身体出了什么问题,只让他等复查的通知。

验血结果前后悬殊

复查在次日上午进行,宋江明在医院体检中心抽了血用于化验。

由于不知道自己的身体到底出了什么问题,于是,宋江明向体检中心的医生咨询。医生告诉他,根据前一次的体检数据,有几项指标偏低,最坏的情况可能是白血病。复查的结果要下午才能出来,并直接送到长治市人社局。

在体检中心,宋江明和医生聊了大约半个小时才走出医院。他心里忐忑不安:"究竟是身体出了问题,还是对方在暗示我该'活动活动'呢?"

想到公务员招考中可能存在的"潜规则",出了医院后,宋江明给赵副局长打了个电话。在电话中,宋江明说,自己这两天感冒,吃了点药,可能会影响体检结果。"想和您当面聊聊,看能否再给我一次机会。"但赵副局长没有答应。

据宋江明回忆,赵副局长在电话里说:"你的身体不适合做公务员了,但是你可以从事其他的工作。如果你还在长治,有什么事情还可以找我。不要告诉父母,你要勇于承担。"

正是这话让宋江明感到疑惑。"下午出体检结果,我上午就被告知为不合格,为什么长治市人社局在体检报告出来之前就告知我为不合格?"他在网上发布的一条申诉帖子中这样写道。

当天11点多,宋江明接到一位好心人的电话。对方提醒他:"考公务员挺不容易的,别因为体检的原因被刷下来。你赶紧去找找领导吧,看看能不能送个礼什么的。"

当天下午,宋江明多次打电话或发短信联系赵副局长,对方一直未接电话,也没有回复短信。直到晚上6点多,赵副局长给宋江明打来电话说,体检复查中一项名叫"血红蛋白"的指标只有"88",未能达到标准,所以体检不合格。

赵副局长还在电话里跟宋江明解释:"你这个身体确实有问题,我不能再给你检查了,不然我会受处分的。"

根据国家颁布的《公务员录用体检通用标准(试行)》第三条:"血液病,不合格。单纯性缺铁性贫血,血红蛋白男性高于90g/L、女性高于80g/L,合格。"

宋江明于8月19日、8月25日前往长治市中医医院、长治市人民医院验血;后来,又在9月4日和11月4日两次去此前曾参加体检和复查的长治医学院附属和平医院进行化验。这4次验血的结果是:宋江明的血红蛋白测量值分别是

第一章 公务员管理

180g/L、165g/L、167g/L、163.9g/L。四次测量值均高于90g/L，符合《公务员录用体检通用标准（试行）》第三条的规定。

2011年9月19日，山西人事考试网公布《2011年忻州市、长治市行政机关公务员招录拟录用人员公示》。其中，2011年长治市行政机关拟录用人员的公示日期为9月19日至9月25日。9月23日，即公示期结束的两天前，长治市人社局便在递补宋江明进入后续考录环节的贾美玉的"山西省公务员录用审批表"上，给出了"同意录用"的意见。

被要求"承诺不拿体检报告做文章"

自己去化验的结果与公务员体检的化验结果差距竟如此大，这让宋江明感到不解。8月20日，也就是宋江明第一次自行前往长治市中医医院体检的化验结果出来后，他来到长治市人社局公务员科，提出要复印体检报告，但没有得到批准。

11月8日下午，在接受中国青年报记者采访时，公务员科的一位工作人员解释说："我们请示了省厅，省厅表示我们没有这个义务提供体检报告的复印件。"

宋江明告诉记者，公务员科的工作人员同意把化验单拿出来给他看一下。但按照公务员科负责人的要求，看化验单的前提是：他必须承诺不拿体检报告做文章。

宋江明承诺了之后，才看到自己的两次公务员体检化验单。从化验单可以看出，赵副局长提到的"血红蛋白"指标，第一次测量值是70g/L，第二次是88g/L，两次均低于《公务员录用体检通用标准（试行）》第三条的规定。

这是宋江明第一次看到自己的体检化验单。他告诉中国青年报记者，尽管他当即质疑，却遭到了公务员科工作人员的指责。对方说，你刚才承诺不做文章，现在却质疑，没有诚信。随后，工作人员便不再理睬宋江明。

宋江明只得又去找赵副局长，但没找到。他转而去找局长，却碰了一鼻子灰。宋江明告诉中国青年报记者，局长的答复是："我正忙呢，你要再这样纠缠，即使体检过了，我也要让你政审不过。"随后，他被工作人员拉出了局长办公室。

多次申诉没有下文

在长治市人社局的遭遇让宋江明感到有些"寒心"了，他随后走上申诉道路。

他拨打长治市监察局的电话，反映人社局信息不公开的问题，对方先是反问"你怎么知道这个电话的"，接着又说信息公开的事管不了。

他拨打山西省招考领导小组的监督电话，对方说那是长治的事，管不了。

他拨打长治市的"市长热线",却迟迟没有答复。"市长热线"打多了,连话务员都能听出他的声音来了——"你这事儿还没解决啊?那我再给你登记一次。"

由于宋江明体检未通过,第二名就递补上来了。据宋江明的调查,第二名考生的专业是"资源环境科学",而"科员2"岗位的专业要求是"环境资源法及相关专业"。根据《山西省行政机关2011年考试录用公务员公告》附件中一份名叫《公务员录用专业设置分类指导目录》的材料,"资源环境科学"属于第35类环境科学类,而"环境资源法"属于第10类法律类。

"第二名考生的专业显然不符合招考要求。"宋江明说。

针对"科员2"岗位的专业要求,长治市人社局公务员科的工作人员告诉记者,此事经请示省厅后,他们认为"资源环境科学"属于"相关专业",并没有违规。

多次申诉,至今没有下文,宋江明不得不给自己另择出路。10月28日,他乘坐火车,远赴四川成都,参加当地的公务员考试。

究竟是自己的身体出了问题,还是另有隐情?这对宋江明来说,仍是一个谜。

内幕大白于天下

以上事件引起社会各方强烈关注。长治市纪委、监察局成立的调查组在调查核实过程中发现,宋江明参加体检和复查的血液检验单存在人为篡改数据的嫌疑;长治市人社局、长治医学院附属和平医院有关人员和递补考生家长涉嫌严重违纪违法问题,在2011年长治市行政机关公务员考录体检过程中,篡改考生体检结果,致使本该录用的考生宋江明未被录用;在调查期间,订立攻守同盟,隐瞒事实真相,毁灭证据,干扰办案,造成了恶劣的社会影响,严重损害了党和政府的形象。

长治市委、长治市纪委、长治市医学院纪委对10名涉案人员分别作出严肃处理,其中3人被开除党籍,并因涉嫌犯罪被检察机关依法逮捕;其他7名相关人员也分别受到相应处分或因涉嫌犯罪问题被长治市公安局刑事拘留。

案例讨论题

1. 长治市人社局在此次公务员录用中的哪些环节存在违规行为?试结合本章内容叙述之。

2. 针对本案例中的违规行为,请谈谈你对进一步完善公务员录用制度的建议。

第二章 事业单位人事管理

事业单位是指国家为了社会公益目的,由国家机关举办或者其他组织利用国有资产举办的,从事教育、科技、文化、卫生等活动的社会服务组织。事业单位是公共服务的重要载体和公共部门的重要组成部分,也是《中华人民共和国宪法》①(以下简称《宪法》)规定的六大类组织之一和《中华人民共和国民法典》②(以下简称《民法典》)规定的非营利法人之一。

长期以来,我国事业单位一直沿用党政机关的管理模式,国家是事业单位的直接用人主体,国家规定统一的人事制度,确定事业单位编制,经费由国家财政统一供给或部分供给。事业单位人事管理制度不同程度地存在着用人机制不灵活、结构不合理、人才作用得不到充分发挥等弊端,已经不能适应社会主义市场经济体制的要求和社会事业发展的需要。建立健全事业单位人事管理法规制度,一直被视为我国事业单位改革的重要突破口。

自党的十四大提出事业单位分类改革的目标以来,我国先后出台了多部有关事业单位人事管理的法规,内容涉及事业单位登记、岗位设置管理、公开招聘、岗位聘用制度、考核培训、奖励处分及社会保险等。党的十八大以来,事业单位人事制度改革进入全面深化期,人事管理法制化建设取得突破性进展。2014年4月,

---

① 中华人民共和国成立后,曾于1954年9月20日、1975年1月17日、1978年3月5日和1982年12月4日通过四部宪法,现行宪法为1982年宪法,并历经1988年、1993年、1999年、2004年、2018年五次修正。

② 2020年5月28日,第十三届全国人民代表大会第三次会议表决通过了《中华人民共和国民法典》,自2021年1月1日起施行。

我国第一部系统规范事业单位人事管理的行政法规——《事业单位人事管理条例》(国务院令第652号)出台,填补了事业单位人事管理的法律空白,为事业单位人事管理提供了明确的法律依据。这一时期还先后出台了《事业单位工作人员处分暂行规定》(人社部、监察部令2012年第18号)、《事业单位工作人员申诉规定》(人社部发〔2014〕45号)、《事业单位领导人员管理暂行规定》(中办发〔2015〕34号,已修订)等文件。至此,我国以《事业单位人事管理条例》为核心的人事管理法规体系初步形成。

第一节　登记管理

事业单位登记管理,是指国家对事业单位的设立、变更、注销及其法人资格进行核准登记并对其登记事项和社会行为实施行政执法监督的一系列管理活动的总称。事业单位由县级以上人民政府及有关主管部门批准成立后,应当依法登记或者备案。我国当前事业单位登记管理主要依据《事业单位登记管理暂行条例》(国务院1998年发布实施,2004年修订,以下简称《暂行条例》)和《事业单位登记管理暂行条例实施细则》(国家事业单位登记管理局2005年发布,2014年修订,以下简称《实施细则》)两部法规。

一、登记对象适用范围

《暂行条例》第二条规定:本条例所称事业单位,是指国家为了社会公益目的,由国家机关举办或者其他组织利用国有资产举办的,从事教育、科技、文化、卫生等活动的社会服务组织。

《实施细则》第四条对登记对象作了更详细的规定:本细则所称事业单位,是指国家为了社会公益目的,由国家机关举办或者其他组织利用国有资产举办的,从事教育、科研、文化、卫生、体育、新闻出版、广播电视、社会福利、救助减灾、统计调查、技术推广与实验、公用设施管理、物资仓储、监测、勘探与勘察、测绘、检验检测与鉴定、法律服务、资源管理事务、质量技术监督事务、经济监督事务、知识产权事务、公证与认证、信息与咨询、人才交流、就业服务、机关后勤服务等活动的社会服务组织。

二、事业单位法人

新中国成立后相当长的一段时间里,我国事业单位在很大程度上依附于政府,没有也不需要具有独立的法律地位。随着我国经济体制和政治体制改革的推进,要求改变束缚事业单位发展的传统管理体制的呼声日益强烈,国家有关部门开始部署并探索开展有关工作。

1986年颁布的《中华人民共和国民法通则》[1](以下简称《民法通则》)将我国的法人分为两类:一类是企业法人;一类是非企业法人,非企业法人包括机关法人、事业法人和社会团体法人。这样,事业单位法人概念初步创设,事业单位法人的民事主体地位得以确立。2020年5月,《民法典》颁布,将我国法人分为营利法人、非营利法人和特别法人,事业单位属于非营利法人。

与其他法人组织相比,事业单位法人有其独特之处:

一是获取法人资格的法定程序和开展活动的凭证不同。事业单位法人依据《暂行条例》及其他有关法律法规,经事业单位登记管理机关登记或备案,完成获取法人资格的法定程序;开展活动时,需有《事业单位法人证书》作为法人身份的合法凭证。其他类型法人均有各自的获取法人资格的法定程序和开展活动的凭证。

二是活动领域不同。事业单位法人主要活动在科教文卫等领域,为社会提供公益服务;企业法人主要活动在生产流通领域,为社会创造物质财富;机关法人的活动涉及社会的各个领域,以行政、法律、经济等手段,对社会事务进行管理。

三是产出不同。事业单位法人的产出,主要是科研成果、书籍报刊等精神产品和教书育人、救死扶伤等公益性服务行为;企业法人的产出,主要是各种物质产品和运输、销售、餐饮等经营性服务行为;机关法人的产出,主要是方针政策、法律法规、规章制度和各种行政管理行为。

根据《民法通则》精神,1998年10月国务院发布《暂行条例》,在全国范围内全面启动事业单位登记管理,事业单位法人制度在我国正式实施。

事业单位法人地位在法律上的确立经历了一个较长的过程,是伴随着事业单

---

[1] 1986年4月12日第六届全国人民代表大会第四次会议通过,1986年4月12日中华人民共和国主席令第三十七号公布,自1987年1月1日起施行,现已失效。

位管理体制改革的进程而变化的。确立事业单位独立法人地位,是我国行政管理体制改革和事业单位改革发展的必然选择。尽管目前关于事业单位法人的性质还存在不同的认识,但是事业单位经营管理自主权具备了比过去大得多的实现空间,事业单位的独立法人地位已经在法律上得到确立。

三、登记管理机关与管辖范围

县级以上各级人民政府机构编制管理机关所属的事业单位登记管理机构(以下简称登记管理机关)负责实施事业单位的登记管理工作。事业单位实行分级登记管理。分级登记管理的具体办法由国务院机构编制管理机关规定。县级以上各级人民政府机构编制管理机关应当加强对登记管理机关的事业单位登记管理工作的监督检查。

《实施细则》第十三至十五条则对以下三个层级的登记管理机关所负责的事业单位范围作了规定:国务院机构编制管理机关所属的国家事业单位登记管理局;省、自治区、直辖市登记管理机关;省级以下登记管理机关。

四、登记应具备的条件、事项及程序

申请事业单位法人登记,应当具备下列条件:经审批机关批准设立;有自己的名称、组织机构和场所;有与其业务活动相适应的从业人员;有与其业务活动相适应的经费来源;能够独立承担民事责任。

事业单位法人登记事项包括:名称、住所、宗旨和业务范围、法定代表人、经费来源(开办资金)等情况。事业单位设立登记、变更登记、注销登记的程序依次是申请、受理、审查、核准、发(缴)证章、公告。

登记管理机关向核准设立登记的事业单位颁发《事业单位法人证书》。《事业单位法人证书》是事业单位法人资格的唯一合法凭证。未取得《事业单位法人证书》的单位不得以事业单位法人名义开展活动。

第二节 岗位设置管理

事业单位岗位设置管理是事业单位人事制度改革的重要内容,是事业单位实行聘用制和收入分配改革的前提和基础性工作。其根本的着眼点是要建立一整

第二章 事业单位人事管理

套科学合理的激励机制,创建一种既符合市场经济规律,又符合事业单位性质的用人制度,充分调动事业单位各类人员的积极性、主动性和创造性。

为深化事业单位人事制度改革,建立健全事业单位岗位设置和岗位聘用制度,实现事业单位人事管理的科学化、规范化、制度化,2006年7月和8月,国家人事部先后发布《事业单位岗位设置管理试行办法》(国人部发〔2006〕70号,以下简称《试行办法》)和《〈事业单位岗位设置管理试行办法〉实施意见》(国人部发〔2006〕87号,以下简称《实施意见》)。此后,人事部(人力资源和社会保障部)陆续联合相关部门发布教育、科研、文化、卫生等领域的事业单位岗位设置管理的指导意见,逐步建立了符合不同行业特点的事业单位岗位设置管理制度。

一、岗位类别与等级设置

事业单位岗位分为管理岗位、专业技术岗位和工勤技能岗位三种类别,对应三类岗位又分别划分了通用的岗位等级。此外,根据事业发展和工作需要,经批准,事业单位可设置特设岗位,主要用于聘用急需的高层次人才等特殊需要。

管理岗位指担负领导职责或管理任务的工作岗位。管理岗位试行职员制,职员岗位分为一至十级共10个等级。事业单位现行的部级正职、部级副职、厅级正职、厅级副职、处级正职、处级副职、科级正职、科级副职、科员、办事员依次分别对应管理岗位一到十级职员岗位。职员岗位一般应具有中专以上文化程度,其中六级以上职员岗位,一般应具有大学专科以上文化程度,四级以上职员岗位一般应具有大学本科以上文化程度。

专业技术岗位指从事专业技术工作,具有相应专业技术水平和能力要求的工作岗位。专业技术岗位分为13个等级,包括高级岗位、中级岗位和初级岗位。高级岗位分7个等级,即一至七级;中级岗位分3个等级,即八至十级;初级岗位分3个等级,即十一至十三级。

工勤技能岗位指承担技能操作和维护、后勤保障、服务等职责的工作岗位。岗位包括技术工岗位和普通工岗位,其中技术工岗位分为5个等级,即一至五级。普通工岗位不分等级。事业单位中的高级技师、技师、高级工、中级工、初级工,依次分别对应一至五级工勤技能岗位。

特设岗位是事业单位中的非常设岗位,其等级根据实际需要,按照规定的程序和管理权限确定。特设岗位不受事业单位岗位总量、最高等级和结构比例限制，在完成工作任务后，按照管理权限予以核销。

二、岗位结构比例

事业单位岗位结构比例包括两层含义：一是不同类别岗位之间的结构比例，即管理岗位、专业技术岗位、工勤技能岗位总量的结构比例；二是各类别岗位内部不同等级之间的比例关系。合理的岗位结构比例，有利于构建工作人员合理的发展阶梯，避免人为的非理性人员膨胀，也有利于达到事业单位工作人员收入分配制度改革对工资总额控制的要求。因此，应根据不同类型事业单位的职责任务、工作性质和人员结构特点，实行不同的岗位类别结构比例控制，并对各类别岗位实行最高等级控制和结构比例控制。

（一）三类岗位总量结构比例

《试行办法》和《实施意见》要求根据事业单位的社会功能、职责任务、工作性质和人员结构特点等因素，综合确定事业单位管理岗位、专业技术岗位、工勤技能岗位总量的结构比例。

三类岗位的结构比例由政府人事行政部门和事业单位主管部门确定，控制标准如下：主要以专业技术提供社会公益服务的事业单位，应保证专业技术岗位占主体，一般不低于单位岗位总量的70%；主要承担社会事务管理职责的事业单位，应保证管理岗位占主体，一般应占单位岗位总量的一半以上；主要承担技能操作维护、服务保障等职责的事业单位，应保证工勤技能岗位占主体，一般应占单位岗位总量的一半以上。各省（自治区、直辖市）、国务院各有关部门根据实际情况，按照《实施意见》和行业指导意见，制定本地区、本部门事业单位三类岗位结构比例的具体控制标准。

（二）各类岗位内部最高等级和结构比例

对各类型岗位设置最高等级和岗位结构比例控制目标具有重要的意义。首先，从宏观的公共利益角度出发，事业单位不同岗位有着不同的工资标准，而工资性支出受到国家财政预算的约束，因此应通过合理的岗位结构比例设置控制事业单位工资总量；其次，从微观的组织管理规律出发，岗位是事业单位人员职业发展的制度化通道，事业单位不同工作人员都处于职业生涯发展的不同阶段，这些阶段的工作人员在总群体中的结构是相对稳定的,因而处在不同级别岗位上的人员结构也有其相对的稳定性。

管理岗位的最高等级和结构比例根据单位的规格、规模、隶属关系,按照干部人事管理有关规定和权限确定;专业技术岗位的最高等级和结构比例(包括高级、中级、初级之间的结构比例以及高级、中级、初级内部各等级之间的比例)按照单位的功能、规格、隶属关系和专业技术水平等因素综合确定;工勤技能岗位的最高等级和结构比例按照岗位等级规范、技能水平和工作需要确定。

《实施意见》则对专业技术人员和工勤人员内部不同等级之间的结构比例的全国总体控制目标作出规定:专业技术高级、中级、初级岗位之间的结构比例全国总体控制目标为1∶3∶6,其中,二级、三级、四级岗位之间的比例为1∶3∶6,五级、六级、七级岗位之间的比例为2∶4∶4,八级、九级、十级岗位之间的比例为3∶4∶3,十一级、十二级岗位之间的比例为5∶5。工勤技能岗位一级、二级、三级岗位的总量占工勤技能岗位总量的比例全国总体控制目标为25%左右,一级、二级岗位的总量占工勤技能岗位总量的比例全国总体控制目标为5%左右。

聘用合同期限内调整岗位的,应对聘用合同的相关内容作出相应变更。事业单位首次进行岗位设置和岗位聘用,岗位结构比例不得突破现有人员的结构比例。现有人员的结构比例已经超过核准的结构比例的,应通过自然减员、调出、低聘或解聘的办法,逐步达到规定的结构比例。尚未达到核准的结构比例的,要严格控制岗位聘用数量,根据事业发展要求和人员队伍状况等情况逐年逐步到位。

第三节　公开招聘

作为继公务员考录制度之后人事制度改革的第二大"阳光工程",事业单位公开招聘制度的建立回应了社会公众对公共机构管理公正性的期待,有效地抑制了以往事业单位客观存在的用人上的不正之风。信息公开、过程公开、结果公开的招聘原则,为及时发现和处置违规违纪现象和问题提供了有效的途径和手段。

2000年7月,中共中央组织部、人事部下发《关于加快推进事业单位人事制度改革的意见》(人发〔2000〕78号,现已失效),明确规定在事业单位全面建立和推行聘用制度,把聘用制度作为一项基本的用人制度,并提出建立选人用人的公开招聘和考试的制度。2002年7月,国务院办公厅转发人事部《关于在事业单位试行人员聘用制度的意见》(国办发〔2002〕35号),要求事业单位除涉密岗位等确需使用其他方法选拔人员的以外,都要试行公开招聘,为事业单位试行公开招聘制度提供了政策依据。

2005年年底,人事部颁布《事业单位公开招聘人员暂行规定》(人事部令第6号,以下简称6号令),对事业单位公开招聘的范围、原则、程序等作了规定,明确要求自2006年1月1日起开始执行,标志着事业单位公开招聘制度的初步建立。为落实这一规定,各省(自治区、直辖市)结合本地情况先后制定颁布本地区事业单位公开招聘人员的规定(暂行规定、试行规定)、办法(实施办法、暂行办法、试行办法)等。

此后的政策法规从不同角度对事业单位公开招聘作出新的规范。2010年12月,中组部、人社部发布《关于进一步规范事业单位公开招聘工作的通知》(人社部发〔2010〕92号),对公开招聘中存在的违纪违规问题进行了规范。2011年8月,中办、国办印发《关于进一步深化事业单位人事制度改革的意见》(中办发〔2011〕28号),提出事业单位公开招聘要坚持规范程序、分类指导、分级管理,探索符合不同行业、专业和岗位特点的招聘办法。《事业单位人事管理条例》再次明确规定,事业单位新聘用工作人员,应当面向社会公开招聘,并对公开招聘和内部竞聘的程序进行了规范。

随着公开招聘制度的实施,实践中不断发生违纪违规事件和失职渎职行为。为完善事业单位公开招聘制度,规范事业单位选人用人行为,2017年10月,人力资源和社会保障部发布了《关于事业单位公开招聘岗位条件设置有关问题的通知》(人社部规〔2017〕17号)和《事业单位公开招聘违纪违规行为处理规定》(人社部令第35号)。前者提出用人单位要根据招聘岗位需求,科学合理地设置招聘岗位条件,不得设置指向性或与岗位无关的歧视性条件,并严格按照有关政策规定和招聘公告确定的招聘条件进行资格审查;后者对应聘人员违纪行为处理、招聘单位和招聘工作人员违纪违规行为处理均作出了详细的规定。

一、招聘条件及程序

(一)应聘者资格条件

国家层面从国籍、守法情况、个人品行、专业或技能、身体条件等方面对应聘者的资格条件进行了限定。一些地方在这些条件的基础上,对部分方面作出了细化规定。

6号令规定,事业单位公开招聘人员,不得设置歧视性条件要求。《关于进一步规范事业单位公开招聘工作的通知》要求,事业单位公开招聘人员,应确保符合条件的应聘人员不因民族、性别或者身体残疾而受歧视。一些地方对公开招聘中的歧视性条件限制作了不同程度的规范,其中北京市和湖南省等地对于招聘中的歧视性条件的限制的规定最为详细。北京市指出招聘中不得有"民族、种族、性别、宗教信仰"等方面的歧视,并且不得对岗位的"报考专业、年龄、技能"等进行指向性限制。湖南省则进一步明确规定不得针对特定对象设置"量身定做"条件。但多数省(自治区、直辖市)均仅仅是笼统规定除有特殊要求的特殊岗位外,不得对应聘对象设定歧视性条件,但关于具体什么条件属于歧视性条件,则没有进一步的规定。

(二)招聘程序

各地对于招聘程序的规定有详有略,但基本上都包含制订招聘计划、发布招聘信息、资格审查、考试考核的组织实施、体检、公示及聘用等环节。这方面各地的规定大致统一,与6号令的规定也是基本一致的。

二、招聘计划、信息发布与资格审查

(一)信息发布距报名开始时间的规定

部分省份对招聘信息的发布时间距离报名开始的时间设了最低限,分别为7个工作日到15个工作日不等。总体上看,关于招聘信息发布距报名开始时间的规定存在两个问题:一是对此作出最短时间规定的地方过少,多数地方的政策规范对此并未涉及;二是在作出规定的省份中,所要求的信息发布提前时间均在15天以内,过短的时限将会使应聘者缺乏足够的应聘准备时间。

(二)信息发布时长及报名时长最低限

信息发布时长及报名时长都会影响参与招聘的人员规模,过短的发布时长将会影响信息传播的范围,过短的报名时长则容易使部分有意应聘者错过报名时间,这些都不利于吸引更多的应聘者参与竞争。《关于进一步规范事业单位公开招聘工作的通知》规定,事业单位招聘人员应当面向社会公开发布招聘信息,发布时间不少于7个工作日。河北、湖南等省份对信息发布时长规定了最低限,河北为7天,湖南为7个工作日,另有一些省份设置了报名时长最低限。

(三) 报名人数与招聘人数比例限制

规定报名人数与招聘人数的最低比例,目的在于保证候选人员规模,增加招聘的竞争性,使事业单位能在更大的人才范围内择优录用。安徽、福建、海南、河北、黑龙江、四川、天津、云南、浙江和重庆等地明确规定了报名人数与招聘人数的原则上的比例最低限。

三、考试与考核

(一) 考试考核方式

各省(自治区、直辖市)均规定考试科目与方式应根据行业、专业及岗位特点确定,考试可采取笔试、面试等多种方式。安徽、海南、四川等地对笔试、面试的方式作了一些规定,如笔试可采取公共(综合)知识考试和专业知识考试方式,其中招聘专业技术人员应侧重专业知识考试;面试可采取结构化面试、无领导小组讨论、讲课、答辩、情景模拟、技能操作等方式进行。北京、甘肃、贵州、黑龙江等地规定,对于工勤技能岗位招聘,可根据需要重点进行实际操作能力方面的测试。

(二) 面试入围比例

相对而言,笔试的评分客观性要高于面试。而且,从近年我国事业单位公开招聘实践来看,面试为招聘考试违规的多发环节。因此,对面试入围比例设定最低限,确保能有更多的人员进入面试环节,能从一定程度上减少违规操作的可能性。但目前仅有少数地方对面试入围比例进行了限制,如海南省和云南省规定在1∶2和1∶3之间;湖南省要求在1∶2和1∶5之间;河北省规定一般不高于1∶3的比例,特殊情况下可以调整比例,但一般不超过1∶5的比例;内蒙古自治区和青海省为1∶3;上海市要求不低于1∶2。

(三) 面试考官组人数及结构比例

北京、内蒙古、上海等14个省(自治区、直辖市)要求面试应当成立面试考官组,考官组由专家学者、事业单位或者其主管部门领导等组成,并对考官组人数作了规定。一些省份对考官组的人员结构作了规定,其中安徽、湖南和江苏等省规定考官组中外聘考官和经过专门培训的考官数量须占考官组人数的1/2以上；福建等省则要求招聘单位评委不得超过面试评委总数的1/3，江苏省规定在管理岗位、通用类的专业技术岗位和工勤技能岗位面试中，招聘单位及其主管部门的评委人数占比不高于30%。一定的最低人数限制及一定比例的外部考官和专业考官是面试工作的客观公正性和科学性的重要保证。但从当前各地的政策规范来看，对此尚缺乏严密、统一的规定。

（四）考试成绩计算

笔试、面试的计分规则直接关系到应聘者的最终成绩，影响招聘录用的最终结果。少数地方对笔试、面试权重作了规定，但各地之间差距很大。例如，甘肃、江西两省规定面试成绩所占比例不得超过总成绩的30%。内蒙古自治区则要求面试成绩不得超过40%。江苏、河北两省则分别要求笔试成绩占考试总成绩的比例一般不得低于30%和40%。四川省规定专业科目考试和面试两种都采取的，公共科目笔试成绩占考试总成绩的比例不得低于40%；专业科目考试和面试只采取一种的，公共科目笔试成绩占考试总成绩的比例不得低于50%。如前所述，面试为招聘违规的多发环节，因此，在计算最终成绩时，对面试成绩占总成绩比重的限制，能从一定程度上减少面试违规的危害。但目前各地的政策显然缺乏对这方面的严格而统一的规范。

四、聘用

（一）公示

对于事业单位拟聘用人员，应当在招聘方案发布的范围内予以公示，接受社会监督，而一定的公示时间则是公示效果的必要保障。《关于进一步规范事业单位公开招聘工作的通知》要求，公开招聘结果应在招聘信息发布的范围内进行公示，时间不少于7个工作日。公示内容应包括招聘单位名称、招聘岗位情况以及拟聘人员基本情况。目前多数省（自治区、直辖市）均提出公示要求，但对于公示时间的规定各地不尽一致。

（二）试用期

在试用期方面，各地规定大多与人事部6号令保持一致，即事业单位招聘的工作人员按照有关规定实行试用期制度，试用期包括在聘用合同期限内。部分省

(自治区、直辖市)还作了进一步详细规定(见表2-1),但试用期限各地规定差异较大,没有统一的标准,需要进一步协调和统一。

表2-1 部分省(自治区、直辖市)关于事业单位公开招聘试用期时间的规定

省(自治区、直辖市)	规定
广西	聘用合同期限不满1年的,试用期不得超过1个月;满1年不满3年的,试用期不得超过3个月;3年以上的,试用期不得超过6个月。受聘人员为初次就业的大中专毕业生,试用期可以延长至12个月
河北	试用期一般不超过6个月,从各类学校应往届未就业的毕业生中招聘的人员,试用期为一年
黑龙江	试用期一般不超过3个月,情况特殊的可以延长,但最长不得超过6个月。被聘人员为大中专应届毕业生的,试用期可以延长至12个月
内蒙古	试用期一般为6—12个月
青海	试用期一般不超过3个月,情况特殊的可以延长,但最长不得超过6个月。被聘用人员为大中专应届毕业生的,试用期可延长至12个月
云南	试用期一般为3—6个月,被聘人员为大中专应届毕业生的,试用期可延长至12个月,但最长不得超过一年
重庆	试用期一般为12个月

五、纪律与违纪违规处理

6号令及多数省(自治区、直辖市)均对公开招聘中的回避制度、招聘纪律及监督处理作了规定,《事业单位公开招聘违纪违规行为处理规定》则专门就应聘人员、招聘单位和招聘工作人员的违纪违规行为处理及相关程序作出规范。

(一)回避制度

凡与聘用单位负责人员有夫妻关系、直系血亲关系、三代以内旁系血亲或者近姻亲关系的应聘人员,不得应聘该单位负责人员的秘书或者人事、财务、纪律检查岗位,以及有直接上下级领导关系的岗位。聘用单位负责人员和招聘工作人员在办理人员聘用事项时,涉及与本人有上述亲属关系或者其他可能影响招聘公正的,也应当回避。

(二)招聘纪律

6号令规定对以下行为必须严肃处理,构成犯罪的,依法追究刑事责任:应聘

人员伪造、涂改证件、证明,或以其他不正当手段获取应聘资格的;应聘人员在考试考核过程中作弊的;招聘工作人员指使、纵容他人作弊,或在考试考核过程中参与作弊的;招聘工作人员故意泄露考试题目的;事业单位负责人员违反规定私自聘用人员的;政府人事行政部门、事业单位主管部门工作人员违反规定,影响招聘公平、公正进行的;违反本规定的其他情形。《事业单位公开招聘违纪违规行为处理规定》对公开招聘中的违纪违规行为进行了详细的列举。

(三)违纪违规处理

《事业单位公开招聘违纪违规行为处理规定》载明,对于应聘人员违纪违规行为,视具体情节及情节轻重,给予其取消本次应聘资格、当次该科目或全部科目考试成绩无效、将违纪违规行为记入事业单位公开招聘应聘人员诚信档案库、终止其继续参加考试等方式的处理,构成犯罪的,依法追究刑事责任。对于招聘单位,可由事业单位主管部门或者事业单位人事综合管理部门责令限期改正;逾期不改正的,对直接负责的主管人员和其他直接责任人员依法给予处分。对于招聘工作人员违纪违规行为,由相关部门给予处分,并停止其继续参加当年及下一年度招聘工作;或调离招聘工作岗位,不得再从事招聘工作;构成犯罪的,依法追究刑事责任。

第四节 岗位聘用

事业单位聘用制,是指事业单位与工作人员通过签订聘用合同,确定双方聘用关系,明确双方责任、权利、义务的一种人事管理制度。事业单位人员聘用制度主要包括公开招聘、签订聘用合同、定期考核、解聘辞聘等制度。应通过实行人员聘用制度,转换事业单位的用人机制,实现事业单位人事管理由身份管理向岗位管理的转变,由行政任用关系向平等协商的聘用关系转变,建立一套符合社会主义市场经济体制要求的事业单位人事管理制度。事业单位分类改革、聘用制改革、招聘改革、职称改革以及工资改革构成了当下事业单位改革的五大主旋律。其中,分类改革与招聘改革可以被看作用人制度即聘用制改革的前提或基础。职称改革、工资改革可以被看作留住人才、充分利用人才的保障机制。而聘用制改革则是整个事业单位改革的核心,也是重中之重。

事业单位聘用制度改革需要有相应的规范性法律文件来规制改革过程中容易产生的矛盾和问题。从实际情况看,这项改革并非缺乏规范性文件,而是缺乏较高位阶的法律规范。

2000年7月21日,中共中央组织部、人事部联合发出《关于加快推进事业单位人事制度改革的意见》,其中第二部分指出要"建立以聘用制为基础的用人制度",通过聘用制度"实现事业单位人事管理由身份管理向岗位管理转变"。这是聘用制改革的第一个纲领性文件,指出了聘用制改革的实质所在以及目标指向。

2002年,国务院办公厅转发人事部《关于在事业单位试行人员聘用制度的意见》(以下简称《聘用意见》)。

2003年,针对各地事业单位聘用制度实施中遇到的一些具体问题,人事部又发出了《关于印发〈事业单位试行人员聘用制度有关问题的解释〉的通知》(国人部发〔2003〕61号,以下简称《聘用解释》)。

2005年,人事部办公厅发出《关于印发〈事业单位聘用合同(范本)〉的通知》(国人厅发〔2005〕158号)。

一、适用范围

《聘用意见》规定:事业单位除按照国家公务员制度进行人事管理的以及转制为企业的以外,都要逐步试行人员聘用制度。对事业单位领导人员的任用,根据干部人事管理权限和规定的程序,可以采用招聘或者任命等形式。使用事业单位编制的社会团体录用专职工作人员,除按照国家公务员制度进行人事管理的以外,也要参照本意见逐步试行人员聘用制度。

《聘用解释》又作了补充说明:试行人员聘用制度的事业单位中,原固定用人制度职工、合同制职工、新进事业单位的职工,包括工勤人员都要实行聘用制度;事业单位的党群组织专职工作人员,在已与单位明确了聘用关系的人员范围内,按照各自章程或法律规定产生、任用。

二、聘用程序

事业单位要结合本单位的任务,按照科学合理、精简效能的原则设置岗位,并根据国家有关规定确定岗位的工资待遇;事业单位聘用人员,应在岗位有空缺的条件下,按照公开招聘、竞聘上岗的有关规定择优聘用。

《聘用意见》对人员聘用的基本程序作了如下规定:(1)公布空缺岗位及其职责、聘用条件、工资待遇等事项;(2)应聘人员申请应聘;(3)聘用工作组织对应聘人员的资格、条件进行初审;(4)聘用工作组织对通过初审的应聘人员进行考试或者考核,根据结果择优提出拟聘人员名单;(5)聘用单位负责人员集体讨论决定受聘人员;(6)聘用单位法定代表人或者其委托的人与受聘人员签订聘用合同。

《聘用意见》还规定:聘用合同期满,岗位需要、本人愿意、考核合格的,可以续签聘用合同;人员聘用实行回避制度。

三、聘用合同的签订

事业单位应当与聘用人员签订聘用合同,确定相应的工资待遇。

(一) 合同内容

《聘用意见》规定:聘用合同由聘用单位的法定代表人或者其委托的人与受聘人员以书面形式订立。聘用合同必须具备下列条款:(1)聘用合同期限;(2)岗位及其职责要求;(3)岗位纪律;(4)岗位工作条件;(5)工资待遇;(6)聘用合同变更和终止的条件;(7)违反聘用合同的责任。经双方当事人协商一致,可以在聘用合同中约定试用期、培训和继续教育、知识产权保护、解聘提前通知时限等条款。

(二) 合同期限

根据《聘用意见》和《聘用解释》,聘用合同分为短期、中长期和以完成一定工作为期限的合同。聘用合同分为四种类型:3年(含)以下的合同为短期合同,对流动性强、技术含量低的岗位一般签订短期合同;3年(不含)以上的合同为中期合同;至职工退休的合同为长期合同;以完成一定工作为期限的合同为项目合同。聘用单位与受聘人员经协商一致,可以订立上述任何一种期限的合同。对在本单位工作已满25年或者在本单位连续工作已满10年且年龄距国家规定的退休年龄已不足10年的人员,提出订立聘用至退休的合同的,聘用单位应当与其订立聘用至该人员退休的合同。《事业单位人事管理条例》则规定,事业单位与工作人员订立的聘用合同,期限一般不低于3年。

(三) 试用期

《聘用意见》规定：聘用单位与受聘人员签订聘用合同，可以约定试用期。试用期的规定只适用于单位新进的人员，试用期只能约定一次。试用期一般不超过3个月；情况特殊的，可以延长，但最长不得超过6个月。被聘人员为大中专应届毕业生的，试用期可以延长至12个月。试用期包括在聘用合同期限内。《事业单位人事管理条例》明确规定：初次就业的工作人员与事业单位订立的聘用合同期限3年以上的，试用期为12个月。《聘用解释》对试用期做了专门解释：原固定用人制度职工签订聘用合同，不再规定试用期。

四、聘用合同的解除

《聘用意见》规定：聘用单位、受聘人员双方经协商一致，可以解除聘用合同。

(一) 聘用单位单方面解聘规定

1. 随时解聘情形

《聘用意见》规定，受聘人员有下列情形之一的，聘用单位可以随时单方面解除聘用合同：(1)连续旷工超过10个工作日或者1年内累计旷工超过20个工作日的；(2)未经聘用单位同意，擅自出国或者出国逾期不归的；(3)违反工作规定或者操作规程，发生责任事故，或者失职、渎职，造成严重后果的；(4)严重扰乱工作秩序，致使聘用单位、其他单位工作不能正常进行的；(5)被判处有期徒刑以上刑罚收监执行的，或者被劳动教养的。《聘用解释》又补充了一条：被人民法院判处拘役、有期徒刑缓刑的，单位可以解除聘用合同。

对在试用期内被证明不符合本岗位要求又不同意单位调整其工作岗位的，聘用单位也可以随时单方面解除聘用合同。

2. 提前通知解聘情形

受聘人员有下列情形之一的，聘用单位可以单方面解除聘用合同，但是应当提前30日以书面形式通知拟被解聘的受聘人员：(1)受聘人员患病或者非因工负伤，医疗期满后，不能从事原工作也不能从事由聘用单位安排的其他工作的；(2)受聘人员年度考核或者聘期考核不合格，又不同意聘用单位调整其工作岗位的，或者虽同意调整工作岗位，但到新岗位后考核仍不合格的。

3. 不得解聘情形

受聘人员有下列情形之一的,聘用单位不得解除聘用合同:(1)受聘人员患病或者负伤,在规定的医疗期内的;(2)女职工在孕期、产期和哺乳期内的;(3)因工负伤,治疗终结后经劳动能力鉴定机构鉴定为1至4级丧失劳动能力的;(4)患职业病以及现有医疗条件下难以治愈的严重疾病或者精神病的;(5)受聘人员正在接受纪律审查尚未作出结论的;(6)属于国家规定的不得解除聘用合同的其他情形的。

(二)受聘人员单方面解聘规定

有下列情形之一的,受聘人员可以随时单方面解除聘用合同:(1)在试用期内的;(2)考入普通高等院校的;(3)被录用或者选调到国家机关工作的;(4)依法服兵役的。

除上述情形外,受聘人员提出解除聘用合同未能与聘用单位协商一致的,受聘人员应当坚持正常工作,继续履行聘用合同;6个月后再次提出解除聘用合同仍未能与聘用单位协商一致的,即可单方面解除聘用合同。《聘用解释》对此规定作了补充:对在涉及国家秘密岗位上工作,承担国家和地方重点项目的主要技术负责人和技术骨干不适用此项规定。

受聘人员经聘用单位出资培训后解除聘用合同,对培训费用的补偿在聘用合同中有约定的,按照合同的约定补偿。受聘人员解除聘用合同后违反规定使用或者允许他人使用原所在聘用单位的知识产权、技术秘密的,依法承担法律责任。涉密岗位受聘人员的解聘或者工作调动,应当遵守国家有关涉密人员管理的规定。

(三)经济补偿规定

对于部分解除聘用合同的情形,聘用单位应当根据被解聘人员在本单位的实际工作年限向其支付经济补偿:

1. 应支付经济补偿的情形

聘用单位应支付被解聘人员经济补偿的情形包括:(1)聘用单位提出解除聘用合同,受聘人员同意解除的;(2)受聘人员患病或者非因工负伤,医疗期满后,不能从事原工作也不能从事由聘用单位安排的其他工作,聘用单位单方面解除聘用合同的;(3)受聘人员年度考核不合格或者聘期考核不合格,又不同意聘用单位调整其工作岗位的,或者虽同意调整工作岗位,但到新岗位后考核仍不合格,聘用单位单方面解除聘用合同的。

2. 经济补偿支付标准

经济补偿以被解聘人员在该聘用单位每工作1年,支付其本人1个月的上年月平均工资为标准;月平均工资高于当地月平均工资3倍以上的,按当地月平均工资的3倍计算。聘用单位分立、合并、撤销的,应当妥善安置人员;不能安置受聘人员到相应单位就业而解除聘用合同的,应当按照上述规定给予经济补偿。

此外,受聘人员与所在聘用单位的聘用关系解除后,聘用单位要按照国家有关规定及时为职工办理社会保险关系调转手续,做好各项社会保险的衔接工作。

第五节 考 核

事业单位工作人员的考核范围包括各级国家行政机关所属事业单位的各级各类职员、专业技术人员和工勤人员。事业单位考核目前主要依据1995年12月人事部发布的《事业单位工作人员考核暂行规定》(人核培发〔1995〕153号,现行有效)。此外,2002年7月国务院办公厅转发人事部《关于在事业单位试行人员聘用制度的意见》的第五部分"建立和完善考核制度",也对考核作了部分规定。

一、考核的内容和标准

根据聘用合同规定的岗位职责任务,全面考核工作人员的表现,考核的内容包括德、能、勤、绩四个方面,重点考核工作实绩。考核标准应明确具体,不同专业和不同职务、不同技术层次的工作人员在业务水平和工作业绩方面应有不同的要求。

考核分为平时考核、年度考核和聘期考核。年度考核的结果可以分为优秀、合格、基本合格和不合格等档次,聘期考核的结果可以分为合格和不合格等档次。

对德、能、勤、绩表现较差,在年度考核中难以确定等次的人员,可先予以告诫,期限为三至六个月。告诫期满有明显改进的,可定为合格等次;仍表现不好的,定为不合格等次。

二、考核的方法和程序

考核由事业单位负责人负责。必要时,事业单位负责人可以授权同级副职或有关机构负责人负责考核。

考核分为平时考核和年度考核。平时考核随时进行,由被考核人根据工作任务定期记实,主管领导负责核查。年度考核一般每年年末或翌年年初进行。年度考核以平时考核为基础。

年度考核的基本程序是:(1)被考核人个人总结、述职;(2)主管领导人在听取群众意见的基础上,根据平时考核和个人总结写出评语,提出考核等次意见;(3)考核组织对主管领导人提出的考核意见,进行审核;(4)事业单位负责人确定考核等次;(5)将考核结果以书面形式通知被考核人。

考核事业单位担任各级领导职务的工作人员,必要时,可以进行民主评议或民意测验。

事业单位负责人的年度考核由主管部门组织实施,程序同上。

事业单位工作人员对年度考核结果如有异议,可以在接到考核结果通知之日起十日内向考核组织申请复核,考核组织在十日内提出复核意见,经部门或单位负责人批准后以书面形式通知本人。其中,如复核结果仍被确定为不合格等次的人员对复核意见不服,可以向上一级主管单位人事机构提出申诉。

三、考核结果的使用

考核结果作为调整事业单位工作人员岗位、工资以及续订聘用合同的依据。受聘人员年度考核或者聘期考核不合格的,聘用单位可以调整该受聘人员的岗位或者安排其离岗接受必要的培训后调整岗位。岗位变化后,应当相应改变该受聘人员的岗位工资待遇,并对其聘用合同作相应变更。受聘人员无正当理由不同意变更的,聘用单位有权单方面解除聘用合同。

事业单位工作人员在年度考核中被确定为合格以上等次的,按照下列规定办理:(1)按照有关规定晋升工资档次和发给奖金。(2)职员连续三年考核被确定为合格以上等次的,具有晋升职务的资格;连续两年以上被确定为优秀等次的,具有优先晋升职务的资格。(3)专业技术人员年度考核被确定为合格以上等次的,具有续聘的资格。(4)工人连续两年考核被确定为优秀等次的,具有聘任技师的优先资格。

年度考核被确定为不合格等次的,按照下列规定处理:(1)当年考核被确定为不合格等次的,不发年终奖金,并予以批评教育;(2)连续两年考核被确定为不合格等次的,根据不同情况,可予以降职、调整工作、低聘和解聘;(3)连续两年考核被确定为不合格等次,又不服从组织安排或重新安排后年度考核仍不合格的,予以辞退。

四、考核的组织管理

事业单位在年度考核时设立非常设性的考核委员会考核小组,在单位负责人的领导下,负责年度考核工作。考核组织由本单位负责人、人事机构和有关部门负责人及工作人员代表组成。考核组织的日常事务由本单位人事机构承担。

第六节 薪 酬

1956年,我国事业单位工资制度经历了第一次改革,建立了职务等级工资,改变了之前供给制和工资制两种待遇并存的状况。1985年,机关事业单位又建立了以职务工资为主要内容的结构工资制。1993年,事业单位和国家机关的工资制度首次区分开来,分别实行体现各自特点的工资制度,公务员实行职级工资制,事业单位管理人员实行职务等级工资制,专技人员实行各类专业技术职务工资制。2006年,我们国家对事业单位的工资制度进行了第四次改革,机关实行公务员职级工资制,事业单位则推行岗位绩效工资制。

事业单位现行工资制度于2006年7月1日起实施,主要依据人事部、财政部于2006年6月联合发布的《事业单位工作人员收入分配制度改革方案》(国人部发〔2006〕56号)和《事业单位工作人员收入分配制度改革实施办法》(国人部发〔2006〕59号,以下简称《实施办法》)。本次工资制度改革的原则有以下五点:一是贯彻按劳分配与按生产要素分配相结合的原则,建立与岗位职责、工作业绩、实际贡献紧密联系和鼓励创新创造的分配激励机制;二是适应事业单位聘用制改革和岗位管理的要求,以岗定薪,岗变薪变,加大向优秀人才和关键岗位的倾斜力度;三是建立体现事业单位特点的工资正常调整机制,使事业单位工作人员收入与经济社会发展水平相适应;四是坚持搞活事业单位内部分配,进一步增强事业单位活力;五是实行分级分类管理,加强宏观调控,规范分配秩序,理顺分配关系。

2015年1月,国务院印发《关于机关事业单位工作人员养老保险制度改革的决定》(国发〔2015〕2号),提出实行社会统筹与个人账户相结合的基本养老保险制度,改革基本养老金计发办法,建立职业年金制度。2015年3月,国务院办公厅印发《机关事业单位职业年金办法》(国办发〔2015〕18号),文件规定从2014年10月1日起实施机关事业单位工作人员职业年金制度。

一、工资构成

事业单位实行岗位绩效工资制度。岗位绩效工资由岗位工资、薪级工资、绩效工资和津贴补贴四部分组成,其中岗位工资和薪级工资为基本工资。

(一) 岗位工资

岗位工资主要体现工作人员所聘岗位的职责和要求。专业技术岗位设置13个等级,管理岗位设置10个等级,工勤技能岗位分为技术工岗位和普通工岗位,技术工岗位设置5个等级,普通工岗位不分等级。

(二) 薪级工资

薪级工资主要体现工作人员的工作表现和资历。对专业技术人员和管理人员设置65个薪级,对工人设置40个薪级,每个薪级对应一个工资标准。对不同岗位规定不同的起点薪级。工作人员根据工作表现、资历和所在岗位等因素确定薪级,执行相应的薪级工资标准。

(三) 绩效工资

绩效工资主要体现工作人员的实绩和贡献。国家对事业单位绩效工资分配进行总量调控和政策指导。事业单位在核定的绩效工资总量内,按照规范的程序和要求,自主分配。事业单位实行绩效工资后,取消现行年终一次性奖金,将一个月基本工资的额度以及地区附加津贴纳入绩效工资。

《实施办法》作了补充规定:事业单位在上级主管部门核定的绩效工资总量

内,按照规范的分配程序和要求,采取灵活多样的分配形式和办法,自主决定本单位绩效工资的分配。绩效工资分配应以工作人员的实绩和贡献为依据,合理拉开差距。

(四) 津贴补贴

事业单位津贴补贴,分为艰苦边远地区津贴和特殊岗位津贴补贴。

1. 艰苦边远地区津贴

艰苦边远地区津贴主要是根据自然地理环境、社会发展等方面的差异,对在艰苦边远地区工作生活的工作人员给予适当补偿。艰苦边远地区的事业单位工作人员,执行国家统一规定的艰苦边远地区津贴制度。执行艰苦边远地区津贴所需经费,属于财政支付的,由中央财政负担。

2. 特殊岗位津贴补贴

特殊岗位津贴补贴主要体现对事业单位苦、脏、累、险及其他特殊岗位工作人员的政策倾斜。国家对特殊岗位津贴补贴实行统一管理。

《实施办法》规定:除国务院和国务院授权的人事部、财政部外,任何地区、部门和单位不得自行建立特殊岗位津贴补贴项目、扩大实施范围和提高标准。

二、工资正常调整机制

(一) 正常增加薪级工资

从2006年7月1日起,年度考核结果为合格及以上等次的工作人员,每年增加一级薪级工资,并从第二年的1月起执行(但因岗位变动而发生工资变动时增加了薪级工资的,当年不再增加薪级工资)。

(二) 岗位变动调整工资

工作人员岗位变动后,从变动的下月起执行新聘岗位的工资标准。岗位工资按新聘岗位确定,薪级工资按以下办法确定。

1. 在同类别岗位中变动

由较低等级的岗位聘用到较高等级的岗位,原薪级工资低于新聘岗位起点薪级工资的,执行新聘岗位起点薪级工资,第二年不再正常增加薪级工资;原薪级工资达到新聘岗位起点薪级工资的,薪级工资不变。

第二章 事业单位人事管理

由较高等级的岗位调整到较低等级的岗位,薪级工资不变。

2. 在不同类别岗位中变动

在专业技术岗位、管理岗位、技术工岗位和普通工岗位之间变动的,薪级工资按新聘岗位比照同等条件人员重新确定。

(三) 调整基本工资标准

国家根据经济发展、财政状况、企业相当人员工资水平和物价变动等因素,适时调整工作人员基本工资标准。

(四) 调整津贴补贴标准

国家根据经济发展和财力增长及调控地区工资收入差距的需要,适时调整艰苦边远地区津贴标准;根据财政状况和对特殊岗位的倾斜政策,适时调整特殊岗位津贴补贴标准。

三、养老保险与职业年金

(一) 养老保险

事业单位实行社会统筹与个人账户相结合的基本养老保险制度。基本养老保险费由单位和个人共同负担。单位缴纳基本养老保险费(以下简称单位缴费)的比例为本单位工资总额的20%,个人缴纳基本养老保险费(以下简称个人缴费)的比例为本人缴费工资的8%,由单位代扣。按本人缴费工资8%的数额建立基本养老保险个人账户,全部由个人缴费形成。个人工资超过当地上年度在岗职工平均工资300%以上的部分,不计入个人缴费工资基数;低于当地上年度在岗职工平均工资60%的,按当地在岗职工平均工资的60%计算个人缴费工资基数。

个人账户储存额只用于工作人员养老,不得提前支取,每年按照国家统一公布的记账利率计算利息,免征利息税。参保人员死亡的,个人账户余额可以依法继承。

(二) 职业年金

职业年金是在国家基本养老保障体系之外,按照不同职业建立的一种补充性保障制度,它既不是完全意义上的社会保险,也不是商业保险,而是中国机关事业单位人力资源管理、薪酬福利管理的重要组成部分。

职业年金所需费用由单位和工作人员个人共同承担。单位缴纳职业年金费用的比例为本单位工资总额的8%,个人缴费比例为本人缴费工资的4%,由单位代扣。单位和个人缴费基数与机关事业单位工作人员基本养老保险缴费基数一致。

根据经济社会发展状况,国家适时调整单位和个人职业年金缴费的比例。

工作人员变动工作单位时,职业年金个人账户资金可以随同转移。工作人员升学、参军、失业期间或新就业单位没有实行职业年金或企业年金制度的,其职业年金个人账户由原管理机构继续管理运营。新就业单位已建立职业年金或企业年金制度的,原职业年金个人账户资金随同转移。

本章小结

事业单位登记管理,是指国家对事业单位的设立、变更、注销及其法人资格进行核准登记并对其登记事项和社会行为实施行政执法监督的一系列管理活动的总称。我国当前事业单位登记管理主要依据《事业单位登记管理暂行条例》和《事业单位登记管理暂行条例实施细则》。事业单位经县级以上各级人民政府及其有关主管部门批准成立后,应当依法登记或者备案。事业单位应当具备法人条件。县级以上各级人民政府机构编制管理机关所属的事业单位登记管理机构负责实施事业单位的登记管理工作。申请事业单位法人登记,应当具备规定的条件,并按照一定的程序进行。

事业单位岗位设置管理主要依据《事业单位岗位设置管理试行办法》和《〈事业单位岗位设置管理试行办法〉实施意见》。事业单位岗位分为管理岗位、专业技术岗位和工勤技能岗位三种类别,对应三类岗位又分别划分了通用的岗位等级,共28个级别。管理岗位试行职员制,职员岗位分为一至十级共10个等级。专业技术岗位分为13个等级,包括高级岗位、中级岗位和初级岗位。工勤技能岗位包括技术工岗位和普通工岗位,其中技术工岗位分为5个等级。三类岗位总体结构和内部等级结构均有相应的比例规定。此外,事业单位也可以设置特设岗位,主要用于聘用急需的高层次人才等特殊需要。

2005年年底,人事部颁布《事业单位公开招聘人员暂行规定》,对事业单位公开招聘的范围、原则、程序等作出了规定。各省(自治区、直辖市)结合本地情况先后制定颁布本地区事业单位公开招聘人员的规定(暂行规定、试行规定)、办法(实施办法、暂行办法、试行办法)等。公开招聘应包括制订招聘计划、发布招聘信息、资格条件审查、考试考核、体检、确定拟聘人员、公示招聘结果及签订聘用合同等程序。此后的政策法规从不同角度对事业单位公开招聘作出新的规范,包括:2010年中共中央组织部、人力资源和社会保障部发布的《关于进一步规范事业单位公开招聘工作的通知》;2011年中办、国办印发的《关于进一步深化事业单位人事制度改革的意见》;2014年国务院发布的《事业单位人事管理条例》;2017年人力资源和社会保障部发布的《关于事业单位公开招聘岗位条件设置有关问题的通知》和《事业单位公开招聘违纪违规行为处理规定》等。

事业单位聘用制,是指事业单位与工作人员通过签订聘用合同,确定双方聘用关系,明确聘用单位和受聘人员与工作有关的权利和义务的一种人事管理制度。事业单位人员聘用制度主要包括公开招聘、签订聘用合同、定期考核、解聘辞聘等制度。

2000年7月,中共中央组织部、国家人事部联合发出《关于加快推进事业单位人事制度改革的意见》,这是聘用制改革的第一个纲领性文件。此后,又陆续出台《关于在事业单位试行人员聘用制度的意见》《关于印发〈事业单位试行人员聘用制度有关问题的解释〉的通知》和《关于印发〈事业单位聘用合同(范本)〉的通知》等。

事业单位工作人员考核的范围包括各级国家行政机关所属事业单位的各级各类职员、专业技术人员和工人。事业单位考核目前主要依据1995年12月人事部发布的《事业单位工作人员考核暂行规定》。此外,2002年7月国务院办公厅转发人事部《关于在事业单位试行人员聘用制度的意见》,也对考核作了部分规定。考核的内容包括德、能、勤、绩四个方面,重点考核工作实绩。考核分为平时考核和年度考核。考核结果是续聘、解聘或者调整岗位的依据。

事业单位现行工资制度于2006年7月1日起实施,主要依据人事部、财政部发布的《事业单位工作人员收入分配制度改革方案》和《事业单位工作人员收入分配制度改革实施办法》。事业单位实行岗位绩效工资制度。岗位绩效工资由岗位工资、薪级工资、绩效工资和津贴补贴四部分组成,其中岗位工资和薪级工资为基本工资。2015年国务院印发的《关于机关事业单位工作人员养老保险制度改革的决定》提出实行社会统筹与个人账户相结合的基本养老保险制度。同年，国务院办公厅印发《机关事业单位职业年金办法》，文件规定从2014年10月1日起实施机关事业单位工作人员职业年金制度。

复习思考题

1. 依据《民法典》，我国共有几类法人？与其他类法人组织相比，事业单位法人有什么特征？

2. 事业单位共有几种岗位类别？各分为多少个等级？各类岗位之间的结构比例关系是如何确定的？

3. 事业单位公开招聘目前主要依据什么法规？公开招聘包括哪些环节？

4. 相关法规文件对事业单位聘用合同的内容、期限和试用期是如何规定的？受聘人员有哪些情形，聘用单位不得解除聘用合同？

5. 请简要叙述事业单位工作人员考核的内容、方法、程序与结果使用。

6. 事业单位现行工资制度主要依据什么法规？事业单位工资构成包括哪几部分？并请简述事业单位工资正常调整机制。

案例与问题

事业单位招聘[①]

2011年，在河北省人力资源和社会保障厅统一组织的招考笔试中，河北大学毕业生李娟以领先第二名12分的成绩进入面试环节。但经过面试后，她却以0.08分之差应聘失败。随之有消息传来：胜出者是用人单位领导的女儿。种种迹象都让李娟坚信，她所参加的河北省社会科学院2011年事业单位工作人员招聘是一次"萝卜招聘"。

8月17日，记者见到了李娟。距离那场招聘已有一个多月时间，可是对于其中的经历她依然记忆犹新。

2011年4月，李娟报名参加河北省社科院事业单位招录"科辅人员"考试。5月，6

[①] 《"萝卜招聘"："荒诞剧"的背后》，《光明日报》2011年9月1日，第16版。有修改。

第二章　事业单位人事管理

个人通过资格审查。"这让我感到很意外，"李娟说，"当时我觉得很幸运，公务员考试报名很多，有一千多比一，这个只有六比一。"

原来，这种意外源自这一岗位对考生专业的要求——"公共政策研究"，而在高校的专业设置中并没有"公共政策研究"这一专业。

"这让我犯了嘀咕，我学的是行政管理专业，担心不符合报名条件，于是特意打电话到河北社科院，当时那边跟我确认，可以报名。"李娟说。

5月24日，笔试成绩公布，李娟排在第一，比第二名高了12分之多。

7月12日，李娟和其他人一起参加了面试。7月15日，面试成绩公布，李娟遭遇失败。拟录用者李娜正是用人单位《经济论坛》杂志社社长的女儿，这让李娟对整个考试过程产生了种种怀疑。

李娟告诉记者，在她看来充满"疑点"的面试，是在笔试成绩公布近两个月后的7月12日进行的。面试分为上午、下午两轮，李娟说，12日上午的面试中，一位面试官告诉她，作为社科院下属的《经济论坛》杂志，具体工作和公共政策没太大关系，主要是做杂志编辑。下午的面试共有7位考官和1位监督员，每人面试时间15分钟。

7月15日，河北社科院网站上公布了最终考试成绩。笔试成绩排名第三的李娜在面试中高分逆转，获得了91.6分的高分，李娟的面试成绩则为82.8分。

7月15日的公告中，河北社科院对总成绩的计算方法作了说明：笔试成绩占总成绩的40%，面试考核成绩占总成绩的60%。而《河北省事业单位公开招聘工作人员暂行办法》第33条则规定："笔试成绩占考试总成绩的比例一般不得低于40%，具体加权比例，考试组织单位应当在向社会发布的招聘公告中载明。"

"这一比例并没有在招聘公告中载明。"李娟说。公布最终成绩时才首次说明总成绩计算办法，这显然是违规的。

面试成绩公布后，李娟曾致电河北社科院人事处。在电话中，李娟质疑了此次招聘的公正性，要求"由第三方重新组织面试"。对此，这位工作人员没有正面回应。而当李娟要求公开面试评委的姓名和身份时，这位工作人员回答说："我们的评委是不公开的。"

8月12日，河北社会科学院在《关于2011年招聘事业单位工作人员有关情况的说明》（以下简称《说明》）中首度证实，被招录者李娜确系该院《经济论坛》杂志社社长的女儿。但同时《说明》指出，经调查组调查核实，该院2011年事业单位人员招聘工作没有发现暗箱操作与违规违纪问题。

对此，李娟表示："河北社科院的调查也由自己内部组织进行，其中的公正性有无监督，都不得而知。"对这个公布的结果，她表示并不认同。

记者调查发现，"萝卜招聘"最突出的特点就是报名的资格限制上有猫腻，通过特定条件，限制其他人的报名资格。同时，在报名、笔试和面试的某个或多个环节进行"人为操作"，实现这个岗位对特定对象的"专一性"和对其他人的"排他性"。

据李娟介绍，河北社科院招聘所要求的"公共政策研究"专业在高校专业设置并不存在，而只是行政管理及社会保障等专业下设的一个研究方向。

"面试在成绩中占如此高的比例，或许也是为了让特定人选排名凸显出来。"李娟说。

招聘条件是不是合理，看得见摸得着，比较容易客观判断，但整个招聘过程中是不是有"人情关系"则很难界定。中国传统爱讲究人情关系，使得事业单位招考面临的形势更加复杂。

河北社科院招聘中，当事人李娟和河北社科院的公告各执一词，由于面试中的详细情况我们无从求证，面试中"有人情关系的结论"自然难以得到证实。

"萝卜招聘"风波虽然结束了，但它对李娟的影响也许还远未停止。几十天的奔波，让李娟感到非常疲惫，不想再在这件事上纠缠。但如今她想对事业单位招聘问题进行研究，写一本关于"事业单位招聘改革"的书，希望通过自己的经历能够引起有关部门的关注，促进事业单位招聘改革。

案例讨论题

1. 河北社科院事业单位公开招聘中是否存在"萝卜招聘"的问题？请阐述理由。

2. 《河北省事业单位公开招聘工作人员暂行办法》第33条规定："笔试成绩占考试总成绩的比例一般不得低于40%，具体加权比例，考试组织单位应当在向社会发布的招聘公告中载明。"就此而言，河北社科院在这次公开招聘中是否存在问题？如存在问题，试阐述之。

第三章　专业技术人员管理

专业技术人员，指依照国家人才法律法规，经过国家人事部门全国统考合格，并经国家主管部委注册备案，颁发注册执业证书，在企业或事业单位（含非公有制经济实体）从事专业技术工作的技术人员，以及具有前述执业证书并从事专业技术管理工作，在1983年以前评定了专业技术职称或在1984年以后考取了国家执行资格并具有专业技术执业证书的人员。

第一节　专业技术资格

职称制度是专业技术人员管理的重要制度。职称最初源于职务名称，在理论上，职称是指专业技术人员的专业技术水平、能力以及成就的等级称号，反映专业技术人员的学术和技术水平、工作能力及工作成就。就学术而言，它具有学衔的性质；就专业技术水平而言，它具有岗位的性质。随着社会的发展，逐步产生了对专业技术人员的水平评价与聘任岗位相分离的需要，即"评聘分离"，职称的概念也相应发生了变化。根据实际工作需要设置的有明确职责、任职条件和任期，并且只有具备专门的业务知识和技术水平才能担负的工作岗位，称为"专业技术职务"，简称职务，它不同于一次获得后可终身拥有的学位、学衔等各种学术、技术称号；专业技术人员的水平以"专业技术职务任职资格"来标识，简称职称。按照国家专业技术职务聘任制规定，经评审取得的专业技术职务任职资格，或通过全国统一组织的专业技术资格考试所取得的专业技术资格，是专业技术人员水平能力的标志。取得专业技术资格途径有三种,一是考试,二是初定,三是评审。2018年2月,中共中央办公厅、国务院办公厅印发《关于分类推进人才评价机制改革的指导意见》(中办发〔2018〕6号),提出丰富评价手段,科学灵活采用考试、评审、考评结合、考核认定、个人述职、面试答辩、实践操作、业绩展示等不同方式,提高评价的针对性和精准性。

一、专业技术资格分级分类

按照以前的政策,部分职称系列不设置正高级,如中小学教师设副高级、中级、助理级、员级4个级别,没有正高级别。为拓展专业技术人员职业发展空间,近年一些行业探索推进职称制度改革。2015年8月,人力资源和社会保障部、教育部印发《关于深化中小学教师职称制度改革的指导意见》(人社部发〔2015〕79号),提出建立统一的中小学教师职称系列,设置初级(包括员级和助理级)、中级、高级(包括副高级和正高级)职称,员级、助理级、中级、副高级和正高级职称名称依次为三级教师、二级教师、一级教师、高级教师和正高级教师。2016年11月,中共中央办公厅、国务院办公厅印发了《关于深化职称制度改革的意见》,提出各职称系列均设置初级、中级、高级职称,其中高级职称分为正高级和副高级,初级职称分为助理级和员级,可根据需要仅设置助理级。目前未设置正高级职称的职称系列均设置到正高级,以拓展专业技术人才职业发展空间。当前我国专业技术职称分类分级情况如表3-1所示。

表3-1 我国职称系列(专业)各层级名称

序号	名称	高级		中级	初级	
		正高级	副高级		助理级	员级
1	高等学校教师	教授	副教授	讲师	助教	
2	哲学社会科学研究人员	研究员	副研究员	助理研究员	研究实习员	
3	自然科学研究人员	研究员	副研究员	助理研究员	研究实习员	

(续表)

序号	名称	高级		中级	初级	
		正高级	副高级		助理级	员级
4	卫生技术人员	主任医师	副主任医师	主治（主管）医师	医师	医士
		主任药师	副主任药师	主管药师	药师	药士
		主任护师	副主任护师	主管护师	护师	护士
		主任技师	副主任技师	主管技师	技师	技士
5	工程技术人员	正高级工程师	高级工程师	工程师	助理工程师	技术员
6	农业技术人员	正高级农艺师	高级农艺师	农艺师	助理农艺师	农业技术员
		正高级畜牧师	高级畜牧师	畜牧师	助理畜牧师	
		正高级兽医师	高级兽医师	兽医师	助理兽医师	
		农业技术推广研究员				
7	新闻专业人员	高级记者	主任记者	记者	助理记者	
		高级编辑	主任编辑	编辑	助理编辑	
8	出版专业人员	编审	副编审	编辑	助理编辑	
9	图书资料专业人员	研究馆员	副研究馆员	馆员	助理馆员	管理员
10	文物博物专业人员	研究馆员	副研究馆员	馆员	助理馆员	
11	档案专业人员	研究馆员	副研究馆员	馆员	助理馆员	管理员
12	工艺美术专业人员	正高级工艺美术师	高级工艺美术师	工艺美术师	助理工艺美术师	工艺美术员
13	技工院校教师	正高级讲师	高级讲师	讲师	助理讲师	
		正高级实习指导教师	高级实习指导教师	一级实习指导教师	二级实习指导教师	三级实习指导教师
14	体育专业人员	国家级教练	高级教练	中级教练	初级教练	
		正高级运动防护师	高级运动防护师	中级运动防护师	初级运动防护师	
15	翻译专业人员	译审	一级翻译	二级翻译	三级翻译	
16	播音主持专业人员	播音指导	主任播音员主持人	一级播音员主持人	二级播音员主持人	
17	会计人员	正高级会计师	高级会计师	会计师	助理会计师	

(续表)

序号	名称	高级		中级	初级	
		正高级	副高级		助理级	员级
18	统计专业人员	正高级统计师	高级统计师	统计师	助理统计师	
19	经济专业人员	正高级经济师	高级经济师	经济师	助理经济师	
		正高级人力资源管理师	高级人力资源管理师	人力资源管理师	助理人力资源管理师	
		正高级知识产权师	高级知识产权师	知识产权师	助理知识产权师	
20	实验技术人才	正高级实验师	高级实验师	实验师	助理实验师	实验员
21	中等职业学校教师	正高级讲师	高级讲师	讲师	助理讲师	
		正高级实习指导教师	高级实习指导教师	一级实习指导教师	二级实习指导教师	三级实习指导教师
22	中小学教师	正高级教师	高级教师	一级教师	二级教师	三级教师
23	艺术专业人员	一级演员	二级演员	三级演员	四级演员	
		一级演奏员	二级演奏员	三级演奏员	四级演奏员	
		一级编剧	二级编剧	三级编剧	四级编剧	
		一级导演（编导）	二级导演（编导）	三级导演（编导）	四级导演（编导）	
		一级指挥	二级指挥	三级指挥	四级指挥	
		一级作曲	二级作曲	三级作曲	四级作曲	
		一级作词	二级作词	三级作词	四级作词	
		一级摄影（摄像）师	二级摄影（摄像）师	三级摄影（摄像）师	四级摄影（摄像）师	
		一级舞美设计师	二级舞美设计师	三级舞美设计师	四级舞美设计师	
		一级艺术创意设计师	二级艺术创意设计师	三级艺术创意设计师	四级艺术创意设计师	
		一级美术师	二级美术师	三级美术师	四级美术师	
		一级文学创作	二级文学创作	三级文学创作	四级文学创作	
		一级演出监督	二级演出监督	三级演出监督	四级演出监督	
		一级舞台技术	二级舞台技术	三级舞台技术	四级舞台技术	

(续表)

序号	名称	高级		中级	初级	
		正高级	副高级		助理级	员级
23	艺术专业人员	一级录音师	二级录音师	三级录音师	四级录音师	
		一级剪辑师	二级剪辑师	三级剪辑师	四级剪辑师	
24	公共法律服务专业人员	一级公证员	二级公证员	三级公证员	四级公证员	
		正高级司法鉴定人	副高级司法鉴定人	中级司法鉴定人	初级司法鉴定人	
		主任法医师	副主任法医师	主检法医师	法医师	
25	船舶专业技术人员	正高级船长	高级船长	中级驾驶员	助理驾驶员	驾驶员
		正高级轮机长	高级轮机长	中级轮机员	助理轮机员	轮机员
		正高级船舶电子员	高级船舶电子员	中级船舶电子员	助理船舶电子员	船舶电子员
		正高级引航员	高级引航员	中级引航员	助理引航员	引航员
26	民用航空飞行技术人员	正高级飞行员	一级飞行员	二级飞行员	三级飞行员	
		正高级领航员	一级领航员	二级领航员	三级领航员	
		正高级飞行通信员	一级飞行通信员	二级飞行通信员	三级飞行通信员	
		正高级飞行机械员	一级飞行机械员	二级飞行机械员	三级飞行机械员	
27	审计专业人员	正高级审计师	高级审计师	审计师	助理审计师	

资料来源：http://www.mohrss.gov.cn/SYrlzyhshbzb/ztzl/zyhzyzggg/zcwj_zc/zc/202111/t20211102_426565.html,2022 年 3 月 11 日访问。

二、专业技术资格考试

我国专业技术资格考试始于 1990 年,当年 4 月,人事部下发《关于认真做好"专业技术资格"考试工作的通知》(人职发〔1990〕2 号),要求首先对计算机应用软件人员和统计员进行资格考试,并对考试相关事宜作出了规定。按照该通知,各地的"资格考试"工作要在各省、自治区、直辖市及计划单列市(以下简称各地区)职称改革工作领导小组领导下进行,由人事厅(局)或职改部门负责指导、监督、协调有关考试工作,各地区专业主管部门或考试工作机构负责考试的具体组织工作。凡参加全国统一组织的"资格考试"成绩合格者,由国家统一颁发《专业技术资格证书》,在全国范围内有效。目前实行专业技术资格考试的有卫生、经济、会计、审计、统计等专业,但这些专业的高级资格一般还是通过评审或考试评审结合的方式取得。

卫生专业技术人员职称设初级、中级、高级,初级分设士级和师级,高级分设副高级和正高级。中、初级职称继续实行以考代评,考试实行全国统一组织,已统一考试的专业不再进行相应的职称评审或认定,各省(区、市)可由人力资源社会保障部门会同卫生健康部门确定本地区聘用标准。副高级职称原则上采取考试与评审相结合的方式,正高级职称可采取考试与评审相结合的方式,或采取答辩与评审相结合的方式,建立完善以同行专家评议为基础的业内评价机制,具体办法由省级人力资源社会保障部门会同卫生健康部门确定。[①]

国家设置经济专业技术资格,分为初级、中级、高级三个级别,列入国家职业资格目录。初级、中级经济专业技术资格考试专业科目和高级经济专业技术资格考试均设工商管理、农业经济、财政税收、金融、保险、运输经济、人力资源管理、旅游经济、建筑与房地产经济、知识产权等10个专业类别。考生在报名时可根据工作需要选择其一。[②]

会计人员的初级、中级、副高级和正高级职称名称依次为助理会计师、会计师、高级会计师和正高级会计师。助理会计师、会计师实行全国统一的会计专业技术资格考试,不断提高考试的科学性、安全性、公平性和规范性。高级会计师采取考试与评审相结合方式,正高级会计师一般采取评审方式。[③]

统计专业人员职称设初级、中级、高级,初级只设助理级,高级分设副高级和正高级。初级、中级、副高级和正高级职称的名称分别为助理统计师、统计师、高级统计师和正高级统计师。助理统计师、统计师实行以考代评,高级统计师实行考试与评审相结合的方式,正高级统计师一般采取评审方式。[④]

出版专业技术人员职称设初级、中级、高级,初级只设助理级,高级分设副高

[①] 《人力资源社会保障部、国家卫生健康委、国家中医药局关于深化卫生专业技术人员职称制度改革的指导意见》(人社部发〔2021〕51号)。

[②] 《人力资源社会保障部关于印发经济专业技术资格规定和经济专业技术资格考试实施办法的通知》(人社部规〔2020〕1号)。

[③] 《人力资源社会保障部、财政部关于深化会计人员职称制度改革的指导意见》(人社部发〔2019〕8号)。

[④] 《人力资源社会保障部、国家统计局关于深化统计专业人员职称制度改革的指导意见》(人社部发〔2020〕16号)。

级和正高级。初级、中级、副高级、正高级的名称分别为助理编辑、编辑、副编审、编审。出版专业技术人员初级、中级实行以考代评的方式,不再进行相应的职称评审或认定。初级、中级考试由全国统一组织、统一科目、统一大纲。副高级和正高级一般采取评审方式。[①]

计算机技术与软件类分为初级、中级、高级三个级别的考试[②],详见表3-2。

表3-2 计算机技术与软件专业技术资格(水平)考试专业类别、资格名称和级别对应表

	计算机软件	计算机网络	计算机应用技术	信息系统	信息服务
高级资格	\multicolumn{5}{c}{信息系统项目管理师 系统分析师 系统架构设计师 网络规划设计师 系统规划与管理师}				
中级资格	软件评测师 软件设计师 软件过程能力评估师	网络工程师	多媒体应用设计师 嵌入式系统设计师 计算机辅助设计师 电子商务设计师	系统集成项目管理工程师 信息系统监理师 信息安全工程师 数据库系统工程师 信息系统管理工程师	计算机硬件工程师 信息技术支持工程师
初级资格	程序员	网络管理员	多媒体应用制作技术员 电子商务技术员	信息系统运行管理员	网页制作员 信息处理技术员

资料来源:《关于计算机技术与软件专业技术资格(水平)考试新增专业有关问题的通知》(国人厅发〔2007〕139号)等文件。

翻译专业人员职称设初级、中级、高级,高级分设副高级和正高级。初级、中级、副高级、正高级的名称分别为三级翻译、二级翻译、一级翻译、译审。国家统一考试的语种,初级、中级职称实行以考代评,不再进行相应语种的职称评审或认定;副高级职称采取考试与评审相结合方式,考试成绩合格后方可参加职称评审;正高级职称一般采取专家评审方式。尚未实行国家统一考试的语种,各级别职称

---

① 《人力资源社会保障部、国家新闻出版署关于深化出版专业技术人员职称制度改革的指导意见》(人社部发〔2021〕10号)。
② 《人事部办公厅、信息产业部办公厅关于计算机技术与软件专业技术资格(水平)考试新增专业有关问题的通知》(国人厅发〔2007〕139号)。

仍实行专家评审或认定。①

三、专业技术资格相关考试

专业技术资格相关考试目前有职称外语、计算机应用能力、医古文和古汉语考试。通过此类考试取得合格证书一般作为评聘专业技术职务的辅助条件,即这类考试合格证书须与专业技术资格证书结合使用,才能评聘相应专业技术职务。

(一)职称外语等级考试

1998年7月,人事部发布《关于专业技术人员职称外语等级统一考试的通知》(人发〔1998〕54号),要求自1999年开始,实行全国专业技术人员职称外语等级统一考试。通知规定,凡晋升、聘任专业技术职务,其级别属专业技术职务试行条例中规定需具备一定外语水平的专业技术人员,成绩合格,已取得专业技术资格的专业技术人员应参加职称外语等级考试。职称外语考试,采取统一大纲的形式进行。考试设英语、日语、俄语、德语、法语和西班牙语6个语种,每个语种分为A、B、C三个等级。其中,英语划分为综合与人文、理工、卫生、财经4个专业类别。其他语种不分专业类别。试题主要测试参考人员阅读理解外文专业基础文献的能力。报考人员可根据自己所从事的专业工作,任选一个语种及有关类别参加考试。考试考务工作的组织与实施由人事部人事考试中心负责。考试每年举行一次,考试时间定于每年4月的第3个星期六举行。

为防止职称外语考试"一刀切"和形式主义,符合下列条件的人员可以免试或放宽考试要求②:

(1)对经证明具有较高外语能力的专业技术人员,可不参加职称外语考试:具有国家认定的相应留学经历的;申报副高级职称时职称外语考试成绩达到要求,申报正高级职称需再次参加同一级别考试的;出版过外文专著、译著或以其他方式证明具备较高外语水平,并经一定程序确认的。

(2)符合下列条件之一的专业技术人员,可放宽外语成绩要求或不参加职称外语考试:经审核确认,能力业绩突出、在本行业本地区作出重要贡献的;在乡镇

---

① 《人力资源社会保障部、中国外文局关于深化翻译专业人员职称制度改革的指导意见》(人社部发〔2019〕110号)。
② 《人事部关于完善职称外语考试有关问题的通知》(国人部发〔2007〕37号)。

以下基层单位(经省级政府人事部门批准,可放宽至县级以下基层单位)从事专业技术工作的;在地市以下单位,长期在野外从事农业、林业、水利、采矿、测绘、勘探、铁路施工、公路施工等专业技术工作的;年龄较大并长期从事专业技术工作的。

(3)符合下列条件之一的专业技术人员,可不参加职称外语考试:从事具有中国特色、民族传统的临床中医药、民族医药、工艺美术、古籍整理、历史时期考古等专业技术工作的;取得外语专业大专以上学历并从事本专业工作,申报职称有第二外语要求的;申报各系列初级职称的。

(二)计算机应用能力考试

根据《人事部关于全国专业技术人员计算机应用能力考试的通知》(人发〔2001〕124号),从2002年开始,在全国范围内推行专业技术人员计算机应用能力考试。考试实行全国统一大纲、建立题库、制定考试标准,由各地自行确定考试时间和年度考试次数的考试组织办法。考试内容主要是测试参考人员在计算机与网络方面的基本应用能力,考试成绩作为评聘专业技术职务的条件之一。试题采用模拟上机操作,不考理论部分(没有笔试)。考试采取科目模块化设计,每一科目(模块)单独考试,考试科目(模块)从初期的13类发展到2013年的26类(见表3-3)。每一科目考试合格的人员,可获得人事部统一印制的全国专业技术人员计算机应用能力考试科目(模块)合格证。此证书作为评聘相应专业技术职务时,对计算机应用能力要求的凭证,在全国范围内有效。

表3-3 全国专业技术人员计算机应用能力考试科目(模块)设置

序号	科目(模块)名称	备注
1	中文 Windows XP 操作系统	考生任选其一
	红旗 Linux Desktop 6.0 操作系统	
2	Word 2007 中文字处理	考生任选其一
	Word 2003 中文字处理	
	WPS Office 办公组合中文字处理	
	金山文字 2005	
3	Excel 2007 中文电子表格	考生任选其一
	Excel 2003 中文电子表格	
	金山表格 2005	

(续表)

序号	科目(模块)名称	备注
4	PowerPoint 2007 中文演示文稿 PowerPoint 2003 中文演示文稿 金山演示 2005	考生任选其一
5	Internet 应用	
6	FrontPage 2000 网页制作 FrontPage 2003 网页设计与制作 Dreamweaver MX 网页制作	考生任选其一
7	Visual FoxPro 5.0 数据库管理系统	
8	Access 2000 数据库管理系统	
9	AutoCAD 2004 制图软件	
10	Photoshop 6.0 图像处理 Photoshop CS4 图像处理	考生任选其一
11	Flash MX 2004 动画制作	
12	Authorware 7.0 多媒体制作	
13	Project 2000 项目管理	
14	用友财务(U8)软件 用友(T3)会计信息化软件	考生任选其一

资料来源：《人力资源社会保障部办公厅关于新增全国专业技术人员计算机应用能力考试科目(模块)有关问题的通知》(人社厅发〔2012〕119号)。

2016年3月，《中共中央关于深化人才发展体制机制改革的意见》(中发〔2016〕9号)发布，提出对职称外语和计算机应用能力考试不作统一要求。2016年11月，中共中央办公厅、国务院办公厅印发《关于深化职称制度改革的意见》，再次明确对职称外语和计算机应用能力考试不作统一要求。确实需要评价外语和计算机水平的，由用人单位或评审机构自主确定评审条件。对在艰苦边远地区和基层一线工作的专业技术人才，以及对外语和计算机水平要求不高的职称系列和岗位，不作职称外语和计算机应用能力要求。

四、专业技术资格初定

全日制大中专毕业生，在本专业或相近专业技术岗位工作一定时间，经考核合格，可初定相应的专业技术资格。其资格证书由相应的政府人力资源和社会保障部门统一颁发。全日制毕业生确定专业技术资格需满足以下要求：(1)现岗从事的专业必须与所学专业对口(或相近)。(2)所确定专业技术资格的专业名称必须与现岗所从事的专业相一致。(3)经考核必须在德、能、勤、绩等方面符合相应专业档次的任职条件。(4)从事对口(或相近)专业的工作必须达到规定年限，即大、中专毕业后，从事本专业技术工作一年以上，确定员级资格；大专毕业后，从事本专业技术工作三年以上，或被聘任员级职务满二年以上，可确定助理级资格；获双学士学位、大学本科毕业后，从事本专业技术工作一年以上，可确定助理级资格；获得硕士学位，从事本专业技术工作满三年，经考核合格可认定中级资格；获得博士学位，在专业技术岗位上从事本专业工作，经考核合格可确定中级资格。国家承认学历的自考、成教等其他高等学历教育毕业生，符合上述条件的亦可申报。

五、专业技术资格评审

在专业技术岗位工作的专业技术人员，经各系列职称评审委员会的评审，取得相应的专业技术职务任职资格。职称评审的相关规定主要见于人事部于20世纪90年代出台的四个政策文件，即《关于职称改革评聘分开试点工作有关事项的通知》(人职发〔1991〕7号)、《关于重新组建专业技术职务评审委员会有关事项的通知》(人职发〔1991〕8号)、《关于高级职务任职资格评审委员会有关问题的通知》(人职发〔1992〕5号)和《关于印发〈专业技术资格评定试行办法〉的通知》(人职发〔1994〕14号)，这些文件至今仍有效。2019年7月，人力资源和社会保障部发布《职称评审管理暂行规定》(人社部令第40号)，对职称评审管理作了新的规范。依据以上及相关文件，职称评审程序包括申报、审核、评审等主要环节。

（一）申报

申报职称评审的人员应当遵守中华人民共和国宪法和法律，具备良好的职业道德，符合相应职称系列或者专业、相应级别职称评审规定的申报条件。申报人应提交以下材料：填写好的专业技术资格评定申报表；能反映自己在目前岗位上任职以来的工作实绩、业务水平和工作能力的专业技术工作总结；与本人工作和专业内容相关的论文、论著；学历证书、职称(资格)证书、专业技术职务聘任证书；全国职称外语等级考试、计算机应用能力考试合格证书(免试者不需提供)；专业技术成果获奖证书或其他业绩材料；论文、论著公开发表的证明材料；如本专业需要通过专业技术资格考试,则要提供相应的合格证书;职业资格材料。国家实行职业资格制度后,按照有关规定,取得相应职业资格的人员,单位根据工作需要可直接聘任相应的专业技术职务。个人需提供职业资格的书面材料,经所在单位及档案所在部门核实(也可委托司法公证机关公证)后,向专业技术资格评审委员会申报。[①]

(二) 审核

专业技术资格评审材料的收受和审核工作由相应资格评定办事机构负责。对材料不完整、填写不清楚的,可通知申请人在限定时间内补办。发现弄虚作假行为,取消申请人评定资格,两年内不予受理申请,并视情节追究所在单位或有关人员的责任。申报材料需在单位内部进行公示,公示期不少于5个工作日。

(三) 评审

职称评审委员会分为高级、中级、初级职称评审委员会。评审委员会组成人员应当是单数,根据工作需要设主任委员和副主任委员。按照职称系列组建的高级职称评审委员会评审专家不少于25人,按照专业组建的高级职称评审委员会评审专家不少于11人。各地区组建的高级职称评审委员会的人数,经省级人力资源社会保障行政部门同意,可以适当调整。职称评审委员会组建单位组织召开评审会议。评审会议由主任委员或者副主任委员主持,出席评审会议的专家人数应当不少于职称评审委员会人数的2/3。职称评审委员会经过评议,采取少数服从多数的原则,通过无记名投票表决,同意票数达到出席评审会议的评审专家总数2/3以上的即为评审通过。

第二节 专业技术人员职业资格

专业技术人员职业资格,是对从事某一职业所必备的学识、技术和能力的基本要求,职业资格包括从业资格和执业资格。1994年2月,劳动部、人事部下发了《职业资格证书规定》(劳部发〔1994〕98号)。1995年1月,人事部职位职称司发布《职业资格证书制度暂行办法》(人职发〔1995〕6号,以下简称《暂行办法》),对职业资格取得、资格证书授予、执业资格注册等作了较详细的规定。以上两个文

[①] 牛力:《职称》,中国人事出版社2011年版,第71页。

件至今仍有效。此后经过二十多年的改革和发展,国家职业资格制度日趋成熟。2017年9月,人力资源和社会保障部发布《关于公布国家职业资格目录的通知》(人社部发〔2017〕68号,部分失效),将职业资格重新分为专业技术人员职业资格和技能人员职业资格。2019年12月30日,国务院总理李克强主持召开国务院常务会议,决定分步取消水平评价类技能人员职业资格,推行社会化职业技能等级认定。2016年11月,中办、国办印发《关于深化职称制度改革的意见》,提出促进职称制度与职业资格制度有效衔接。以职业分类为基础,统筹研究规划职称制度和职业资格制度框架,避免交叉设置,减少重复评价,降低社会用人成本。在职称与职业资格密切相关的职业领域建立职称与职业资格对应关系,专业技术人才取得职业资格即可认定其具备相应系列和层级的职称,并可作为申报高一级职称的条件。初级、中级职称实行全国统一考试的专业不再进行相应的职称评审或认定。

一、职业资格认证项目

除《职业资格证书规定》和《暂行办法》外,《中华人民共和国教师法》[①]、《中华人民共和国人民警察法》[②]、《中华人民共和国执业医师法》[③]等法律,以及一些部门规章、行业规定和团体规定,也都明确了不同行业的持证上岗制度。《关于公布国家职业资格目录的通知》共公布了140项职业资格。2017年11月,因《中华人民共和国会计法》的修正,会计从业资格调整出《国家职业资格目录》,职业资格总数变为139项,其中专业技术人员职业资格58项(准入类35项,水平评价类23项),技能人员职业资格81项(准入类5项,水平评价类76项)。根据《人力资源社会保障部办公厅关于做好水平评价类技能人员职业资格退出目录有关工作的通知》(人社厅发〔2020〕80号),水平评价类技能人员职业资格于2020年分批退出国家职业资格目录。表3-4是2021年12月人力资源和社会保障部公布的国家职业资格目录的部分内容。

---

① 1993年10月31日第八届全国人民代表大会常务委员会第四次会议通过;根据2009年8月27日第十一届全国人民代表大会常务委员会第十次会议《关于修改部分法律的决定》修正。

② 1995年2月28日第八届全国人民代表大会常务委员会第十二次会议通过;根据2012年10月26日第十一届全国人民代表大会常务委员会第二十九次会议《关于修改〈中华人民共和国人民警察法〉的决定》修正。

③ 1998年6月26日第九届全国人民代表大会常务委员会第三次会议通过;根据2009年8月27日第十一届全国人民代表大会常务委员会第十次会议《关于修改部分法律的决定》修正。

表3-4　国家职业资格目录(2021年版)

序号	职业资格名称		实施部门(单位)	资格类别
一、专业技术人员职业资格				
(共计59项。其中准入类33项,水平评价类26项)				
1	教师资格		教育部	准入类
2	法律职业资格		司法部	准入类
3	中国委托公证人资格(香港、澳门)		司法部	准入类
4	注册会计师		财政部	准入类
5	注册城乡规划师		自然资源部 人力资源和社会保障部 相关行业协会	准入类
6	注册测绘师		自然资源部 人力资源和社会保障部	准入类
7	核安全设备无损检验人员资格	民用核安全设备无损检验人员	生态环境部	准入类
7		国防科技工业军用核安全设备无损检验人员	国家国防科工局	准入类
8	核设施操纵人员资格	民用核设施操纵人员	生态环境部 国家能源局	准入类
8		国防科技工业军用核设施操纵人员	国家国防科工局	准入类
9	注册核安全工程师		生态环境部 人力资源和社会保障部	准入类
10	注册建筑师		全国注册建筑师管理委员会及省级注册建筑师管理委员会	准入类
11	监理工程师		住房和城乡建设部 交通运输部 水利部 人力资源和社会保障部	准入类
12	房地产估价师		住房和城乡建设部 自然资源部	准入类

（续表）

序号	职业资格名称		实施部门（单位）	资格类别
13	造价工程师		住房和城乡建设部 交通运输部 水利部 人力资源和社会保障部	准入类
14	建造师		住房和城乡建设部 人力资源和社会保障部	准入类
15	勘察设计注册工程师	注册结构工程师	住房和城乡建设部 人力资源和社会保障部	准入类
		注册土木工程师	住房和城乡建设部 交通运输部 水利部 人力资源和社会保障部	
		注册化工工程师	住房和城乡建设部 人力资源和社会保障部	
		注册电气工程师		
		注册公用设备工程师		
		注册环保工程师	住房和城乡建设部 生态环境部 人力资源和社会保障部	
16	注册验船师		交通运输部 人力资源和社会保障部	准入类
17	船员资格（含船员、渔业船员）		交通运输部 农业农村部	准入类
18	执业兽医		农业农村部	准入类
19	演出经纪人员资格		文化和旅游部	准入类
20	导游资格		文化和旅游部	准入类
21	医生资格	医师	国家卫生健康委员会	准入类
		乡村医生		
		人体器官移植医师		
		职业病诊断医师		

（续表）

序号	职业资格名称		实施部门（单位）	资格类别
22	护士执业资格		国家卫生健康委员会 人力资源和社会保障部	准入类
23	母婴保健技术服务人员资格		国家卫生健康委员会	准入类
24	注册安全工程师		应急管理部 人力资源和社会保障部	准入类
25	注册消防工程师		应急管理部 人力资源和社会保障部	准入类
26	注册计量师		国家市场监督管理总局 人力资源和社会保障部	准入类
27	特种设备检验、检测人员资格		国家市场监督管理总局	准入类
28	广播电视播音员、主持人资格		国家广播电视总局	准入类
29	新闻记者职业资格		国家新闻出版署	准入类
30	航空人员资格	空勤人员、地面人员	中国民用航空局	准入类
		民用航空器外国驾驶员、领航员、飞行机械员、飞行通信员		
		航空安全员		
		民用航空电信人员、航行情报人员、气象人员		
31	执业药师		国家药品监督管理局 人力资源和社会保障部	准入类
32	专利代理师		国家知识产权局	准入类
33	拍卖师		中国拍卖行业协会	准入类
34	工程咨询（投资）专业技术人员职业资格		国家发展和改革委员会 人力资源和社会保障部 中国工程咨询协会	水平评价类
35	通信专业技术人员职业资格		工业和信息化部 人力资源和社会保障部	水平评价类
36	计算机技术与软件专业技术资格		工业和信息化部 人力资源和社会保障部	水平评价类

（续表）

序号	职业资格名称	实施部门（单位）	资格类别
37	社会工作者职业资格	民政部 人力资源和社会保障部	水平评价类
38	会计专业技术资格	财政部 人力资源和社会保障部	水平评价类
39	资产评估师	财政部 人力资源和社会保障部 中国资产评估协会	水平评价类
40	经济专业技术资格	人力资源和社会保障部	水平评价类
41	不动产登记代理专业人员职业资格	自然资源部 中国土地估价师与土地登记代理人协会	水平评价类
42	矿业权评估师	自然资源部 中国矿业权评估师协会	水平评价类
43	环境影响评价工程师	生态环境部 人力资源和社会保障部	水平评价类
44	房地产经纪专业人员职业资格	住房和城乡建设部 人力资源和社会保障部 中国房地产估价师与房地产经纪人学会	水平评价类
45	机动车检测维修专业技术人员职业资格	交通运输部 人力资源和社会保障部	水平评价类
46	公路水运工程试验检测专业技术人员职业资格	交通运输部 人力资源和社会保障部	水平评价类
47	水利工程质量检测员资格	水利部	水平评价类
48	卫生专业技术资格	国家卫生健康委员会 人力资源和社会保障部	水平评价类
49	审计专业技术资格	国家审计署 人力资源和社会保障部	水平评价类
50	税务师	国家税务总局 人力资源和社会保障部 中国注册税务师协会	水平评价类

(续表)

序号	职业资格名称	实施部门(单位)	资格类别
51	认证人员职业资格	国家市场监督管理总局	水平评价类
52	设备监理师	国家市场监督管理总局 人力资源和社会保障部	水平评价类
53	统计专业技术资格	国家统计局 人力资源和社会保障部	水平评价类
54	出版专业技术人员职业资格	国家新闻出版署 人力资源和社会保障部	水平评价类
55	银行业专业人员职业资格	中国银行保险监督管理委员会 人力资源和社会保障部 中国银行业协会	水平评价类
56	精算师	中国银行保险监督管理委员会 人力资源和社会保障部 中国精算师协会	水平评价类
57	证券期货基金业从业人员资格	中国证券监督委员会	水平评价类
58	文物保护工程从业资格	国家文物局	水平评价类
59	翻译专业资格	中国外文局 人力资源和社会保障部	水平评价类

二、技能人员职业资格

(共计13项)

序号		职业资格名称	实施部门(单位)	资格类别
1	焊工	民用核安全设备焊工、焊接操作工	生态环境部	准入类
		国防科技工业军用核安全设备焊接人员	国家国防科工局	准入类
2	安全保护服务人员	保安员	公安部门及相关机构	准入类
		民航安全检查员	民航行业技能鉴定机构	水平评价类
3	消防和应急救援人员	消防员	消防行业技能鉴定机构	水平评价类

(续表)

序号	职业资格名称		实施部门(单位)	资格类别
3	消防和应急救援人员	森林消防员	应急管理部、国家林业和草原局	水平评价类
		应急救援员	紧急救援行业技能鉴定机构	
4	消防设施操作员		消防行业技能鉴定机构	准入类
5	健身和娱乐场所服务人员	游泳救生员	体育行业技能鉴定机构	准入类
		社会体育指导员		
6	航空运输服务人员	民航乘务员	民航行业技能鉴定机构	准入类
		机场运行指挥员	民航行业技能鉴定机构	水平评价类
7	轨道交通运输服务人员	轨道列车司机	交通运输主管部门及相关机构	准入类
			国家铁路局	
8	危险货物、化学品运输从业人员	危险货物道路运输从业人员	交通运输主管部门及相关机构	准入类
		放射性物品道路运输从业人员		
		危险货物水路运输从业人员		
9	道路运输从业人员	经营性客运驾驶员	交通运输主管部门及相关机构	准入类
		经营性货运驾驶员	交通运输主管部门及相关机构	准入类
		出租汽车驾驶员	交通运输主管部门及相关机构	准入类
10	特种作业人员		应急管理部门、矿山安全监管部门	准入类
11	建筑施工特种作业人员		住房和城乡建设主管部门及相关机构	准入类
12	特种设备安全管理和作业人员		市场监督管理部门	准入类
13	家畜繁殖员		农业行业技能鉴定机构	准入类

注：会计从业资格因法律修改调出《国家职业资格目录》。

资料来源：根据人力资源和社会保障部2021年12月公布的《国家职业资格目录》整理，http://www.mohrss.gov.cn/SYrlzyhshbzb/SYgundongxinwen/201710/t20171024_280005.html，2022年1月11日访问。

二、职业资格考试

（一）从业资格考试

从业资格是政府规定专业技术人员从事某种专业技术性工作的学识、技术和能力的起点标准。从业资格在国家职业目录中称为"水平评价类"资格。

从业资格可以通过学历认定取得，也可通过考试取得。具备以下三种条件之一者，可获得从业资格：一是具有本专业中专毕业以上学历，见习一年期满，经单位考核合格者；二是按国家有关规定已担任本专业初级专业技术职务或通过专业技术资格考试取得初级资格，经单位考核合格者；三是在本专业岗位工作，经过国家或国家授权部门组织的从业资格考试合格者。

从业资格考试需要具备规定的报考条件，考试合格者取得资格证书经规定机构注册后从事相关工作，但其技术等级层次比执业资格低，报考条件和考试难度也较低，一般属于该行业入门级上岗资格。

（二）执业资格考试

执业资格是政府对某些责任较大，社会通用性强，关系公共利益的专业技术工作实行的准入控制，是专业技术人员依法独立开业或独立从事某种专业技术工作学识、技术和能力的必备标准。执业资格在国家职业资格目录中称为"准入类"资格。

执业资格通过考试方法取得。考试由国家定期举行，实行全国统一大纲、统一命题、统一组织、统一时间。经执业资格考试合格的人员，由国家授予相应的执业资格证书，所取得的执业资格经注册后，全国范围有效。取得执业资格证书后，要在规定的期限内到指定的注册管理机构办理注册登记手续。

我国执业资格制度采取全国统一考试取得证书、注册有效和政府监督管理的办法。《暂行办法》规定，国务院有关业务主管部门负责组织执业资格考试大纲的拟定、培训教材的编写和命题工作，并组织考前培训和对取得执业资格人员的注册管理工作。人事部（人力资源和社会保障部）负责审定考试科目、考试大纲和审定命题；确定合格标准；会同有关部门组织实施执业资格考试的有关工作。各地人事（职改）部门会同当地有关业务部门负责本地区执业资格考试的考务工作。凡具备相关专业规定学历、规定实践工作年限的专业技术人员均可报考。取得资格证书并经规定机构(一般为行业主管部门)注册者,可以依法独立执业(证书由人力资源和社会保障部与国务院有关主管部门共同印制,一次注册一般3年内有效)。

三、职业资格证书的授予

按照《暂行办法》的规定,经职业资格考试合格的人员,由国家授予相应的职业资格证书。职业资格证书分为从业资格证书和执业资格证书,由人事部统一印制,各地人事(职改)部门具体负责核发工作。职业资格证书是证书持有人专业水平能力的证明。可作为求职、就业的凭证和从事特定专业的法定注册凭证。证书在中华人民共和国境内有效。

四、职业资格的注册

执业资格注册登记是对专业技术人员执业管理的重要手段。未经注册者,不得使用相应名称和从事有关业务。取得执业资格证书者,应在规定的期限内到指定的注册管理机构办理注册登记手续。逾期不办者,执业资格证书及考试成绩不再有效。国务院业务主管部门负责确定必须由取得执业资格的人员充任的关键岗位及工作规范,并负责检查监督关键岗位的执业人员上岗及执业情况,对违反岗位工作规范者要进行处罚。对已在须由取得执业资格人员充任的关键岗位工作、但尚未取得执业资格证书的人员,要进行强化培训,限期达到要求。对经过培训仍不能取得执业资格者,必须调离关键岗位。

第三节 以留学人员为主体的海外高层次人才政策

留学人才是我国人才资源的重要组成部分,高层次留学人才是留学人才群体的核心和骨干,是我国建设创新型国家、实现经济社会跨越式发展急需的紧缺人才。积极引进海外高层次留学人才回国工作,是应对国际人才竞争,提高我国自主创新能力,加强人才队伍建设的需要。因此,本节重点对以出国留学人员为主体的海外高层次人才相关政策法规进行汇总。

一、留学回国人员政策发展

为争取更多的优秀留学博士回国做博士后,并从政策上保障他们来去自由、往返方便,1989年,人事部、国家教委发出《关于争取优秀留学博士回国做博士后的通知》(人专发〔1989〕5号,现已失效),规定凡在国外获博士学位(暂限于自然科学领域)的优秀留学生,如愿意回国做博士后研究工作,但由于流动站的专业设置和住房困难等原因难以接受时,可允许他们选择具备博士后研究条件而尚未设站的单位做博士后,并享受博士后研究人员的待遇。1990年,国家教委设立专门资助留学回国人员并帮助其开展科研工作的留学回国人员科研启动基金。自2001年以来,这项基金平均每年资助近千名留学回国人员,资助范围已从最初只资助从国外获得博士学位的回国人员,扩大到从事博士后研究的留学回国人员。① 2000年7月,人事部印发《关于鼓励海外高层次留学人才回国工作的意见》(人发〔2000〕63号),鼓励银行、保险、证券业和国有大型企业自主引进,国家视情况提供科研配套经费;回国工作的海外高层次留学人才可保留国外长期或永久居留权,经一定时间任职并放弃长期或永久居留权,可担任单位法定代表人;聘用或任职期间享受与用人单位其他人员相同的医疗、保险待遇;家庭生活基础在国外的,可享受出国探亲假。

此后,随着国内经济社会发展对于高层次人才需要的增长,针对留学人员的政策由倡导性的"鼓励回国"上升为不断创新政策、创造条件的"吸引回国"。2001年1月,人事部发布《留学人员创业园管理办法》(人发〔2001〕7号),通过一系列优惠政策和措施,吸引和扶持留学人员创业,培育具有创新能力与国际竞争力的高新技术企业和科技企业家,促进高新技术的发展和科技成果转化。2005年3月,人事部、教育部、科技部、财政部印发《关于在留学人才引进工作中界定海外高层次留学人才的指导意见》(国人部发〔2005〕25号),对海外高层次人才的范围作了明确规定:海外高层次留学人才指我公派或自费出国留学,学成后在海外从事科研、教学、工程技术、金融、管理等工作并取得显著成绩,为国内急需的高级管理人才、高级专业技术人才、学术技术带头人,以及拥有较好产业化开发前景

---

① 参见程家财:《留学回国人员科研启动基金15年回眸》,《神州学人》2005年第12期。

的专利、发明或专有技术的人才。2007年2月，人事部、教育部、科技部等印发《关于建立海外高层次留学人才回国工作绿色通道的意见》（国人部发〔2007〕26号），要求开辟绿色通道，进一步加大高层次留学人才引进工作力度，提出对于回国工作的海外高层次留学人才，经有关主管部门批准，可不受编制数额、增人指标、工资总额和出国前户口所在地的限制，并在职称聘任、专利申请、税收政策、知识产权、配偶工作和子女入学等多方面给予倾斜和支持。

2011年7月，人力资源和社会保障部出台《留学人员回国工作"十二五"规划》（人社部发〔2011〕80号），对留学人员回国工作作出了全面部署。同年下发《关于支持留学人员回国创业的意见》（人社部发〔2011〕23号）和《关于加强留学人员回国服务体系建设的意见》（人社部发〔2011〕46号）两个文件，要求在资金、贷款、税收、土地、社保、职称、配偶工作、子女入学等方面为留学人员回国创业提供政策支持，营造良好的创业环境，逐步形成理念先进、政策完善、信息通畅、功能齐全、质量过硬、环境优良、面向广大留学人员的服务网络，为吸引留学人员提供服务支持。至此，留学人员回国工作、回国创业、为国服务三位一体政策体系初步形成。

党的十八大以来，中国特色社会主义建设对于人才的需求更趋强烈，留学回国人员相关政策的理念更加灵活，以用为本的观念更为深刻。2013年10月，习近平总书记在欧美同学会成立100周年庆祝大会上发表讲话指出，党和国家将按照"支持留学、鼓励回国、来去自由、发挥作用"的方针，把做好留学人员工作作为实施科教兴国战略和人才强国战略的重要任务。这一方针是对我国留学人员回国政策的经验总结、提炼与发展、完善，即由原来以"鼓励回国"为政策重心转变为以"发挥作用"为重心。在这一政策方针的指导下，我国不断制定实施新的政策法规，如2015年1月，人力资源和社会保障部办公厅印发《关于做好留学回国人员自主创业工作有关问题的通知》（人社厅函〔2015〕19号），将在国外接受高等教育并获得本科以上学历的留学回国人员纳入国家高校毕业生自主创业支持范围。经过改革开放四十多年的发展，我国留学回国人员制度体系日趋完善，为海外留学人员回国工作和发挥作用提供了良好的支持与保障。

二、海外高层次人才相关计划（工程）

为支持留学人员回国服务，教育部1997年全面实施"春晖计划"（教育部资助留学人员短期回国工作专项经费），由教育部拨出专项经费资助在外留学人员短期回国工作。该计划主要资助对象为获得博士学位并在本专业领域取得较突出学术成就的留学人员（包括已获得国外长期、永久居留权或留学再入境资格者），主要资助形式为回国的单程或双程国际旅费。

为落实科教兴国战略，延揽海内外中青年学界精英，培养造就高水平学科带头人，带动国家重点建设学科赶超或保持国际先进水平，1998年8月，教育部和李嘉诚基金会共同启动实施了"长江学者奖励计划"，以延揽大批海内外中青年学界精英参与我国高等学校重点学科建设，带动这些重点学科赶超或保持国际先进水平，并在若干年内培养、造就一批具有国际领先水平的学术带头人。经过二十多年的发展，该计划得以不断完善。2018年，教育部党组印发《"长江学者奖励计划"管理办法》（教党〔2018〕51号），对聘任条件、岗位职责、遴选聘任程序、支持政策和管理考核等作了全面的规范。按照该文件，"长江学者奖励计划"实行岗位聘任制，支持高等学校设置特聘教授、讲座教授、青年学者岗位，面向海内外公开招聘。每年聘任特聘教授150名左右，聘期为5年；讲座教授50名左右，聘期为3年；青年学者300名左右，聘期为3年。

第四节　博士后制度

改革开放以来，我国政府大力发展科技和教育事业，陆续培养出一大批有发展潜力的优秀人才。1977年恢复高考招生制度，1978年开始派遣留学生出国学习，1981年实施学位制度并开始招收研究生，到1983年，已经有部分人员获得博士学位，与此同时，在国外获得博士学位的人员也陆续回国工作。如何有效地使用这批人才，为他们创造比较好的环境和条件，并在使用中进一步培养，使他们尽快成长为国家急需的高级人才和新的学科领域带头人，成为一个亟待解决的问题。对此，国内外一些专家、学者提出借鉴发达国家培养年轻高级人才的经验，在中国实行博士后制度的建议。

第三章　专业技术人员管理

1983年3月和1984年5月,李政道教授两次给中国国家领导人写信,建议在中国设立博士后流动站、实行博士后制度。其建议引起了中国领导人和政府以及科技界、教育界的高度重视。1985年,国务院下发文件,设立博士后流动站,实施博士后制度,并陆续制定颁布一系列政策法规,包括国家科委《博士后研究人员管理工作暂行规定》(1986)、《博士后经费管理使用暂行规定》(1987)到《人事部关于博士后研究人员工资问题的通知》(人专发〔1989〕2号)、《人事部关于博士后研究人员期满出站后分配工作若干问题的通知》(人专发〔1989〕17号,现已失效)、《人事部关于博士后研究人员配偶借调有关问题的通知》(人专发〔1992〕11号)、《人事部关于博士后研究人员工资确定问题的通知》(人薪发〔1994〕4号)、《关于解决博士后研究人员配偶流动期间工作安置等问题的通知》(人专发〔1994〕22号)、《人事部、全国博士后管委会关于印发〈中国优秀博士后奖励规定〉的通知》(1999年发布)、《关于博士后研究人员工资待遇问题的通知》(国人部发〔2006〕89号)等。当前,我国博士后管理主要依据人事部和全国博士后管理委员会于2006年颁布、2007年施行的《博士后管理工作规定》(国人部发〔2006〕149号),以及2015年发布的《国务院办公厅关于改革完善博士后制度的意见》(国办发〔2015〕87号)。

一、博士后研究人员身份定位

《国务院办公厅关于改革完善博士后制度的意见》对博士后研究人员有明确的定位:博士后研究人员作为国家有计划、有目的培养的高层次创新型青年人才,在站期间是具有流动性质的科研人员。博士后研究人员在站时间一般为2年,根据项目需要可在2—4年内灵活确定;对进站后承担国家重大科技项目的,应当根据项目资助期限和承担的任务及时调整在站时间,最长不超过6年。博士后研究人员享受设站单位职工待遇,设站单位应按单位性质与博士后研究人员签订事业单位聘用合同、企业劳动合同或工作协议,并按有关规定为博士后研究人员缴纳社会保险费。博士后研究人员具有以下几方面的基本特点:

第一,"博士后"不是学位,而是代表一种经历。博士是最高学位,对博士后研究人员不能再授予其他任何名义上的学位称号,因此,不能把"博士后"看成比博士更高一级的学位。同时,博士后也不是专业技术或行政职务,一位博士后在流动站从事一期或两期研究工作,仅表明一种经历。

第二,博士后研究人员在博士后流动站所从事的工作纯属科学研究,而这种科研工作是具有探索、开拓、创新性质的。即使在高等学校里做博士后,也不是去搞教学工作(当然也可以担任少量的教学工作)。博士后的研究方向和研究课题,一般应在力求结合设站单位承担的重点项目的前提下,由个人提出,经设站单位有关专家评议后报单位领导批准。

第三,博士后研究人员是具有流动性质的科研人员,而不再是学生。对他们在流动站工作期间要和其他正式职工一样计算工龄,除享受国家规定的待遇外,还依法享有社会保险、劳动保护等各种权益。

第四,对设站单位来讲,博士后是有限期的工作人员,不列入设站单位的正式编制,工作期满必须出站,安排到本单位或其他单位的固定岗位去工作,或转到下一个流动站去。因此,在其获得固定工作岗位前,实际上处于流动状态。

二、博士后工作管理机构

《博士后管理工作规定》明确,人事部(现人力资源和社会保障部)是全国博士后工作综合管理部门,负责制定博士后工作的政策、规章、规划,并组织实施。全国博士后管理委员会由国务院人事、科技、教育、财政等有关部门的负责人和有关专家组成,负责对全国博士后工作中的重大问题进行研究和协调。全国博士后管理委员会办公室设在人事部专业技术人员管理司。①

省、自治区、直辖市人民政府人事部门管理本地区博士后工作,建立由人事部门牵头,有关单位和专家组成的博士后管理协调机制,结合本地区的实际情况,研究制定符合本地区特点的博士后发展规划和配套政策、措施。经人事部批准,省、自治区、直辖市博士后管理部门可承担本地区的博士后设站申报、博士后工作评估、博士后人员进出站手续办理,并向人事部登记注册等事宜。

国务院有关部委及直属事业单位的人事部门可按有关规定制定配套政策、措施,负责本部委及直属机构博士后工作的指导、协调和监督。

---

① 2008年3月31日,在人事部与劳动和社会保障部的基础上组建了人力资源和社会保障部(简称人社部),原人事部的博士后综合管理工作由人社部专业技术人员管理司负责。如非特殊需要,本章以下涉及"人事部""人社部"变迁时不再做专门解释。

三、博士后流动站与工作站

（一）博士后流动站

博士后流动站,是指在高等院校或科研院所具有博士授予权的一级学科内,经批准可以招收博士后研究人员的组织。高等院校和科研院所申请设立流动站,应当具备以下基本条件:相应学科的博士学位授予权,并已培养出一届以上的博士毕业生;一定数量的博士生指导教师;较强的科研实力和较高的学术水平,承担国家重大研究项目,科研工作处于国内前列,博士后研究项目具有理论或技术创新性;必需的科研条件和科研经费,并能为博士后人员提供必要的生活条件。博士后流动站不是在设站单位内另外成立一个独立的行政或学术组织的实体。实际上,是指设站单位承担实行博士后制度这样一项重要任务,或者说该单位具有招收博士后研究人员的资格。设立博士后流动站的单位,被称为博士后流动站设站单位,简称设站单位。

（二）博士后工作站

博士后工作站,是指在具备独立法人资格的企业等机构内,经批准可以招收博士后研究人员的组织。建有省级以上研发和技术中心,承担国家重大项目的单位可优先设立工作站。企业、从事科学研究和技术开发的事业单位、省级以上高新技术开发区、经济技术开发区和留学人员创业园区申请设立工作站,应当具备以下基本条件:独立法人资格,经营或运行状况良好;具有一定规模,并具有专门的研究与开发机构;拥有高水平的研究队伍,具有创新理论和创新技术的博士后科研项目;能为博士后人员提供较好的科研条件和必要的生活条件。

四、博士后研究人员的招收

（一）招收对象

博士后申请者一般应为新近毕业的博士毕业生,年龄应在35周岁以下,申请进入企业博士后科研工作站或人文社会科学领域、人才紧缺基础薄弱的自然科学领域博士后科研流动站的,可适当放宽进站条件。在职博士后研究人员应以高校、科研院所教学科研人员为主,并严格控制比例。不得招收党政机关领导干部在职进站从事博士后研究。

（二）招收程序

申请从事博士后研究工作的人员，应当向设站单位提出书面申请，提交证明材料。委托培养、定向培养、在职工作以及具有现役军人身份的人员申请从事博士后研究工作，应当向设站单位提交其委托单位、定向培养单位、工作单位或者所在部队同意其脱产从事博士后研究工作的证明材料。设站单位要对申请者的科研能力、学术水平和已取得的科研成果进行严格审核，采用考核、考试、答辩等形式择优招收。

五、博士后在站期间的管理

博士后人员在站工作时间为两年，一般不超过三年。承担国家重大项目，获得国家自然科学基金、国家社会科学基金等国家基金资助项目或中国博士后科学基金特别资助项目的博士后人员，如需延长在站时间，经设站单位批准后，可根据项目和课题研究的需要适当延长。博士后人员工作期满后应按时出站，确有需要可转到另一个流动站或工作站从事博士后研究工作。博士后人员从事博士后研究工作最长不超过六年。对博士后在站期间获得的科研成果（含科技成果奖、专利、著作、论文等），是由单方享有还是双方共享，须事先达成明确的协议。

（一）工资待遇与考核

各设站单位应将博士后人员纳入本单位人事管理范围，其人事、组织关系、福利待遇等比照本单位同等人员对待，或按协议执行。根据人事部、财政部印发的《关于博士后研究人员工资待遇问题的通知》的规定，博士后研究人员实行岗位绩效工资制度，执行专业技术人员基本工资标准。博士后人员应与设站单位职工享受同等的医疗保障待遇，所需资金的筹集应当执行设站单位职工医疗保障资金的筹集办法。

各设站单位应建立在站博士后人员的考核指标体系，以及博士后人员进站招收、中期考核和出站考核制度。制定对博士后人员目标管理、绩效评价、奖励惩处等具体管理办法，对博士后人员进行定期考核。对研究成果突出、表现优秀的博士后人员，应当给予适当的表彰和奖励；对中期考核不合格的博士后人员予以劝退和解约。

（二）科研资助

国家设立中国博士后科学基金,为博士后人员开展科研工作提供资助。基金主要来源于中央财政拨款,同时接受国内外各种机构、团体、单位或个人的捐赠。《中国博士后科学基金资助规定》(中博基字〔2008〕1号)对基金的资助方式、组织管理、申报评审等作了规定。

博士后科学基金设普通资助和特别资助两种方式。普通资助是对博士后人员从事自主创新研究的科研启动或补充经费;特别资助是为鼓励博士后人员增强创新能力,对在站期间取得重大科研成果和研究能力突出的博士后人员的资助。博士后研究人员在进站后至出站前半年时间内,可以多次申请面上资助,每站只能获得一次面上资助;博士后研究人员进站满8个月可申请特别资助,每站只能获得一次特别资助。

除基金资助外,各地方政府和中央有关部门的人事(干部)部门,以及博士后设站单位应对获得中国博士后科学基金资助的博士后人员给予配套资助。

六、博士后出站

（一）出站考核

博士后人员期满出站前,设站单位可以根据其在站期间的科研能力、学术水平、工作成果,对其提出专业技术职称评定意见或建议。博士后人员工作期满,须向设站单位提交博士后研究报告和博士后工作总结等书面材料。博士后人员出站时,设站单位要及时组织有关专家对其科研工作、个人表现等进行评定,形成书面材料归入其个人档案。

（二）证书颁发

对出站考核合格的博士后人员,由人事部和全国博士后管理委员会颁发博士后证书。博士后证书作为博士后研究人员完成规定期限(一般为两年)博士后研究工作的经历证明,由全国博士后管委会统一印制和签发。取得博士后证书须同时满足以下条件:经全国博士后管委会办公室核准的博士后研究人员;博士后工作期间能遵守国家和所在单位的各项规章制度,完成规定的科研任务;博士后工作期满按有关规定办理了出站和工作分配手续。

(三) 户口迁移与就业

博士后人员期满出站,到人事部博士后管理部门或有关省、自治区、直辖市人事部门办理出站手续。凭人事部博士后管理部门或有关省、自治区、直辖市人事部门的介绍信和其他有效证明材料,到当地公安户政管理部门办理本人及配偶和未成年子女的户口迁出和落户手续。博士后人员工作期满出站,除有协议的以外,其就业实行双向选择、自主择业。各级政府人事部门和设站单位要为出站博士后人员的合理使用创造条件,做好出站博士后人员的就业引荐等服务工作。

本章小结

专业技术人员指依照国家人才法律法规,经过国家人事部门全国统考合格,并经国家主管部委注册备案,颁发注册执业证书,在企业或事业单位从事专业技术工作的技术人员,以及具前述执业证书并从事专业技术管理工作,在1983年以前评定了专业技术职称或在1984年以后考取了国家执行资格并具有专业技术执业证书的人员。

专业技术资格(即通常所说的职称)可以通过考试、初定和评审三种途径获得。专业技术资格分为正高级、副高级、中级、助理级、员级5个级别。专业技术资格考试开始于《人事部关于认真做好"专业技术资格"考试工作的通知》。专业技术资格评审的规定主要见于人事部的四个文件:《关于职称改革评聘分开试点工作有关事项的通知》《关于重新组建专业技术职务评审委员会有关事项的通知》《关于高级职务任职资格评审委员会有关问题的通知》《关于印发〈专业技术资格评定试行办法〉的通知》。评审程序包括申报、审核、评定、审批等环节。近年来,《关于深化人才发展体制机制改革的意见》《关于深化职称制度改革的意见》和《关于分类推进人才评价机制改革的指导意见》等文件均对专业技术资格制度作出新的规范。

专业技术人员职业资格规定主要见于《职业资格证书规定》和《职业资格证书制度暂行办法》等政策文件。此外,《中华人民共和国教师法》《中华人民共和国人民警察法》《中华人民共和国执业医师法》等法律分别明确了不同行业的持证上岗制度。

我国先后出台了一系列吸引海外人才的政策法规和人才工程。政策法规包括《关于争取优秀留学博士回国做博士后的通知》《关于鼓励海外高层次留学人才回国工作的意见》《留学人员创业园管理办法》《关于在留学人才引进工作中界定海外高层次留学人才的指导意见》《关于建立海外高层次留学人才回国工作绿色通道的意见》等。实施的人才计划(工程)包括"春晖计划""长江学者奖励计划"等。

我国博士后制度是指在高等院校、科研院所和企业等单位设立博士后科研流动站或博士后科研工作站,招收获得博士学位的优秀青年,在站内从事一定时期科学研究工作的制度。当前我国博士后管理主要依据《博士后管理工作规定》《国务院办公厅关于改革完善博士后制度的意见》等法规文件。国家人事部(现为人社部)是全国博士后工作综合管理部门。全国博士后管理委员会负责对全国博士后工作中的重大问题进行研究和协调。

▶▶ 复习思考题

1. 什么是专业技术人员?
2. 专业技术资格(职称)可以通过哪些途径获得?专业技术资格考试分为哪些类别?专业技术资格评审包括哪些环节?
3. 试对职业资格考试、从业资格考试和执业资格考试三个概念进行辨析。
4. 简述"长江学者奖励计划"。
5. 简述博士后研究人员在站期间的管理制度。

▶▶ 案例与问题

拷问高校职称评审公信力[①]

2012年5月,"湖南高校职称评审评委涉嫌受贿"事件受到公众广泛关注。5月4日,一网友爆料湖南高校负责职称评审的评委名单刚刚确定即遭泄露,身为评委的警察学院某教授在宾馆开房收钱。

5月5日凌晨,湖南省教育厅在其官方网站上对此事进行回应:已终止该教

---

① 陈璇:《拷问高校职称评审公信力》,《中国青年报》2012年5月17日,第11版。

授职称评审专家资格,有关情况正在进一步调查核实。

5月6日,湖南警察学院也在网站上说明:接到省教育厅关于请该院对该教授违纪情况进行立案调查的函,已宣布暂时停止其执行警体教学部主任职务,并对其进行谈话调查。

评审专家为何敢于明目张胆地开房间坐等教师行贿?发生在湖南的这一事件被曝光后,高校职称评审中存在的问题再次受到公众关注。职称本来是用以衡量专业技术人才水平和能力的等级称号,但有人质疑,在高校里,职称如今是否已部分成为可以沽售的"商品"。近些年,高校职称评审正面临着"公信危机"。

据了解,目前我国高校高级职称(副教授和教授)评审有两种方式,省属高校由省人力资源和社会保障厅、教育厅等组织评委评审,而"985""211"等重点大学则有自主评审权,在学校内部可完成教师职称评审。此次曝光的"湖南高校职称评审评委涉嫌贿赂"事件发生在省级相关部门组织评审这一阶段。有专家呼吁,应该不断扩大和落实高校的办学自主权。

但是,拥有职称自主评审权的重点大学同样面临公信危机,因为高校教师不满或者质疑职称评审结果而引发的纠纷也接连发生。

在多年关注高校问题的中国人民大学教授张鸣看来,过程公开透明程度不够,是高校职称评审中出现各种问题的原因之一。"究竟怎么评的还是不够公开,有时候公示也只是形式,评审过程还是难免变成'黑箱操作'。如果觉得不公正,教师几乎难有申诉的机会。"张鸣对中国青年报记者说。说起湖南高校职称评审丑闻,张鸣表示不感到惊奇。"这是太常见的事情。就评审而言,不仅是评职称如此,评奖、评优、课题评审,一级学科、重点学科的评审,甚至于院士的评选。有评审,就有公关,就有腐败。"张鸣认为,一直为社会所诟病的高校"行政化",是造成职称评审公信危机的主要原因。

案例讨论题

1. 请结合以上案例,谈一下专业技术资格(职称)评审的程序及相关规定。
2. 上述评审违规案例,问题出在评审的哪个环节?你认为在这一环节应从哪些方面完善现有制度?

第四章　军队转业干部安置

　　我国对退役军官采取退休、转业、逐月领取退役金、复员等方式妥善安置。其中,退出现役作转业安置的军官和文职干部,通称军队转业干部。安置地人民政府应根据转业干部的德才条件以及服现役期间的职务、等级、所做贡献、专长等和工作需要安排工作岗位,确定相应的职务职级。军队干部转业到地方工作,是国家和军队的一项重要制度。党中央、国务院、中央军委高度重视军队转业干部安置工作。2001年1月19日,中共中央、国务院、中央军委发布实施《军队转业干部安置暂行办法》(中发〔2001〕3号),从此,军队转业干部安置工作走上了法制化的轨道。随着社会主义市场经济的深入发展和改革的不断深化,军队转业干部安置工作出现了一些新情况新特点,为进一步做好军队转业干部安置工作,中共中央、国务院、中央军委先后印发《关于进一步做好军队转业干部安置工作的意见》(中发〔2007〕8号)和《关于做好深化国防和军队改革期间军队转业干部安置工作的通知》(中发〔2016〕13号)。2020年11月11日,中华人民共和国第十三届全国人民代表大会常务委员会第二十三次会议通过《中华人民共和国退役军人保障法》(以下简称《退役军人保障法》),自2021年1月1日起施行。该法涵盖退役军人的移交接收、退役安置、教育培训、就业创业、褒扬激励、服务管理等各方面内容,旨在加强退役军人保障工作,维护退役军人合法权益,让军人成为全社会尊崇的职业。在此前后,国家还相继出台一系列配套法规(相关政策法规见表4-1),各省(自治区、直辖市)也制定了相应的实施细则。

表 4-1 军队转业干部安置主要政策法规

名称	发文字号
军队转业干部住房保障办法	国办发〔2000〕62 号
军官、文职干部、士官住房补贴暂行办法	〔2000〕后财字第 18 号
军队转业干部安置暂行办法	中发〔2001〕3 号
关于印发《军队转业干部安置暂行办法》宣传教育提纲的通知	国转联〔2001〕1 号
关于贯彻落实《军队转业干部安置暂行办法》认真做好 2001 年军转安置工作有关问题的通知	国转联〔2001〕6 号
关于自主择业的军队转业干部安置管理若干问题的意见	国转联〔2001〕8 号
关于印发《自主择业的军队转业干部退役金发放管理办法》的通知	国转联〔2001〕9 号
关于自主择业的军队转业干部有关税收政策问题的通知	财税〔2003〕26 号
关于增加自主择业军队转业干部退役金的通知	国转联〔2004〕2 号
关于自主择业军队转业干部安置管理若干具体问题的意见	国转联〔2006〕1 号
关于进一步做好军队转业干部安置工作的意见	中发〔2007〕8 号
关于加强和改进军队转业干部教育培训工作的意见	国转联〔2008〕5 号
关于 2006 年度及以后计划分配军队转业干部工资待遇确定办法的通知	国发〔2008〕8 号
关于改进计划分配军队转业干部安置办法若干问题的意见	国转联〔2012〕1 号
中华人民共和国军人保险法	中华人民共和国主席令第五十六号
关于军人退役养老保险关系转移接续有关问题的通知	后财〔2012〕547 号
关于做好深化国防和军队改革期间军队转业干部安置工作的通知	中发〔2016〕13 号
关于加强自主择业军队转业干部管理服务工作的通知	国转联〔2016〕6 号
关于探索开展军队转业干部进高等学校专项培训的指导意见	国转联〔2017〕1 号
关于促进新时代退役军人就业创业工作的意见	退役军人部发〔2018〕26 号
中华人民共和国退役军人保障法	中华人民共和国主席令第六十三号

第四章 军队转业干部安置

第一节 安置对象与安置地点

一、安置计划

全国的军队转业干部安置计划,由国家军队转业干部安置工作主管部门会同解放军总政治部编制下达。省(自治区、直辖市)的军队转业干部安置计划,由省(自治区、直辖市)军队转业干部安置工作主管部门编制下达。中央和国家机关及其管理的在京企业事业单位军队转业干部安置计划,由国家军队转业干部安置工作主管部门编制下达。中央和国家机关京外直属机构、企业事业单位的军队转业干部安置计划,由所在省(自治区、直辖市)军队转业干部安置工作主管部门编制下达。

二、安置对象

(一)符合条件的团级(处级)以下军队干部

担任团级以下职务(含处级以下文职干部和享受相当待遇的专业技术干部,下同)的军队干部,有下列情形之一的,列入军队干部转业安置计划:达到平时服现役最高年龄的;受军队编制员额限制不能调整使用的;因身体状况不能坚持军队正常工作但能够适应地方工作的;其他原因需要退出现役作转业安置的。

(二)符合条件的师级(局级)或高级专业技术干部

担任师级职务(含局级文职干部,下同)或高级专业技术职务的军队干部,年龄50周岁以下的,本人申请,经批准可以安排转业,列入军队干部转业安置计划;年龄超过50周岁、地方工作需要的,可以批准转业,另行办理。

《关于做好深化国防和军队改革期间军队转业干部安置工作的通知》(以下简称《安置通知》)将以上年龄条件由50岁放宽到53岁。

三、安置地点

(一)回原籍或入伍时所在省(自治区、直辖市)

军队转业干部一般由其原籍或者入伍时所在省(自治区、直辖市)安置。

(二) 随配偶

军队转业干部也可以到配偶随军前或者结婚时常住户口所在地安置。配偶已随军的军队转业干部,具备下列条件之一的,可以到配偶常住户口所在地安置:(1)配偶取得北京市常住户口满4年的;(2)配偶取得上海市常住户口满3年的;(3)配偶取得天津市、重庆市和省会(自治区首府)城市、副省级城市常住户口满2年的;(4)配偶取得其他城市常住户口的。

(三) 随父母(配偶父母)

父母身边无子女或者配偶为独生子女的军队转业干部,可以到其父母或者配偶父母常住户口所在地安置。未婚的军队转业干部可以到其父母常住户口所在地安置。父母双方或者一方为军人且长期在边远艰苦地区工作的军队转业干部,可以到父母原籍、入伍地或者父母离退休安置地安置。

(四) 特殊情形安置地点

军队转业干部具备下列条件之一的,可以到配偶常住户口所在地安置,也可以到其父母或者配偶父母、本人子女常住户口所在地安置:(1)自主择业的;(2)在边远艰苦地区或者从事飞行、舰艇工作满10年的;(3)战时获三等功、平时获二等功以上奖励的;(4)因战因公致残的。

夫妇同为军队干部且同时转业的,可以到任何一方的原籍或者入伍地安置,也可以到符合配偶随军条件的一方所在地安置;一方转业,留队一方符合配偶随军条件的,转业一方可以到留队一方所在地安置。

因国家重点工程、重点建设项目、新建扩建单位以及其他工作需要的军队转业干部,经接收单位所在省(自治区、直辖市)军队转业干部安置工作主管部门批准,可以跨省(自治区、直辖市)安置。

符合安置地吸引人才特殊政策规定条件的军队转业干部,可以到该地区安置。

《关于进一步做好军队转业干部安置工作的意见》对部分军队转业干部安置地区去向的条件作了调整:夫妇同为军队干部的,双方或者一方转业,可以到任何一方的部队驻地安置;未婚或者离异的军队转业干部,可比照驻地军队干部配偶随军条件予以安置;在艰苦边远地区和特殊岗位服役满15年的军队转业干部,不符合到直辖市、省会(自治区首府)城市和副省级城市安置条件的,可以到原籍、入伍地或者配偶常住户口所在地的地级城市安置。《安置通知》进一步放宽了在艰苦边远地区和特殊岗位服役的军队转业干部到地级城市安置的条件,将以上服役满15年的条件放宽到满10年。

《安置通知》要求,对所在单位被撤销、合并、降格、改编、移防的计划分配军队转业干部,其配偶取得部队所在地常住户口的,不受现行政策规定的随军落户年限限制,可以在配偶常住户口所在地安置;未婚或者离异的,可在服役地安置;不符合到直辖市、省会(自治区首府)城市和副省级城市安置条件的,可以到原籍、入伍地或者配偶常住户口所在地的地级城市安置。

第二节 工作分配与就业

一、就业方式

军转干部就业方式分为计划分配和自主择业两种方式。

(一)计划分配

担任师级职务的军队转业干部或者担任营级以下职务(含科级以下文职干部和享受相当待遇的专业技术干部,下同)且军龄不满20年的军队转业干部,由党委、政府采取计划分配的方式安置。

(二)自主择业

担任团级职务的军队转业干部或者担任营级职务且军龄满20年的军队转业干部,可以选择计划分配或者自主择业的方式安置。《安置通知》放宽了自主择业的军龄和职级条件,规定军龄满18年的师级以下职务转业干部,本人提出申请,经组织审核批准,可以选择自主择业的方式安置。

二、工作与职务安排原则

计划分配的军队转业干部,党委、政府应当根据其德才条件和在军队的职务等级、贡献、专长安排工作和职务。

(一)师、团级转业干部

担任师级领导职务或者担任团级领导职务且任职满最低年限的军队转业干

部,一般安排相应的领导职务。接收师、团级职务军队转业干部人数较多、安排领导职务确有困难的地区,可以安排相应的非领导职务。其他担任师、团级职务或者担任营级领导职务且任职满最低年限的军队转业干部,参照办理。

(二) 自愿转业到边远艰苦地区的转业干部

对自愿到边远艰苦地区工作的军队转业干部,应当安排相应的领导职务,德才优秀的可以提职安排。

(三) 在特殊艰苦地区服役的转业干部

在西藏或者其他海拔 3500 米以上地区连续工作满 5 年的军队转业干部,应当安排相应的领导职务或者非领导职务,对正职领导干部安排正职确有困难的,可以安排同级副职。

(四) 专业技术职务转业干部

担任专业技术职务的军队转业干部,一般应当按照其在军队担任的专业技术职务或者国家承认的专业技术资格,聘任相应的专业技术职务;工作需要的可以安排行政职务。

(五) "双肩挑"转业干部

担任行政职务并兼任专业技术职务的军队转业干部,根据地方工作需要和本人志愿,可以安排相应的行政职务或者聘任相应的专业技术职务。

三、工作安排办法

党和国家机关接收计划分配的军队转业干部,按照干部管理权限,在主管部门的组织、指导下,采用不同办法开展安排工作。

对担任师、团级职务的,采取考核选调等办法安置;

对担任营级以下职务的,采取考试考核和双向选择等办法安置。

对有的岗位,也可以在军队转业干部中采取竞争上岗的办法安置。

四、工作适应期

对计划分配到事业单位的军队转业干部,参照其军队职务等级安排相应的管理或者专业技术工作岗位,并给予 3 年适应期。

企业接收军队转业干部,由军队转业干部安置工作主管部门编制计划,根据军队转业干部本人志愿进行分配,企业安排管理或者专业技术工作岗位,并给予2年适应期。

五、培训

对计划分配的军队转业干部应当进行适应性培训和专业培训,有条件的地区也可以在安置前组织适应性培训。

计划分配的军队转业干部的专业培训,由省(自治区、直辖市)按部门或者专业编班集中组织实施,培训时间不少于3个月。

各级教育行政管理部门应当在师资、教学设施等方面,支持军队转业干部培训工作。对报考各类院校的军队转业干部,应适当放宽年龄条件,在与其他考生同等条件下,优先录取;对获二等功以上奖励的,应适当降低录取分数线投档。

军队转业干部参加培训期间享受接收安置单位在职人员的各项待遇。

第三节 待遇保障

一、工资和退休待遇

(一)工资待遇

计划分配到党和国家机关、团体、事业单位的军队转业干部,其工资待遇按照不低于接收安置单位与其军队职务等级相应或者同等条件人员的标准确定,津贴、补贴、奖金以及其他生活福利待遇,按照国家有关规定执行。计划分配到企业的军队转业干部,其工资和津贴、补贴、奖金以及其他生活福利待遇,按照国家和所在企业的有关规定执行。

自主择业军队转业干部的退役金和生活性补贴计发办法,按照国家现行有关规定执行;退役金和生活性补贴的调整,根据移交地方安置的军队退休干部退休生活费和生活性补贴调整的情况相应调整。经济比较发达地区,自主择业军队转业干部的月退役金低于安置地当年党和国家机关相应职务等级退休干部月退休生活费数额的,安置地政府可以发给差额补贴;是否发给差额补贴,由地方政府根据当地实际情况确定。

(二) 退休待遇

计划分配到党和国家机关、团体、事业单位的军队转业干部,退休时的职务等级低于转业时军队职务等级的,享受所在单位与其转业时军队职务等级相应或者同等条件人员的退休待遇。

(三) 工龄计算

军队转业干部的军龄,计算为接收安置单位的连续工龄(工作年限),享受相应的待遇。在军队从事护理、教学工作,转业后仍从事该职业的,其在军队的护龄、教龄应当连续计算,享受接收安置单位同类人员的待遇。

二、政治待遇和荣誉

计划分配的军队转业干部,享受所在单位与其军队职务等级相应或者同等条件人员的政治待遇。军队转业干部在服役期间被中央军事委员会授予荣誉称号的,比照全国劳动模范(先进工作者)享受相应待遇;被大军区级单位授予荣誉称号或者荣立一等功,以及被评为全国模范军队转业干部的,比照省部级劳动模范(先进工作者)享受相应待遇。

三、住房保障

根据《军队转业干部住房保障办法》,安置地人民政府或接收安置单位,应按要求为军队转业干部提供经济适用住房和周转住房房源。对全迁户军队转业干部,在其到地方报到前提供房源;其他军队转业干部,在其到地方报到后的一年内提供房源。所提供的经济适用住房和周转住房房源,应当做到选址合理、质量可靠、设施配套。

(一) 住房保障方式

军队转业干部的住房,主要采取购买经济适用住房、现有住房或租住周转住房,以及修建自有住房等方式解决。

第四章 军队转业干部安置

1. 购买经济适用住房

安置地人民政府和接收安置单位建设的经济适用住房,应优先向军队转业干部出售。军队转业干部购房面积由其根据家庭支付能力自主决定。

2. 租住周转住房

对于安置地暂难以提供经济适用住房的全迁户军队转业干部、配偶无住房且购买经济适用住房资金确有困难的其他军队转业干部,安置地人民政府或接收安置单位应提供周转住房供其租住。

3. 购买军产住房

租住售房区军产住房的军队转业干部,本人及其配偶无其他住房的,可按军队现有住房出售管理的有关规定购买现有住房。

4. 修建自有住房

各地应结合小城镇的改造支持和鼓励军队转业干部建造、翻修自有住房。军队转业干部自建住房,享受国家和安置地人民政府有关自建住房的各项优惠政策。

(二)住房补贴

1. 住房补贴来源

军队转业干部服现役期间的住房补贴,由中央财政专项安排;转业后在地方工作期间的住房补贴,由安置地人民政府或接收安置单位按有关规定解决。

2. 住房补贴对象

2000年及其以后批准转业的军队干部及其配偶,未按房改成本价、标准价、安居工程房价购买住房或未参加集资建房的,可按规定申请住房补贴;已按房改成本价、标准价、安居工程房价购买住房或参加集资建房给予货币补差的,按军队有关规定执行。配偶已租住地方住房的,可按房改成本价购买,购房实际建筑面积未达到购房补贴建筑面积标准的,分别按军队和地方的有关规定给予货币补差;按经济适用住房价格购买其配偶现租住住房的,夫妇双方可以按规定分别申请住房补贴。

3. 住房补贴发放

军队转业干部服现役期间的住房补贴,由军队团(含)级以上财务部门在军队转业干部离队时计发给个人。其中,租住军产住房的,退还军产住房时计发给个人。

4. 配偶住房补贴

军队转业干部配偶的住房补贴按其所在单位的有关规定执行,已实行住房补贴制度的单位应按国家及当地的有关规定及时予以划拨、支付。夫妇均为军队干部,一方转业需要购买住房的,留队一方可以申请住房补贴。

《关于自主择业的军队转业干部安置管理若干问题的意见》提出,军队转业干部及其配偶均未按房改成本价、标准价、安居工程房价购买住房,或者未参加集资建房,或者未按规定的普通公有住房租金标准承租公有住房,或者虽按规定的普通公有住房租金标准承租了军产住房,但拟退出或按经济适用住房价格购买现住房的自主择业军队转业干部到地方后,未被党和国家机关、人民团体、企业事业单位录用聘用期间的购房补贴,从批准转业的翌年1月1日起,根据安置地政府的规定,按照当地政府机关与其军队职务等级相应或者同等条件人员的办法执行,所需经费由安置地政府解决。自主择业的军队转业干部被党和国家机关、人民团体、企业事业单位录用聘用以后期间的购房补贴,按照所在单位的规定执行。

四、社会保险

军队转业干部的军龄视同社会保险缴费年限。其服现役期间的医疗等社会保险费,转入安置地社会保险经办机构。计划分配到党和国家机关、团体、事业单位的军队转业干部,享受接收安置单位与其军队职务等级相应或者同等条件人员的医疗、养老、失业、工伤、生育等社会保险待遇;计划分配到企业的军队转业干部,按照国家有关规定参加社会保险,缴纳社会保险费,享受社会保险待遇。

五、家属安置

(一) 配偶安置

军转干部选择原籍或入伍地安置的,配偶可随调安置。随调配偶为公务员且符合公务员转任规定的,参照本人职务等级和从事的职业,合理安排;配偶为事业单位工作人员的和企业职工的,主要在事业单位和企业妥善安排。对安排到实行劳动合同制、聘用制企业事业单位的随调配偶,应当给予3年的适应期,适应期内非本人原因不得擅自解除劳动、聘用合同。

(二)子女安置

军队转业干部未参加工作的子女可以随调随迁,各地公安部门凭军队转业干部安置工作主管部门的通知及时办理迁移、落户手续。随迁子女需要转学、入学的,由安置地教育行政管理部门负责安排;报考各类院校时,在与其他考生同等条件下优先录取。军队转业干部身边无子女的,可以随调一名已经工作的子女及其配偶。

各地在办理军队转业干部及其随调随迁配偶、子女的工作安排、落户和转学、入学事宜时,不得收取国家政策规定以外的费用。

(三)家属社会保险转移

军队转业干部随调随迁配偶、子女,已经参加医疗、养老、失业、工伤、生育等社会保险的,其社会保险关系和社会保险基金,由社会保险经办机构按照国家有关规定一并转移或者继续支付。未参加社会保险的,按照国家和安置地有关规定,参加医疗、养老、失业、工伤生育等社会保险。

第四节 自主择业军转干部安置管理

常规性的计划分配之外,自主择业方式已经成为军转干部安置的重要途径之一,实现了军转干部人力资源的优化配置和有效分流。2007年,中共中央、国务院、中央军委印发的《关于进一步做好军队转业干部安置工作的意见》规定:军龄满20年的师、团、营级职务(含相应职级文职干部和享受相当待遇的专业技术干部)军队转业干部,本人提出申请,经组织审核批准,可以选择自主择业的方式安置。2016年的《安置通知》放宽了军龄和职级条件,规定军龄满18年的师级以下职务军队转业干部,本人提出申请,经组织审核批准,可以选择自主择业的方式安置。

近年国家出台了一些专门针对自主择业军转干部的优惠政策,同时,有关军转政策文件也有很多涉及对自主择业军转干部的优惠。《军队转业干部安置暂行办法》第三十一条专门强调:对自主择业的军队转业干部,安置地政府应当采取提供政策咨询、组织就业培训、拓宽就业渠道、向用人单位推荐、纳入人才市场等措施，为其就业创造条件。

根据《军队转业干部安置暂行办法》《关于自主择业的军队转业干部安置管理若干问题的意见》《自主择业的军队转业干部退役金发放管理办法》《关于自主择业军队转业干部安置管理若干具体问题的意见》《关于自主择业的军队转业干部有关税收政策问题的通知》《关于进一步做好军队转业干部安置工作的意见》《关于做好深化国防和军队改革期间军队转业干部安置工作的通知》《关于加强自主择业军队转业干部管理服务工作的通知》等文件的规定，对自主择业军转干部的管理有如下政策。

一、发放退役金

发放退役金的人员范围为：自主择业并且未被党和国家机关、人民团体或者财政拨款的事业单位选用为正式工作人员的军队转业干部。月退役金按照本人转业时安置地同职务等级军队干部月职务、军衔（级别）工资和军队统一规定的津贴补贴为计发基数 80% 的数额与基础、军龄工资的全额之和计发。

自主择业的军队转业干部，如满足下列条件，将按照不同标准增发退役金：(1) 荣立三等功、二等功、一等功或者被大军区级以上单位授予荣誉称号的，分别增发月退役金计发基数的 5%、10%、15%。符合其中两项以上的，按照最高的一项标准增发。(2) 在边远艰苦地区或者从事飞行、舰艇工作满 10 年、15 年、20 年以上的，分别增发月退役金计发基数的 5%、10%、15%。符合其中两项以上的，按照最高的一项标准增发。

《自主择业的军队转业干部退役金发放管理办法》还列出了退役金的计算公式：

退役金数额 = {[职务工资+军衔（级别）工资+军队统一规定的津贴补贴] × (80%+增发%)} + 基础工资 + 军龄工资

上述计发和增发的退役金月均数额不得超过本人转业时安置地同职务等级军队干部月职务、军衔、基础、军龄工资和军队统一规定的津贴补贴之和。

自主择业的军队转业干部的退役金，根据移交地方安置的军队退休干部退休生活费调整的情况相应调整增加。经济比较发达的地区，自主择业军队转业干部的月退役金低于安置地当年党和国家机关相应职务等级退休干部月退休生活费数额的,安置地政府可以发给差额补贴。

二、创业与就业

自主择业的军队转业干部的退役金,免征个人所得税。另外,根据财政部和国家税务总局发出的《关于自主择业的军队转业干部有关税收政策问题的通知》的规定,对从事个体经营的军队转业干部,经主管税务机关批准,自领取税务登记证之日起,3年内免征营业税和个人所得税。为安置自主择业的军队转业干部就业而新开办的企业,凡安置自主择业的军队转业干部占企业总人数60%(含60%)以上的,经主管税务机关批准,自领取税务登记证之日起,3年内免征营业税和企业所得税。

党和国家机关、团体、企业事业单位在社会上招聘录用人员时,对适合军队转业干部工作的岗位,应当优先录用、聘用自主择业的军队转业干部。

三、就业培训与指导

自主择业的军队转业干部的就业培训,贯彻"个人自愿,按需培训,依托社会,政府协助"的原则进行,主要依托军队转业干部培训中心具体实施,也可以委托地方院校、成人教育机构、职业培训机构承担具体工作。培训单位应当根据社会人才需求合理设置专业课程,加强定向职业技能培训,以提高自主择业的军队转业干部的就业竞争能力。对参加全国统一组织考试取得专业技术资格证书或者执业资格证书以及参加职业技能鉴定取得国家职业资格证书的自主择业的军队转业干部,地方用人单位应在同等条件下优先录用、聘用。

自主择业的军队转业干部的就业指导,由军队转业干部安置工作部门负责。主要提供就业咨询,发布就业信息,组织人才交流,建立自主择业军队转业干部人才网。党和国家机关、人民团体、企业事业单位从社会上公开选用人员时,在同等条件下,应优先选用自主择业的军队转业干部。

四、住房保障

自主择业的军队转业干部,到地方后未被党和国家机关、团体、企业事业单位录用聘用期间的住房补贴,按照安置地党和国家机关与其军队职务等级相应或者同等条件人员的住房补贴的规定执行。被党和国家机关、人民团体、企业事业单位录用聘用以后期间的购房补贴,按照所在单位的规定执行。《关于自主择业的军队转业干部安置管理若干问题的意见》提出,自主择业的军队转业干部服现役期间的住房公积金,在其离队时一次性发给个人。实行住房公积金制度的地区,自主择业的军队转业干部可以根据本人意愿,将部队一次发给的服现役期间的住房公积金计入个人住房公积金账户。计入个人住房公积金账户的,在购建住房时,安置地有关部门应当并优先提供住房公积金贷款。自主择业的军队转业干部服现役期间的住房补贴,由部队计发至批准转业当年的12月31日。

五、社会保险

自主择业的军队转业干部就业后,应当按照相关法规的规定,依法参加当地基本养老保险和失业保险,缴纳养老、失业保险费,并享受相应养老、失业保险待遇,其社会保险缴费年限从其在当地缴纳社会保险费之日算起。

建立基本医疗保险制度的地区,自主择业的军队转业干部未被党和国家机关、人民团体、企业事业单位录用聘用期间,按照安置地政府的有关规定,统一参加安置地的基本医疗保险,并享受公务员医疗补助待遇。参加基本医疗保险所需缴纳的单位缴费部分和公务员医疗补助,由安置地军队转业干部安置工作部门向当地统筹地区社会保险经办机构缴纳,所需经费由安置地政府解决。未建立基本医疗保险制度的地区,自主择业的军队转业干部服现役期间的医疗保险个人账户基金余额,由其个人暂存,待安置地建立基本医疗保险、自主择业的军队转业干部参加基本医疗保险后,并入其个人账户。

本章小结

当前我国关于军队转业干部安置方面的政策法规主要有《军队转业干部安置暂行办法》《关于进一步做好军队转业干部安置工作的意见》《关于做好深化国防和军队改革期间军队转业干部安置工作的通知》等。2020年11月11日,中华人民共和国第十三届全国人民代表大会常务委员会第二十三次会议通过《退役军人保障法》，内容涵盖退役军人的移交接收、退役安置、教育培训、就业创业、褒扬激励、服务管理等各个方面。在此前后，国家和地方还相继出台了一系列配套法规和实施细则。

军队转业干部安置对象为符合条件的军队干部及专业技术干部。根据不同情况，安置地点可以选择回原籍（或入伍时所在地）、随配偶或随父母（配偶父母）等。

军转干部就业方式分计划分配和自主择业两种方式。党和国家机关接收计划分配的军队转业干部，按照干部管理权限，在主管部门的组织、指导下，采用不同办法开展安排工作。对计划分配到事业单位的军队转业干部，给予3年适应期。企业接收军队转业干部，给予2年适应期。对计划分配的军队转业干部应当进行适应性培训和专业培训，有条件的地区也可以在安置前组织适应性培训。

计划分配到党和国家机关、团体、事业单位的军队转业干部，其工资待遇按照不低于接收安置单位与其军队职务等级相应或者同等条件人员的标准确定。计划分配到企业的军队转业干部，其工资和津贴、补贴、奖金以及其他生活福利待遇，按照国家和所在企业的有关规定执行。军转干部享受所在单位与其军队职务等级相应或同等条件人员的政治待遇。安置地人民政府或接收安置单位，应按要求为军队转业干部提供经济适用住房和周转住房房源。符合条件的军转干部，其配偶和子女还可获得安置。

军龄满20年的师、团、营级职务（含相应职级文职干部和享受相当待遇的专业技术干部）军队转业干部，可以选择自主择业的方式安置。自主择业的军转干部，将按照不同标准增发退役金，退役金免征个人所得税。对从事个体经营的军队转业干部，享受营业税和个人所得税的优惠政策。

▶▶ 复习思考题

1. 当前我国在军队转业干部安置方面的政策法规主要有哪些？
2. 军队转业干部安置对象有哪些？不同安置对象的安置地点是怎样规定的？
3. 军转干部就业方式有哪些？对计划分配到事业单位和企业的军队转业干部，分别给予多长时间的适应期？
4. 计划分配到党和国家机关、团体、事业单位和企业的军队转业干部，其工资待遇、政治待遇、住房、社会保险和家属安置方面有什么政策规定？

5. 对自主择业的军转干部有哪些政策？

▶▶ 案例与问题

军转干部张海生自主创业闯新天①

2002年，年届不惑的张海生告别他曾屡立军功的部队，在大同县（现云州区）承包了一个四面荒坡的小水库。7年后，小水库周边披上了绿色，水里养起了鱼儿，周边还建起了标准化的猪舍、羊舍和牛棚，并有了一个新名字——海森绿色养殖基地。张海生也于今年（2009年）9月获评我省（山西）"全省模范军转干部"。

10月22日，记者走进海森绿色养殖基地，见到张海生。"当年放弃国家安置，选择自主择业，现在后悔吗？"张海生抬起手，指着远处绿色的坡地说："当年承包这个小水库时，两面都是荒坡。如今，我和家人共植树10万余株，绿化300余亩。这些勃勃生机的绿色，就是我源源不竭的动力。有动力，我就不后悔。"

当年，张海生离开部队转业时，以他的副团级别完全可以在城市落实职位。可他却做出一个让所有人都不解的选择——自主择业。2003年，张海生用自己的16万元转业安置费，以及利用小额贷款、私人借款等手段筹集到的40多万元，承包了一个30多年未曾开发的小水库。他和妻子就在水边搭了个简易住房，从此，养鱼、植树、种草成了他们生活的全部。

水库周边的坡地上，有许多只有拇指粗细、一尺多高的小油松。张海生告诉记者，那是最初他与妻子种下的。"当时为了省钱，买的都是细筷子一般的树苗，头一年种下，第二年就有死的。死了再种，年年如此。"就这样，把能种树的地方都种上树，不能种树的地方，张海生就和妻子趁下雨天的时候撒柠条和枸杞的种子。张海生说："我的信念只有一个——用我的努力让这片荒地披上绿装。"

经过近8年的奋斗，海森绿色养殖基地逐步成为集淡水养殖、特色种养、休闲垂钓为一体的生态农业园区。今年，基地还被评为"省级龙头企业"。张海生说，基地就像他精心抚育的"绿色宝贝"，对它的每一次成长他都铭记在心。他对记者细细道来，如数家珍：在水库投放鱼苗130多万尾；扩建垂钓池50亩，可接纳

---

① 参见杨文：《军转干部张海生自主创业闯新天》，2009年10月30日，山西新闻网，http://news.sohu.com/20091030/n267842140.shtml，2020年5月11日访问。

第四章 军队转业干部安置

300余人垂钓;新建休闲娱乐木屋等500平方米;已建成猪舍1600平方米,正在修建牛棚300多平方米,羊舍1200多平方米……截至今年10月,基地总资产已达1200万元。去年仅养鱼、养猪两项就实现利税300多万元。

张海生说:"基地逐步走向完善,我也因此获得很多荣誉,基地还被确定为大同军转干部观光园。作为一名军转干部,我希望用自己的实际行动告诉大家,军转干部自主择业大有可为。"

案例讨论题

1. 军队转业干部要选择自主择业的方式安置,需要具备什么条件?本案例中的张海生是否符合这些条件?

2. 作为自主择业的军队转业干部,转业后张海生能获得哪些方面的待遇保障?在创业时他能获得哪些优惠政策?

第五章 劳动就业

劳动就业简称就业,是指具有劳动能力和就业资格的公民在法定劳动年龄内,依法从事某种具有一定劳动报酬或经营收入的社会活动。我国的就业人口是指在16周岁以上,特殊职业需要18周岁以上,从事一定社会劳动并获取劳动报酬或经营收入的人员。《中华人民共和国劳动法》[①](以下简称《劳动法》)规定了劳动就业有五项原则:第一,平等就业原则,指劳动者享有平等就业权利和就业机会;第二,相互选择原则,指劳动者自由选择用人单位,用人单位自主择优选择劳动者;第三,竞争就业原则,指劳动者通过用人单位考试考核竞争取胜而获得就业岗位;第四,照顾特殊群体人员就业原则,指谋求职业有困难或处境不利的人员,包括妇女、残疾人、少数民族人员、退出现役的人员;第五,禁止未满16周岁的未成年人就业原则。劳动就业的形式包括职业介绍机构介绍就业、自愿组织就业、自谋职业和国家安置就业四种。

我国关于劳动就业的法律法规主要有以下三类:一是国家法律。《宪法》第四十二条规定:中华人民共和国公民有劳动的权利和义务。国家通过各种途径,创造劳动就业条件,加强劳动保护,改善劳动条件,并在发展生产的基础上,提高劳动报酬和福利待遇。《劳动法》中设有"促进就业"专章,内容涉及保障劳动者

---

① 1994年7月5日第八届全国人民代表大会常务委员会第八次会议通过;根据2009年8月27日第十一届全国人民代表大会常务委员会第十次会议《关于修改部分法律的决定》第一次修正;根据2018年12月29日第十三届全国人民代表大会常务委员会第七次会议《关于修改〈中华人民共和国劳动法〉等七部法律的决定》第二次修正。

第五章 劳动就业

就业权利、促进公平就业及特殊就业保障等;《中华人民共和国就业促进法》[①](以下简称《就业促进法》)更是从政策支持、公平就业、就业服务和管理、职业教育和培训、就业援助、监督检查、法律责任等方面体系性地构建了就业的法律基础。二是行政法规,如《残疾人就业条例》(国务院令第488号)、《国务院关于进一步做好稳就业工作的意见》(国发〔2019〕28号)、《国务院办公厅关于支持多渠道灵活就业的意见》(国办发〔2020〕27号)等。三是部门规章,如《就业服务与就业管理规定》(劳社部令2007年第28号,根据人社部令2018年第38号修订)等。

第一节 就业服务与管理

为了加强就业服务和就业管理,培育和完善统一开放、竞争有序的人力资源市场,为劳动者就业和用人单位招用人员提供服务,劳动和社会保障部于2007年11月发布《就业服务与就业管理规定》。该规定适用于劳动者求职与就业,用人单位招用人员,劳动保障行政部门举办的公共就业服务机构和经劳动保障行政部门审批的职业中介机构从事就业服务活动,于2008年1月1日起实施,后经多次修订。

一、劳动者就业与择业权利

劳动就业权,是指具有劳动权利能力与劳动行为能力,并且有劳动愿望的劳动者依法从事有劳动报酬或经营收入的劳动的权利。劳动者享有平等就业和选择职业的权利。劳动就业权是劳动者赖以生存的权利,是各国宪法确认和保护公民的一项重要的基本权利。劳动者就业,不因民族、种族、性别、宗教信仰等不同而受歧视。农村劳动者进城就业享有与城镇劳动者平等的就业权利,不得对农村劳动者进城就业设置歧视性限制。

劳动者依法享有自主择业的权利。劳动者年满16周岁,有劳动能力且有就

---

① 2007年8月30日第十届全国人民代表大会常务委员会第二十九次会议通过;根据2015年4月24日第十二届全国人民代表大会常务委员会第十四次会议《关于修改〈中华人民共和国电力法〉等六部法律的决定》修正。

业愿望的,可凭本人身份证件,通过公共就业服务机构、职业中介机构介绍或直接联系用人单位等渠道求职。

二、用人单位招用人员

用人单位依法享有自主用人的权利。用人单位招用人员,应当向劳动者提供平等的就业机会和公平的就业条件。

(一)招聘途径

用人单位可以通过下列途径自主招用人员:委托公共就业服务机构或职业中介机构;参加职业招聘洽谈会;委托报纸、广播、电视、互联网等大众传播媒介发布招聘信息;利用本企业场所、企业网站等自有途径发布招聘信息;其他合法途径。用人单位招用人员时,应当依法如实告知劳动者有关工作内容、工作条件、工作地点、职业危害、安全生产状况、劳动报酬以及劳动者要求了解的其他情况。用人单位应当根据劳动者的要求,及时向其反馈是否录用的情况。

(二)招聘禁止行为

用人单位招用人员不得有下列行为:提供虚假招聘信息,发布虚假招聘广告;扣押被录用人员的居民身份证和其他证件;以担保或者其他名义向劳动者收取财物;招用未满16周岁的未成年人以及国家法律、行政法规规定不得招用的其他人员;招用无合法身份证件的人员;以招用人员为名牟取不正当利益或进行其他违法活动。此外,用人单位不得以诋毁其他用人单位信誉、商业贿赂等不正当手段招聘人员。

用人单位招用人员,不能有就业歧视行为:(1)不能有性别歧视,除国家规定的不适合妇女的工种或者岗位外,不得以性别为由拒绝录用妇女或者提高对妇女的录用标准。录用女职工,不得在劳动合同中规定限制女职工结婚、生育的内容。(2)不得歧视残疾人。(3)不得以是传染病病原携带者为由拒绝录用。但是,经医学鉴定传染病病原携带者在治愈前或者排除传染嫌疑前,不得从事法律、行政法规和国务院卫生行政部门规定禁止从事的易使传染病扩散的工作。(4)除国家法律、行政法规和国务院卫生行政部门规定禁止乙肝病原携带者从事的工作外,不得强行将乙肝病毒血清学指标作为体检标准。

第五章　劳动就业

（三）特殊劳动者的招聘

用人单位招用从事涉及公共安全、人身健康、生命财产安全等特殊工种的劳动者，应当依法招用持相应工种职业资格证书的人员；招用未持相应工种职业资格证书人员的，须组织其在上岗前参加专门培训，使其取得职业资格证书后方可上岗。用人单位招用外国人，应当在外国人入境前，按有关规定到当地劳动保障行政部门为其申请就业许可，经批准并获得《中华人民共和国外国人就业许可证书》后方可招用。用人单位招用外国人的岗位必须是有特殊技能要求、国内暂无适当人选的岗位，并且不违反国家有关规定。用人单位招用台港澳人员后，应当按有关规定到当地劳动保障行政部门备案，并为其办理《台港澳人员就业证》。

三、公共就业服务

县级以上劳动保障行政部门统筹管理本行政区域内的公共就业服务工作，根据政府制订的发展计划，建立健全覆盖城乡的公共就业服务体系。

（一）就业服务

1. 为劳动者提供免费服务

公共就业服务机构应当免费为劳动者提供以下服务：就业政策法规咨询；职业供求信息、市场工资指导价位信息和职业培训信息发布；职业指导和职业介绍；对就业困难人员实施就业援助；办理就业登记、失业登记等事务；其他公共就业服务。

2. 为用人单位提供服务

公共就业服务机构应当积极拓展服务功能，根据用人单位需求提供以下服务：招聘用人指导服务；代理招聘服务；跨地区人员招聘服务；企业人力资源管理咨询等专业性服务；劳动保障事务代理服务；为满足用人单位需求开发的其他就业服务项目。

（二）职业指导

公共就业服务机构应当加强职业指导工作，配备专（兼）职职业指导工作人员，向劳动者和用人单位提供职业指导服务。职业指导工作包括以下内容：向劳动者和用人单位提供国家有关劳动保障的法律法规和政策、人力资源市场状况咨询;帮助劳动者了解职业状况,掌握求职方法,确定择业方向,增强择业能力;向劳动者提出培训建议,为其提供职业培训相关信息;开展对劳动者个人职业素质和特点的测试,并对其职业能力进行评价;对妇女、残疾人、少数民族人员及退出现役的军人等就业群体提供专门的职业指导服务;对大中专学校、职业院校、技工学校学生的职业指导工作提供咨询和服务;对准备从事个体劳动或开办私营企业的劳动者提供创业咨询服务;为用人单位提供选择招聘方法、确定用人条件和标准等方面的招聘用人指导;为职业培训机构确立培训方向和专业设置等提供咨询参考。

(三) 调查、统计与信息服务

公共就业服务机构在劳动保障行政部门的指导下,组织实施劳动力资源调查和就业、失业状况统计工作。建立健全人力资源市场信息服务体系,完善职业供求信息、市场工资指导价位信息、职业培训信息、人力资源市场分析信息的发布制度,为劳动者求职择业、用人单位招用人员以及培训机构开展培训提供支持。县级以上劳动保障行政部门应当按照信息化建设统一要求,逐步实现全国人力资源市场信息联网。

(四) 就业援助

公共就业服务机构应当制定专门的就业援助计划,对就业援助对象实施优先扶持和重点帮助。就业援助对象包括就业困难人员和零就业家庭。就业困难对象是指因身体状况、技能水平、家庭因素、失去土地等原因难以实现就业,以及连续失业一定时间仍未能实现就业的人员。零就业家庭是指法定劳动年龄内的家庭人员均处于失业状况的城市居民家庭。就业困难人员和零就业家庭可以向所在地街道、社区公共就业服务机构申请就业援助。经街道、社区公共就业服务机构确认属实的,纳入就业援助范围。

公共就业服务机构应当建立就业困难人员帮扶制度,通过落实各项就业扶持政策、提供就业岗位信息、组织技能培训等有针对性的就业服务和公益性岗位援助,对就业困难人员实施优先扶持和重点帮助。在公益性岗位上安置的就业困难人员,按照国家规定给予岗位补贴。

公共就业服务机构应当建立零就业家庭即时岗位援助制度,通过拓宽公益性岗位范围,开发各类就业岗位等措施,及时向零就业家庭中的失业人员提供适当的就业岗位,确保零就业家庭至少有一人实现就业。

四、职业中介服务

职业中介机构,是指由法人、其他组织和公民个人举办,为用人单位招用人员和劳动者求职提供中介服务以及其他相关服务的经营性组织。

县级以上劳动保障行政部门应当加强对职业中介机构的管理,鼓励其提高服务质量,发挥其在促进就业中的作用。政府部门不得举办或者与他人联合举办经营性的职业中介机构。

职业中介实行行政许可制度。设立职业中介机构或其他机构开展职业中介活动,须经劳动保障行政部门批准,并获得职业中介许可证。职业中介机构可以从事下列业务:为劳动者介绍用人单位;为用人单位和居民家庭推荐劳动者;开展职业指导、人力资源管理咨询服务;收集和发布职业供求信息;根据国家有关规定从事互联网职业信息服务;组织职业招聘洽谈会;经劳动保障行政部门核准的其他服务项目。

职业中介机构为特定对象提供公益性就业服务的,可以按照规定给予补贴。可以给予补贴的公益性就业服务的范围、对象、服务效果和补贴办法,由省级劳动保障行政部门会同有关部门制定。

五、就业与失业管理

劳动保障行政部门应当建立健全就业登记制度和失业登记制度,完善就业管理和失业管理。公共就业服务机构负责就业登记与失业登记工作,建立专门台账及时、准确地记录劳动者就业与失业变动情况,并做好相应统计工作。就业登记和失业登记在各省、自治区、直辖市范围内实行统一的就业失业登记证,向劳动者免费发放,并注明可享受的相应扶持政策。

(一) 就业登记

劳动者被用人单位招用的,由用人单位为劳动者办理就业登记。用人单位招用劳动者和与劳动者终止或者解除劳动关系,应当到当地公共就业服务机构备案,为劳动者办理就业登记手续。用人单位招用人员后,应当于录用之日起30日内办理登记手续;用人单位与职工终止或者解除劳动关系后,应当于15日内办理登记手续。劳动者从事个体经营或灵活就业的,由本人在街道、乡镇公共就业服务机构办理就业登记。

(二) 失业登记

在法定劳动年龄内,有劳动能力,有就业要求,处于无业状态的城镇常住人员,可以到常住地的公共就业服务机构进行失业登记。失业登记的范围包括下列失业人员:年满16周岁,从各类学校毕业、肄业的;从企业、机关、事业单位等各类用人单位失业的;个体工商户业主或私营企业业主停业、破产停止经营的;承包土地被征用,符合当地规定条件的;军人退出现役且未纳入国家统一安置的;刑满释放、假释、监外执行的;各地确定的其他失业人员。

第二节 特殊就业保障

就业作为民生之本,是公民的一项基本权利。劳动者享有公平就业和自主择业的权利,不同民族、种族、性别、宗教信仰的劳务者,均能依据其自身资格得到同样的就业机会。公平就业遇到的障碍主要是就业过程中对劳动者的各种歧视,常见的歧视有性别歧视、残疾人歧视、民族歧视等。对此,国家法律法规为易受就业歧视、求职困难或处境不利的特殊群体人员提供特殊保障措施,其对象包括妇女、残疾人、少数民族人员及退出现役的军人等。

一、妇女就业保障

妇女的生理条件、社会角色,以及经济、社会等因素的影响,决定了妇女就业存在许多障碍,因此需要对其就业予以一定的保障。

《劳动法》第十三条规定:"妇女享有与男子平等的就业权利。在录用职工时,除国家规定的不适合妇女的工种或者岗位外,不得以性别为由拒绝录用妇女或者提高对妇女的录用标准。"这是对妇女就业的保障性规定。妇女就业的核心问题是保障妇女享有与男子平等的就业权,消除性别歧视。

《中华人民共和国妇女权益保障法》[①](以下简称《妇女权益保障法》)第四章

---

① 1992年4月3日第七届全国人民代表大会第五次会议通过;根据2005年8月28日第十届全国人民代表大会常务委员会第十七次会议《关于修改〈中华人民共和国妇女权益保障法〉的决定》第一次修正;根据2018年10月26日第十三届全国人民代表大会常务委员会第六次会议《关于修改〈中华人民共和国野生动物保护法〉等十五部法律的决定》第二次修正。

第五章 劳动就业

"劳动和社会保障权益",对保障妇女劳动就业权利作了专门规定:

国家保障妇女享有与男子平等的劳动权利和社会保障权利。各单位在录用职工时,除不适合妇女的工种或者岗位外,不得以性别为由拒绝录用妇女或者提高对妇女的录用标准。录用女职工时,应当依法与其签订劳动(聘用)合同或者服务协议,劳动(聘用)合同或者服务协议中不得规定限制女职工结婚、生育的内容。禁止录用未满十六周岁的女性未成年人,国家另有规定的除外。

实行男女同工同酬。妇女在享受福利待遇方面享有与男子平等的权利。在晋职、晋级、评定专业技术职务等方面,应当坚持男女平等的原则,不得歧视妇女。

根据妇女的特点,依法保护妇女在工作和劳动时的安全和健康,不得安排不适合妇女从事的工作和劳动。妇女在经期、孕期、产期、哺乳期受特殊保护。不得因结婚、怀孕、产假、哺乳等情形,降低女职工的工资,辞退女职工,单方解除劳动(聘用)合同或者服务协议。在执行国家退休制度时,不得以性别为由歧视妇女。

二、残疾人就业保障

由于生理或心理上的限制,残疾人在就业市场中往往处于弱势地位,而国家有义务确保残疾人劳动就业的权利,这就需要为残疾人就业提供专门的保障。残疾人就业保障主要措施包括:政府统筹安排、设立残疾人劳动服务机构、集中或分散安排残疾人就业等。我国关于残疾人就业保障的法律规定主要见于《中华人民共和国残疾人保障法》[①]和《残疾人就业条例》。近年来,有关部委出台了一些部门规章,加强对残疾人的就业保障,如国家发展改革委、财政部、民政部等《关于完善残疾人就业保障金制度更好促进残疾人就业的总体方案》(发改价格规〔2019〕2015号)、财政部《关于调整残疾人就业保障金征收政策的公告》(财政部公告2019年第98号)等。

(一)就业方针

残疾人劳动就业,实行集中与分散相结合的方针,采取优惠政策和扶持保护措施,通过多渠道、多层次、多种形式,使残疾人劳动就业逐步普及、稳定、合理。

---

① 1990年12月28日第七届全国人民代表大会常务委员会第十七次会议通过;2008年4月24日第十一届全国人民代表大会常务委员会第二次会议修订;根据2018年10月26日第十三届全国人民代表大会常务委员会第六次会议《关于修改〈中华人民共和国野生动物保护法〉等十五部法律的决定》修正。

(二) 保障措施

国家保障残疾人劳动的权利。各级人民政府应当对残疾人劳动就业统筹规划,为残疾人创造劳动就业条件。

依法征收的残疾人就业保障金应当纳入财政预算,专项用于残疾人职业培训以及为残疾人提供就业服务和就业援助。国家对集中使用残疾人的用人单位依法给予税收优惠,并在生产、经营、技术、资金、物资、场地使用等方面给予扶持。

县级以上地方人民政府及其有关部门应当确定适合残疾人生产、经营的产品、项目,优先安排集中使用残疾人的用人单位生产或者经营,并根据集中使用残疾人的用人单位的生产特点确定某些产品由其专产。政府采购,在同等条件下,应当优先购买集中使用残疾人的用人单位的产品或者服务。

国家鼓励扶持残疾人自主择业、自主创业。对残疾人从事个体经营的,应当依法给予税收优惠,有关部门应当在经营场地等方面给予照顾,并按照规定免收管理类、登记类和证照类的行政事业性收费。国家对自主择业、自主创业的残疾人在一定期限内给予小额信贷等扶持。

地方各级人民政府应当多方面筹集资金,组织和扶持农村残疾人从事种植业、养殖业、手工业和其他形式的生产劳动。有关部门对从事农业生产劳动的农村残疾人,应当在生产服务、技术指导、农用物资供应、农副产品收购和信贷等方面给予帮助。

(三) 就业服务

各级人民政府和有关部门应当为就业困难的残疾人提供有针对性的就业援助服务,鼓励和扶持职业培训机构为残疾人提供职业培训,并组织残疾人定期开展职业技能竞赛。

中国残疾人联合会及其地方组织所属的残疾人就业服务机构应当免费为残疾人就业提供服务,包括:发布就业信息;组织开展职业培训;为残疾人提供职业心理咨询、职业适应评估、职业康复训练、求职定向指导、职业介绍等服务;为残疾人自主择业提供必要的帮助;为用人单位安排残疾人就业提供必要的支持。

国家鼓励其他就业服务机构为残疾人就业提供免费服务。

受劳动保障部门的委托,残疾人就业服务机构可以进行残疾人失业登记、残疾人就业与失业统计;经所在地劳动保障部门批准,残疾人就业服务机构还可以进行残疾人职业技能鉴定。

残疾人职工与用人单位发生争议的,当地法律援助机构应当依法为其提供法律援助,各级残疾人联合会应当给予支持和帮助。

(四)用人单位责任

用人单位应当按照一定比例(具体比例由省、自治区、直辖市人民政府根据本地区的实际情况规定,但不得低于本单位在职职工总数的1.5%)安排残疾人就业,并为其提供适当的工种、岗位。用人单位安排残疾人就业达不到其所在地省、自治区、直辖市人民政府规定比例的,应当缴纳残疾人就业保障金。

政府和社会依法兴办的残疾人福利企业、盲人按摩机构和其他福利性单位(以下统称集中使用残疾人的用人单位),应当集中安排残疾人就业。集中使用残疾人的用人单位中从事全日制工作的残疾人职工,应当占本单位在职职工总数的25%以上。

用人单位招用残疾人职工,应当依法与其签订劳动合同或者服务协议,并应当为残疾人职工提供适合其身体状况的劳动条件和劳动保护,不得在晋职、晋级、评定职称、报酬、社会保险、生活福利等方面歧视残疾人职工;用人单位应当根据本单位残疾人职工的实际情况,对残疾人职工进行上岗、在岗、转岗等培训。

三、退役军人就业保障

退役军人的身份具有特殊性,为了维护稳定,需要对其就业提供保障。国家对符合条件的退役军人进行政策性就业安置,以使其各得其所。就业安置的方式是多样的,有利于退役军人的就业。我国关于退役军人就业保障的相关法律主要有《中华人民共和国国防法》[①]、《中华人民共和国兵役法》[②]、《退役军人保障法》、

---

① 1997年3月14日第八届全国人民代表大会第五次会议通过;根据2009年8月27日第十一届全国人民代表大会常务委员会第十次会议《关于修改部分法律的决定》修正;2020年12月26日第十三届全国人民代表大会常务委员会第二十四次会议修订。

② 1984年5月31日第六届全国人民代表大会第二次会议通过;根据1998年12月29日第九届全国人民代表大会常务委员会第六次会议《关于修改〈中华人民共和国兵役法〉的决定》第一次修正;根据2009年8月27日第十一届全国人民代表大会常务委员会第十次会议《关于修改部分法律的决定》第二次修正;根据2011年10月29日第十一届全国人民代表大会常务委员会第二十三次会议《关于修改〈中华人民共和国兵役法〉的决定》第三次修正;2021年8月20日第十三届全国人民代表大会常务委员会第三十次会议修订。

《劳动法》、《中华人民共和国军人抚恤优待条例》(国务院令第709号)等。

义务兵退出现役自主就业的,享受以下就业保障:按照国家规定发给一次性退役金,由安置地的县级以上地方人民政府接收,根据当地的实际情况,可以发给经济补助。国家根据经济社会发展,适时调整退役金的标准。

军士退出现役,服现役满十二年或者符合国家规定的其他条件的,由安置地的县级以上地方人民政府安排工作,待安排工作期间由当地人民政府按照国家有关规定发给生活补助费;根据本人自愿,也可以选择自主就业。军士服现役满三十年或者年满五十五周岁或者符合国家规定的其他条件的,作退休安置。

服现役期间平时荣获二等功以上奖励或者战时荣获三等功以上奖励以及属于烈士子女退出现役,由安置地的县级以上地方人民政府安排工作;待安排工作期间由当地人民政府按照国家有关规定发给生活补助费;因战、因公、因病致残的义务兵退出现役,按照国家规定的评定残疾等级采取安排工作、供养等方式予以妥善安置;根据本人自愿,也可以选择自主就业。

军官退出现役,国家采取退休、转业、逐月领取退役金、复员等方式妥善安置。其安置方式的适用条件,依照有关法律法规的规定执行(转业军人安置详见本书第四章)。

四、少数民族人员就业保障

其内容主要有下述两个方面:优先招用少数民族人员;培养少数民族人才。此外,国家一直实行帮助各民族自治地方加速经济文化建设事业发展的政策,这也是为少数民族人员就业创造条件,从而保障少数民族人员就业的根本性措施。

对少数民族人员就业实行特殊保障的政策,是我国民族政策的重要组成部分,是国家促进少数民族地区经济和社会发展的重要手段。关于少数民族人员就业保障的法律规定,除劳动立法外,主要见诸民族事务立法,如《中华人民共和国民族区域自治法》[①](以下简称《民族区域自治法》)等。该法规定:民族自治地方的自治机关根据社会主义建设的需要,采取各种措施从当地民族中大量培养各级干部、各种科学技术、经营管理等专业人才和技术工人,充分发挥他们的作用,并

---

① 1984年5月31日第六届全国人民代表大会第二次会议通过;根据2001年2月28日第九届全国人民代表大会常务委员会第二十次会议《关于修改〈中华人民共和国民族区域自治法〉的决定》修正。

第五章 劳动就业

且注意在少数民族妇女中培养各级干部和各种专业技术人才。民族自治地方的企业、事业单位依照国家规定招收人员时,优先招收少数民族人员,并且可以从农村和牧区少数民族人口中招收。一些民族自治地方在贯彻《民族区域自治法》的这一规定时,为了确保招收少数民族人员,还对招工中的少数民族人员比例作了规定。

第三节 外国人在中国就业

随着经济全球化和中国经济社会的发展,中国成为一个日益多元和开放的就业选择地,越来越多的外国求职者来中国寻找就业机会。《劳动法》第二条规定,在中华人民共和国境内的企业、个体经济组织和与之形成劳动关系的劳动者,适用该法。《中华人民共和国劳动合同法》①(以下简称《劳动合同法》)第二条规定,中华人民共和国境内的企业、个体经济组织、民办非企业单位等组织(即用人单位)与劳动者建立劳动关系,订立、履行、变更、解除或者终止劳动合同,适用该法。根据上述法律规定,只有在中国境内的用人单位与劳动者之间形成的劳动关系才受我国劳动法律法规的约束,其中包括中国境内用人单位与外国人之间依法形成的劳动关系。但《劳动法》《劳动合同法》均没有对外国人在中国就业作出明确规定,现行有效的法律法规中,对外国人在中国就业作出规制的主要是《外国人在中国就业管理规定》②(以下简称《外国人就业规定》)。此外,《中华人民共和国出境入境管理法》《中华人民共和国外国人入境出境管理条例》均有少量条款涉及此领域。

一、适用范围

《外国人就业规定》所称外国人是指依照《中华人民共和国国籍法》规定不具

---

① 2007年6月29日第十届全国人民代表大会常务委员会第二十八次会议通过;根据2012年12月28日第十一届全国人民代表大会常务委员会第三十次会议《关于修改〈中华人民共和国劳动合同法〉的决定》修正。

② 1996年1月22日劳动部、公安部、外交部、外经贸部公布;根据2010年11月12日中华人民共和国人力资源和社会保障部令第7号修正;2017年3月13日,人力资源和社会保障部发布关于修改《外国人在中国就业管理规定》的决定(人社部令第32号),对个别条款进行了修改。

有中国国籍的人员；外国人在中国就业，指没有取得定居权的外国人在中国境内依法从事社会劳动并获取劳动报酬的行为。《外国人就业规定》适用于在中国境内就业的外国人和聘用外国人的用人单位，不适用于外国驻华使、领馆和联合国驻华代表机构、其他国际组织中享有外交特权与豁免的人员。

二、就业许可与就业条件

用人单位聘用外国人须为该外国人申请就业许可，经获准并取得《中华人民共和国外国人就业许可证书》（以下简称许可证书）后方可聘用。用人单位聘用外国人从事的岗位应是有特殊需要，国内暂缺适当人选，且不违反国家有关规定的岗位。与此同时，外国人在中国就业须具备下列条件：年满18周岁，身体健康；具有从事其工作所必须的专业技能和相应的工作经历；无犯罪记录；有确定的聘用单位；持有有效护照或能代替护照的其他国际旅行证件（以下简称代替护照的证件）。

在中国就业的外国人应持Z字签证入境（有互免签证协议的，按协议办理），入境后取得《外国人就业证》（以下简称就业证）和外国人居留证件，方可在中国境内就业。未取得居留证件的外国人（即持F、L、C、G字签证者）、在中国留学、实习的外国人及持职业签证外国人的随行家属不得在中国就业。特殊情况，应由用人单位按《外国人就业规定》的审批程序申领许可证书，被聘用的外国人凭许可证书到公安机关改变身份，办理就业证、居留证后方可就业。

外国驻中国使、领馆和联合国系统、其他国际组织驻中国代表机构人员的配偶在中国就业，应按《中华人民共和国外交部关于外国驻中国使领馆和联合国系统组织驻中国代表机构人员的配偶在中国任职的规定》执行，并按《外国人就业规定》的审批程序办理有关手续。

三、申请与审批

（一）批准程序

用人单位聘用外国人须填写《聘用外国人就业申请表》（以下简称申请表），向其与劳动行政主管部门同级的行业主管部门（以下简称行业主管部门）提出申请，并提供下列有效文件：拟聘用外国人履历证明；聘用意向书；拟聘用外国人原因的报告;拟聘用的外国人从事该项工作的资格证明;拟聘用的外国人健康状况证明;法律、法规规定的其他文件。

经行业主管部门批准后,用人单位应持申请表到本单位所在地区的省、自治区、直辖市劳动行政部门或其授权的地市级劳动行政部门办理核准手续。省、自治区、直辖市劳动行政部门或授权的地市级劳动行政部门应指定专门机构(以下简称发证机关)具体负责签发许可证书工作。发证机关应根据行业主管部门的意见和劳动力市场的需求状况进行核准,并在核准后向用人单位签发许可证书。

在申请审批过程中有一些特殊情况,中央级用人单位、无行业主管部门的用人单位聘用外国人,可直接到劳动行政部门发证机关提出申请和办理就业许可手续。外商投资企业聘雇外国人,无须行业主管部门审批,可凭合同、章程、批准证书、营业执照和《外国人就业规定》第十一条所规定的文件直接到劳动行政部门发证机关申领许可证书。

(二)注意事项

《外国人就业规定》第十四到十七条列明了需要注意的事项。获准来中国工作的外国人,应凭许可证书及本国有效护照或能代替护照的证件,到中国驻外使、领馆、处申请Z字签证。

用人单位应在被聘用的外国人入境后15日内,持许可证书、与被聘用的外国人签订的劳动合同及其有效护照或能代替护照的证件到原发证机关为外国人办理就业证,并填写《外国人就业登记表》。

尤其需要注意一点,就业证只在发证机关规定的区域内有效。

四、劳动管理

用人单位与被聘用的外国人应依法订立劳动合同。劳动合同的期限最长不得超过五年。被聘用的外国人与用人单位签订的劳动合同期满时,其就业证即行失效。如需续订,该用人单位应在原合同期满前30日内,向劳动行政部门提出延长聘用时间的申请,经批准并办理就业证延期手续。外国人被批准延长在中国就业期限或变更就业区域、单位后,应在10日内到当地公安机关办理居留证件延期或变更手续。被聘用的外国人与用人单位的劳动合同被解除后,该用人单位应及时报告劳动、公安部门,交还该外国人的就业证和居留证件,并到公安机关办理出境手续。用人单位支付所聘用外国人的工资不得低于当地最低工资标准。在中国就业的外国人的工作时间、休息、休假劳动安全卫生以及社会保险按国家有关规定执行。因违反中国法律被中国公安机关取消居留资格的外国人,用人单位应解除劳动合同,劳动部门应吊销就业证。用人单位与被聘用的外国人发生劳动争议,应按照《劳动法》和《中华人民共和国劳动争议调解仲裁法》处理。

五、关于外国人购买社会保险

为了维护在中国境内就业的外国人依法参加社会保险和享受社会保险待遇的合法权益,加强社会保险管理,人力资源和社会保障部在2011年公布实施《在中国境内就业的外国人参加社会保险暂行办法》(人社部令第16号,以下简称《外国人社保暂行办法》)。

《外国人社保暂行办法》中详细规定了外国人在购买、参与社会保险制度时所涉及的各个方面内容,包括外国人的定义、用人单位、参与程序的相关规定、社会保险项目及待遇等,与一般社会保险购买者所得到的无根本性的差异,具体规定如下。

中国境内依法注册或者登记的企业、事业单位、社会团体、民办非企业单位、基金会、律师事务所、会计师事务所等组织(以下称用人单位)依法招用的外国人,应当依法参加职工基本养老保险、职工基本医疗保险、工伤保险、失业保险和生育保险,由用人单位和本人按照规定缴纳社会保险费。

与境外雇主订立雇用合同后,被派遣到在中国境内注册或者登记的分支机构、代表机构(以下称境内工作单位)工作的外国人,应当依法参加职工基本养老保险、职工基本医疗保险、工伤保险、失业保险和生育保险,由境内工作单位和本人按照规定缴纳社会保险费。

用人单位招用外国人的,应当自办理就业证件之日起30日内为其办理社会保险登记。

受境外雇主派遣到境内工作单位工作的外国人,应当由境内工作单位按照前款规定为其办理社会保险登记。依法办理外国人就业证件的机构,应当及时将外国人来华就业的相关信息通报当地社会保险经办机构。社会保险经办机构应当定期向相关机构查询外国人办理就业证件的情况。

参加社会保险的外国人,符合条件的,依法享受社会保险待遇。在达到规定的领取养老金年龄前离境的,其社会保险个人账户予以保留,再次来中国就业的,缴费年限累计计算;经本人书面申请终止社会保险关系的,也可以将其社会保险个人账户储存额一次性支付给本人。外国人死亡的,其社会保险个人账户余额可以依法继承。

本章小结

我国关于劳动就业的法律法规主要见于国家法律(如《宪法》《劳动法》和《就业促进法》等)、行政法规(如《残疾人就业条例》等)和部门规章等。

劳动和社会保障部于2007年11月发布《就业服务与就业管理规定》,就劳动者求职与就业、用人单位招用人员、劳动保障行政部门举办的公共就业服务机构和经劳动保障行政部门审批的职业中介机构从事就业服务活动作了规范。

就业为民生之本,是公民的一项基本权利。《劳动法》《就业促进法》等均规定:劳动者享有公平就业的机会,不论种族、民族、性别、宗教信仰等,均能依据其自身资格得到同样的就业机会。公平就业遇到的障碍是就业过程中对劳动者的各种歧视。常见的就业歧视有性别歧视、残疾人歧视、民族歧视等。对此,国家法律法规为易受歧视的群体提供特殊保障措施,其对象包括妇女、残疾人、少数民族人员及退出现役的军人等。

外国人在中国境内就业主要依据《外国人在中国就业管理规定》。外国人来华就业可以参加社会保险,主要依据《在中国境内就业的外国人参加社会保险暂行办法》执行。

复习思考题

1. 我国关于劳动就业的法律法规主要有哪几类?
2. 有哪些法规涉及妇女和残疾人就业保障?这些法规对于妇女和残疾人就业保障的规定分别有哪些?
3. 外国人在中国境内就业需要什么资格?需要办理哪些手续?

案例与问题

女毕业生提起首例就业性别歧视诉讼[①]

在北京市海淀区海淀南路30号院"巨人教育"楼前,一群女孩一边唱着改编后的《最炫民族风》,一边跳着舞,以行为艺术的方式抗议巨人教育集团因性别而拒绝将某些工作岗位面向女生开放。

据活动的发起人介绍,10个女生,来自广西、广东、河南等地,因曹菊起诉巨人教育集团性别歧视聚集北京,她们中间的很多人自身或朋友亲人,都遭遇过性别歧视。

她们声援的曹菊,在2012年7月11日,将巨人教育集团投诉到北京市海淀区人力资源和社会保障局,同时以"平等就业权被侵害"为由向海淀区法院提起诉讼,理由是这家单位的职位上注明只招"男性"。

中国政法大学某研究所刘教授表示,这可能是《就业促进法》2008年生效后大学生求职中全国性别就业歧视第一案。

"上面标明男的,我们只招男的"

6月20日,这个生于1991年的女孩从北京的一所院校毕业,获得大专文凭。和大多数毕业生不同,她并没有太多地沉浸在离校的感伤中,反而希望尽快踏出校门,找到工作。在等待巨人教育集团答复的过程中,曹菊再次登录招聘网站。突然,她发现招聘要求上写着"仅限男性"这一项。

为了确认"仅限男性"是否为硬性要求,6月25日,曹菊拨打了巨人教育集团的咨询电话,她想争取一次面试的机会。对方告知,如果该职位"上面标明男的,我们就只招男的",即使应聘人各项条件都符合,也不会予以考虑。

曹菊觉得非常沮丧。此次遭遇,让曹菊对社会上的人才评判标准产生了怀疑。"我不知道这个社会衡量能否适应某项工作或者是否有能力的标准是什么。读大学时,我觉得想干哪一行,就按哪一行的标准努力。比如打字工作,我不懂开机不行,不懂打字不行,但怎么能把性别当作评判标准呢?"

---

① 《女毕业生提起首例就业性别歧视诉讼》,《中国青年报》2012年7月25日,第3版。有修改。

第五章　劳动就业

自认遭遇就业歧视，向法院提起诉讼

在与巨人教育集团多次交涉无果的情况下，曹菊咨询了相关的法律机构。机构工作人员明确地告诉曹菊，用人单位因为性别原因拒录自己的行为属于性别歧视，违反了《就业促进法》《妇女权益保障法》等法律法规。

然而，起诉远没想象中的那么容易。曹菊一来不知道司法程序是怎么样的；二来怕曝光，怕用人单位对自己产生看法；还有就是担心负担不起律师费。最后，有一家法律援助中心帮曹菊请了一名公益律师，免去她的律师费，而且，由公益律师来为她递材料、跑法院、与外界沟通。

7月11日，在收集完证据后，曹菊将巨人教育集团投诉到北京市海淀区人力资源和社会保障局，同时也向海淀区人民法院提起了诉讼，请求法院判被告向原告赔礼道歉，并赔偿5万元的精神损害抚慰金。

就曹菊的起诉，记者联系了巨人教育集团的人力资源部。人力资源部的工作人员告诉记者，公司的很多部门在招人，对具体是哪个部门这个岗位招人、谁负责这件事、谁知道这件事一概不知。

女大学生遭遇就业性别歧视问题严重

曹菊求职遇阻仅暴露了性别歧视现象的冰山一角。

中国政法大学某研究所曾在2010年8月发布《当前大学生就业歧视状况的调查报告》，报告显示，68.98%的用人单位对大学生求职者的性别有明确要求。该百分比超过了非残疾、户籍地域、身高长相、政治面貌、无病原携带等，位居大学毕业生就业面临的歧视类型第一位。调查报告还显示，43.27%的大学生遇到用人单位明确要求性别是男性。

全国妇联妇女发展部、权益部等机构在调查基础上形成的蓝皮书《2009～2010年：中国女性生活状况报告》显示，被访女大学生平均投出9份简历才可能得到一次面试或笔试的机会，56.7%的被访女大学生在求职过程中感到"女生机会更少"，91.9%的被访女大学生感到用人单位存在性别偏见，四成被访女大学生认为女生找工作比男生困难，女大学生就业难成为无法回避的社会问题。

希望有更多女性站出来

并非每个遭遇就业歧视的人都会站出来。中国政法大学的调查显示，在遭遇就业歧视后，67.03%的大学生被访者选择无奈接受，12.59%的大学生被访者根本不知如何是好。

对于曹菊的起诉,有人表示,这是法律层面上的进步,是打开女性就业歧视的跨时代进步。

《就业促进法》第六十二条规定:"实施就业歧视的,劳动者可以向人民法院提起诉讼。"但是,虽然有法律规定,法院却可能不会立案。原因很多,比如案由里面就没有就业歧视这一条,法院往往要求按照侵犯人格权来起诉。

即使立案了,官司打起来也有难度,在反歧视诉讼当中,我们国家的法律还存在缺陷。在其他一些国家,用人单位要举证自己没有歧视劳动者;但在中国,劳动者要承担举证责任,证明用人单位确实是存在歧视的。

曹菊的代理律师则希望更多的女性站出来。"如果只有曹菊一个人站出来,可能有人会说企业也有自己的利益呀,你这样做企业不好发展。他们会指责曹菊,觉得她一个出来制造了这个事情。其实,很多女性都会遇到这样的问题。"

目前,曹菊暂时住在一个同学家里,并找了份实习的工作。近日,她再次登录招聘网站,发现巨人教育集团新发布的招聘信息中,行政助理一职已没有"仅限男性"的要求。

案例讨论题

1. 根据你的经验,在招聘条件中设置性别限制的情况是否普遍?你认为巨人集团的招聘是否涉嫌就业歧视?

2. 你认为要解决当前我国的就业歧视问题,应在法律法规方面做出哪些改进?

第六章 劳动合同

劳动合同,是指劳动者与用人单位之间确立劳动关系,明确双方权利和义务的协议。订立和变更劳动合同,应当遵循平等自愿、协商一致的原则,不得违反法律、行政法规的规定。劳动合同依法订立即具有法律约束力,当事人必须履行劳动合同规定的义务。根据签订的劳动合同,劳动者加入企业、个体经济组织、事业组织、国家机关、社会团体等用人单位,成为该单位的一员,承担一定的工种、岗位或职务工作,并遵守所在单位的内部劳动规则和其他规章制度;用人单位应及时安排被录用的劳动者工作,按照劳动者提供劳动的数量和质量支付劳动报酬,并且根据劳动法律、法规规定和劳动合同的约定提供必要的劳动条件,保证劳动者享有劳动保护及社会保险、福利等权利和待遇。改革开放以来,为满足市场化经济发展的需求,国家不断推进劳动合同相关法律法规的制定和完善,影响最大的法律为《劳动法》和《劳动合同法》。

围绕着这两部法律,国家陆续出台了一系列法律法规,对部分条文进行更为详细的规定和解读,如《关于贯彻执行〈中华人民共和国劳动法〉若干问题的意见》(劳部发〔1995〕309号,以下简称《劳动法意见》)、《中华人民共和国劳动合同法实施条例》(国务院令第535号,以下简称《劳动合同法实施条例》)等。本章以上述两部法律为基础,主要涵括以下内容:劳动合同的订立、履行和变更;劳动合同的解除、终止和续订;集体合同;非全日制用工;劳务派遣。

第一节 劳动合同的订立、履行和变更

一、劳动合同的订立

(一) 劳动合同订立原则

《劳动法》第十七条规定:订立和变更劳动合同,应当遵循平等自愿、协商一致的原则,不得违反法律、行政法规的规定。《劳动合同法》第三条进一步明确:订立劳动合同,应当遵循合法、公平、平等自愿、协商一致、诚实信用的原则。

(二) 劳动合同订立时间

《劳动法》第十六条规定:劳动合同是劳动者与用人单位确立劳动关系、明确双方权利和义务的协议。建立劳动关系应当订立劳动合同。《劳动合同法》第十条规定:建立劳动关系,应当订立书面劳动合同。已建立劳动关系,未同时订立书面劳动合同的,应当自用工之日起一个月内订立书面劳动合同。用人单位与劳动者在用工前订立劳动合同的,劳动关系自用工之日起建立。

(三) 劳动合同内容

《劳动法》第十九条、《劳动合同法》第十七条对劳动合同应具备的条款项目作出规范。《劳动法》规定的条款包括:劳动合同期限;工作内容;劳动保护和劳动条件;劳动报酬;劳动纪律;劳动合同终止的条件;违反劳动合同的责任。另外,劳动合同除前款规定的必备条款外,当事人可以协商约定其他内容。《劳动合同法》规定的条款有:用人单位的名称、住所和法定代表人或者主要负责人;劳动者的姓名、住址和居民身份证或者其他有效身份证件号码;劳动合同期限;工作内容和工作地点;工作时间和休息休假;劳动报酬;社会保险;劳动保护、劳动条件和职业危害防护;法律、法规规定应当纳入劳动合同的其他事项。另外,劳动合同除前款规定的必备条款外,用人单位与劳动者可以约定试用期、培训、保守秘密、补充保险和福利待遇等其他事项。

(四) 劳动合同类型

劳动合同的类型一共有三种,即无固定期限合同、固定期限合同、以完成一定工作任务为期限的合同。

第六章 劳动合同

1. 无固定期限合同

无固定期限劳动合同是指用人单位与劳动者约定无确定终止时间的劳动合同。劳动者在同一用人单位连续工作满十年以上，当事人双方同意延续劳动合同的，如果劳动者提出订立无固定期限的劳动合同，应当订立无固定期限的劳动合同。《劳动法意见》对此作出进一步细化，"在同一用人单位连续工作满十年以上"是指劳动者与同一用人单位签订的劳动合同的期限不间断达到十年，劳动合同期满双方同意续订劳动合同时，只要劳动者提出签订无固定期限劳动合同的，用人单位应当与其签订无固定期限的劳动合同。在固定工转制中各地如有特殊规定的，从其规定。

《劳动法意见》中进一步解析：无固定期限的劳动合同是指不约定终止日期的劳动合同。按照平等自愿、协商一致的原则，用人单位和劳动者只要达到一致，无论初次就业的，还是由固定工转制的，都可以签订无固定期限的劳动合同。无固定期限的劳动合同不得将法定解除条件约定为终止条件，以规避解除劳动合同时用人单位应承担支付劳动者经济补偿的义务。

《劳动合同法》进一步规定了无固定期限合同的订立情景：用人单位与劳动者协商一致，可以订立无固定期限劳动合同。有下列情形之一，劳动者提出或者同意续订、订立劳动合同的，除劳动者提出订立固定期限劳动合同外，应当订立无固定期限劳动合同：劳动者在该用人单位连续工作满十年的；用人单位初次实行劳动合同制度或者国有企业改制重新订立劳动合同时，劳动者在该用人单位连续工作满十年且距法定退休年龄不足十年的；连续订立二次固定期限劳动合同，且劳动者没有《劳动合同法》第三十九条和第四十条第一项、第二项规定的情形，续订劳动合同的。

用人单位自用工之日起满一年不与劳动者订立书面劳动合同的，视为用人单位与劳动者已订立无固定期限劳动合同。

2. 固定期限合同

固定期限劳动合同，是指用人单位与劳动者约定合同终止时间的劳动合同。用人单位与劳动者协商一致，可以订立固定期限劳动合同。

3. 以完成一定工作任务为期限的劳动合同

以完成一定工作任务为期限的劳动合同，是指用人单位与劳动者约定以某项工作的完成为合同期限的劳动合同。用人单位与劳动者协商一致,可以订立以完成一定工作任务为期限的劳动合同。

(五) 试用期相关规定

试用期是伴随着劳动法的出台而出现的一项用工制度规定,指包括在劳动合同期限内,劳动关系还处于非正式状态,用人单位对劳动者是否合格进行考核,劳动者对用人单位是否符合自己要求进行了解的期限。在劳动合同中约定试用期,一方面可以维护用人单位的利益,为每个工作岗位找到合适的劳动者;另一方面也给劳动者提供一个熟悉企业环境,体验工作环境、文化等是否适合自身发展的过程。约定试用期有利于用人单位和劳动者双方作出最优选择。

相关劳动法律对试用期的期限、工资等作出了规定:

劳动合同期限三个月以上不满一年的,试用期不得超过一个月;劳动合同期限一年以上不满三年的,试用期不得超过二个月;三年以上固定期限和无固定期限的劳动合同,试用期不得超过六个月。同一用人单位与同一劳动者只能约定一次试用期。以完成一定工作任务为期限的劳动合同或者劳动合同期限不满三个月的,不得约定试用期。试用期包含在劳动合同期限内。劳动合同仅约定试用期的,试用期不成立,该期限为劳动合同期限。

劳动合同可以约定试用期。试用期最长不得超过六个月。劳动者被用人单位录用后,双方可以在劳动合同中约定试用期,试用期应包括在劳动合同期限内。试用期是用人单位和劳动者为相互了解、选择而约定的不超过六个月的考察期。一般对初次就业或再次就业的职工可以约定。在原固定工进行劳动合同制度的转制过程中,用人单位与原固定工签订劳动合同时,可以不再约定试用期。

《劳动合同法》规定:劳动者在试用期的工资不得低于本单位相同岗位最低档工资或者劳动合同约定工资的80%,并不得低于用人单位所在地的最低工资标准。《劳动合同法实施条例》进一步明确:劳动者在试用期的工资不得低于本单位相同岗位最低档工资的80%或者不得低于劳动合同约定工资的80%,并不得低于用人单位所在地的最低工资标准。

(六) 劳动合同无效或者部分无效的规定

无效劳动合同,是指所订立的劳动合同不符合法定条件,不能发生当事人预期的法律后果的劳动合同。劳动合同无效是与劳动合同有效相对而言的概念,劳动合同依法成立,经双方当事人签字盖章即具有法律效力,对双方当事人都有法律约束力,双方必须履行劳动合同中规定的义务。而无效劳动合同不能发生当事人预期的法律后果,造成劳动合同无效的责任者还应承担相应的法律责任。法律规定劳动合同无效制度,主要是为了切实维护劳动者的合法权益,防止用人单位在订立劳动合同时利用劳动者求职时的弱势地位进行欺诈或做出显失公平的约定。

《劳动合同法》规定下列劳动合同无效或者部分无效:以欺诈、胁迫的手段或者乘人之危,使对方在违背真实意思的情况下订立或者变更劳动合同的;用人单位免除自己的法定责任、排除劳动者权利的;违反法律、行政法规强制性规定的。对劳动合同的无效或者部分无效有争议的,由劳动争议仲裁机构或者人民法院确认。劳动合同部分无效,不影响其他部分效力的,其他部分仍然有效。劳动合同被确认无效,劳动者已付出劳动的,用人单位应当向劳动者支付劳动报酬。劳动报酬的数额,参照本单位相同或者相近岗位劳动者的劳动报酬确定。

劳动合同是否无效由人民法院或劳动争议仲裁委员会确认,不能由合同双方当事人决定。

二、劳动合同的履行和变更

用人单位与劳动者在签订了劳动合同后还会遇到劳动合同履行、变更方面的问题,依法履行、变更劳动合同既是用人单位的义务,也是保障用工正常的重要条件。劳动者在签订劳动合同后也要意识到劳动合同是否得到如实的履行,以维护自己的实际利益。

(一) 劳动合同的履行

用人单位与劳动者应当按照劳动合同的约定,全面履行各自的义务。用人单位应当按照劳动合同约定和国家规定,向劳动者及时足额支付劳动报酬。用人单位拖欠或者未足额支付劳动报酬的,劳动者可以依法向当地人民法院申请支付令,人民法院应当依法发出支付令。用人单位应当严格执行劳动定额标准,不得强迫或者变相强迫劳动者加班。用人单位安排加班的,应当按照国家有关规定向劳动者支付加班费。劳动者拒绝用人单位管理人员违章指挥、强令冒险作业的,不视为违反劳动合同。劳动者对危害生命安全和身体健康的劳动条件,有权对用人单位提出批评、检举和控告。用人单位变更名称、法定代表人、主要负责人或者投资人等事项,不影响劳动合同的履行。用人单位发生合并或者分立等情况,原劳动合同继续有效,劳动合同由承继其权利和义务的用人单位继续履行。

(二)劳动合同的变更

用人单位与劳动者协商一致,可以变更劳动合同约定的内容。变更劳动合同,应当采用书面形式。变更后的劳动合同文本由用人单位和劳动者各执一份。用人单位发生分立或合并后,分立或合并后的用人单位可以依照其实际情况与原用人单位的劳动者遵循平等自愿、协商一致的原则变更原劳动合同。

第二节 劳动合同的解除、终止和续订

一、劳动合同的解除

劳动合同的解除是指劳动合同订立后,尚未全部履行以前,由于某种原因导致劳动合同一方或双方当事人提前消灭劳动关系的法律行为。劳动合同的解除分为法定解除和约定解除两种。根据《劳动法》的规定,劳动合同既可以由单方依法解除,也可以双方协商解除。劳动合同的解除,只对未履行的部分发生效力,不涉及已履行的部分。解除劳动合同是劳动合同从订立到履行过程中可以预见的中间环节,依法解除劳动合同是维护劳动合同双方当事人正当权益的重要保证。劳动合同的解除方式分为两种:一种是劳动者解除劳动合同,另一种是用人单位解除劳动合同。

(一)劳动者解除劳动合同

《劳动合同法》第三十八条规定了用人单位有下列情形之一的,劳动者可以解除劳动合同:未按照劳动合同约定提供劳动保护或者劳动条件的;未及时足额支付劳动报酬的;未依法为劳动者缴纳社会保险费的;用人单位的规章制度违反法律、法规的规定,损害劳动者权益的;用人单位以欺诈、胁迫的手段或者乘人之危,使劳动者在违背真实意思的情况下订立或者变更劳动合同,致使劳动合同无效的;法律、行政法规规定劳动者可以解除劳动合同的其他情形。

第六章 劳动合同

用人单位以暴力、威胁或者非法限制人身自由的手段强迫劳动者劳动的,或者用人单位违章指挥、强令冒险作业危及劳动者人身安全的,劳动者可以立即解除劳动合同,不需事先告知用人单位。

《劳动合同法实施条例》第十八条详细列举了劳动者一方解除劳动合同的情形。有下列情形之一的,依照劳动合同法规定的条件、程序,劳动者可以与用人单位解除固定期限劳动合同、无固定期限劳动合同或者以完成一定工作任务为期限的劳动合同:劳动者与用人单位协商一致的;劳动者提前30日以书面形式通知用人单位的;劳动者在试用期内提前3日通知用人单位的;用人单位未按照劳动合同约定提供劳动保护或者劳动条件的;用人单位未及时足额支付劳动报酬的;用人单位未依法为劳动者缴纳社会保险费的;用人单位的规章制度违反法律、法规的规定,损害劳动者权益的;用人单位以欺诈、胁迫的手段或者乘人之危,使劳动者在违背真实意思的情况下订立或者变更劳动合同的;用人单位在劳动合同中免除自己的法定责任、排除劳动者权利的;用人单位违反法律、行政法规强制性规定的;用人单位以暴力、威胁或者非法限制人身自由的手段强迫劳动者劳动的;用人单位违章指挥、强令冒险作业危及劳动者人身安全的;法律、行政法规规定劳动者可以解除劳动合同的其他情形。

(二)用人单位解除劳动合同

《劳动合同法》第三十九条至四十一条规定了用人单位解除劳动合同的三类情况。

第一类,劳动者有下列情形之一的,用人单位可以解除劳动合同:在试用期间被证明不符合录用条件的;严重违反用人单位的规章制度的;严重失职,营私舞弊,给用人单位造成重大损害的;劳动者同时与其他用人单位建立劳动关系,对完成本单位的工作任务造成严重影响,或者经用人单位提出,拒不改正的;劳动者以欺诈、胁迫的手段或者乘人之危,使用人单位在违背真实意思的情况下订立或者变更劳动合同,致使劳动合同无效的;被依法追究刑事责任的。

第二类,有下列情形之一的,用人单位提前三十日以书面形式通知劳动者本人或者额外支付劳动者一个月工资后,可以解除劳动合同:劳动者患病或者非因工负伤,在规定的医疗期满后不能从事原工作,也不能从事由用人单位另行安排的工作的;劳动者不能胜任工作,经过培训或者调整工作岗位,仍不能胜任工作的;劳动合同订立时所依据的客观情况发生重大变化,致使劳动合同无法履行,经用人单位与劳动者协商,未能就变更劳动合同内容达成协议的。

第三类,有下列情形之一,需要裁减人员二十人以上或者裁减不足二十人但占企业职工总数百分之十以上的,用人单位提前三十日向工会或者全体职工说明情况,听取工会或者职工的意见后,裁减人员方案经向劳动行政部门报告,可以裁减人员:依照企业破产法规定进行重整的;生产经营发生严重困难的;企业转产、重大技术革新或者经营方式调整,经变更劳动合同后,仍需裁减人员的;其他因劳动合同订立时所依据的客观经济情况发生重大变化,致使劳动合同无法履行的。

《劳动合同法实施条例》归纳了三类情况并逐一列明,其第十九条规定有下列情形之一的,依照劳动合同法规定的条件、程序,用人单位可以与劳动者解除固定期限劳动合同、无固定期限劳动合同或者以完成一定工作任务为期限的劳动合同:用人单位与劳动者协商一致的;劳动者在试用期间被证明不符合录用条件的;劳动者严重违反用人单位的规章制度的;劳动者严重失职,营私舞弊,给用人单位造成重大损害的;劳动者同时与其他用人单位建立劳动关系,对完成本单位的工作任务造成严重影响,或者经用人单位提出,拒不改正的;劳动者以欺诈、胁迫的手段或者乘人之危,使用人单位在违背真实意思的情况下订立或者变更劳动合同的;劳动者被依法追究刑事责任的;劳动者患病或者非因工负伤,在规定的医疗期满后不能从事原工作,也不能从事由用人单位另行安排的工作的;劳动者不能胜任工作,经过培训或者调整工作岗位,仍不能胜任工作的;劳动合同订立时所依据的客观情况发生重大变化,致使劳动合同无法履行,经用人单位与劳动者协商,未能就变更劳动合同内容达成协议的;用人单位依照企业破产法规定进行重整的;用人单位生产经营发生严重困难的;企业转产、重大技术革新或者经营方式调整,经变更劳动合同后,仍需裁减人员的;其他因劳动合同订立时所依据的客观经济情况发生重大变化,致使劳动合同无法履行的。

《劳动法》列明的三类用人单位解除劳动合同的情况与上述类似,只是在具体规定上有所不同。

第一类由《劳动法》第二十五条规定,劳动者有下列情形之一的,用人单位可以解除劳动合同:在试用期间被证明不符合录用条件的;严重违反劳动纪律或者

第六章 劳动合同

用人单位规章制度的;严重失职,营私舞弊,对用人单位利益造成重大损害的;被依法追究刑事责任的。

第二类由第二十六条规定,有下列情形之一的,用人单位可以解除劳动合同,但是应当提前三十日以书面形式通知劳动者本人:劳动者患病或者非因工负伤,医疗期满后,不能从事原工作也不能从事由用人单位另行安排的工作的;劳动者不能胜任工作,经过培训或者调整工作岗位,仍不能胜任工作的;劳动合同订立时所依据的客观情况发生重大变化,致使原劳动合同无法履行,经当事人协商不能就变更劳动合同达成协议的。

第三类由第二十七条规定,用人单位濒临破产进行法定整顿期间或者生产经营状况发生严重困难,确需裁减人员的,应当提前三十日向工会或者全体职工说明情况,听取工会或者职工的意见,经向劳动行政部门报告后,可以裁减人员。用人单位依据本条规定裁减人员,在六个月内录用人员的,应当优先录用被裁减的人员。

《劳动法意见》第二十九条至三十一条具体补充了上述条文的个别情况。具体为劳动者被依法追究刑事责任的,用人单位可依据《劳动法》第二十五条解除劳动合同。"被依法追究刑事责任"是指:被人民检察院免予起诉的、被人民法院判处处罚的、被人民法院依据《刑法》第三十二条免予刑事处分的。劳动者被人民法院判处拘役、三年以下有期徒刑缓刑的,用人单位可以解除劳动合同。《劳动法》第二十五条用人单位可以解除劳动合同的条款,即使存在第二十九条规定的情况,只要劳动者同时存在第二十五条规定的四种情形之一,用人单位也可以根据第二十五条的规定解除劳动合同。

二、劳动合同的终止

劳动合同的终止,是指终止劳动合同的法律效力。劳动合同订立后,双方当事人不得随意终止劳动合同,只有在劳动法律、法规允许的情况下,当事人才可以终止劳动合同。《劳动合同法》规定,有下列情形之一的,劳动合同终止:劳动合同期满的;劳动者开始依法享受基本养老保险待遇的;劳动者死亡,或者被人民法院宣告死亡或者宣告失踪的;用人单位被依法宣告破产的;用人单位被吊销营业执照、责令关闭、撤销或者用人单位决定提前解散的;法律、行政法规规定的其他情形。此外,劳动者达到法定退休年龄的,当事人约定的劳动合同终止条件出现的,劳动合同终止。

三、劳动合同的续订

劳动合同的续订,是指劳动合同期满后,当事人双方经协商达成协议,继续签订与原劳动合同内容相同或者不同的劳动合同的法律行为。

按照《劳动法》和《劳动合同法》,劳动合同续订倾向于达成无固定期限合同。《劳动合同法》第十四条规定,有下列情形之一,劳动者提出或者同意续订、订立劳动合同的,除劳动者提出订立固定期限劳动合同外,应当订立无固定期限劳动合同:劳动者在该用人单位连续工作满十年的;用人单位初次实行劳动合同制度或者国有企业改制重新订立劳动合同时,劳动者在该用人单位连续工作满十年且距法定退休年龄不足十年的;连续订立二次固定期限劳动合同(但有限制条件,即劳动者没有《劳动合同法》中第三十九和四十条第一项、第二项规定的过失性辞退和非过失性辞退等情形)。

《劳动法》第二十条则规定,劳动者在同一用人单位连续工作满十年以上,当事人双方同意延续劳动合同的,如果劳动者提出订立无固定期限的劳动合同,应当订立无固定期限的劳动合同。

《劳动部关于实行劳动合同制度若干问题的通知》(劳部发〔1996〕354号)第十四条补充:有固定期限的劳动合同期满后,因用人单位方面的原因未办理终止或续订手续而形成事实劳动关系的,视为续订劳动合同。用人单位应及时与劳动者协商合同期限,办理续订手续。由此给劳动者造成损失的,该用人单位应当依法承担赔偿责任。

第三节 集体合同

集体合同,是指用人单位与本单位职工根据法律、法规、规章的规定,就劳动报酬、工作时间、休息休假、劳动安全卫生、职业培训、保险福利等事项,通过集体协商签订的书面协议;专项集体合同,是指用人单位与本单位职工根据法律、法规、规章的规定,就集体协商的某项内容签订的专项书面协议。《劳动法》和《劳动合同法》等均对集体合同作出相关规定。为全面规范集体协商和签订集体合同行为,依法维护劳动者和用人单位的合法权益,根据《劳动法》和《工会法》,制定出台了《集体合同规定》,2004年1月20日劳社部令第22号公布,自2004年5月1日起施行。

一、集体合同的签订

集体合同或专项集体合同的签订有特定的程序。集体协商会议由双方首席代表轮流主持,并按下列程序进行:(1)宣布议程和会议纪律;(2)一方首席代表提出协商的具体内容和要求,另一方首席代表就对方的要求作出回应;(3)协商双方就商谈事项发表各自意见,开展充分讨论;(4)双方首席代表归纳意见。达成一致的,应当形成集体合同草案或专项集体合同草案,由双方首席代表签字。

集体合同草案应当提交职工代表大会或者全体职工讨论通过。集体合同由工会代表企业职工一方与用人单位订立;尚未建立工会的用人单位,由上级工会指导劳动者推举的代表与用人单位订立。

集体合同签订后应当报送劳动行政部门;劳动行政部门自收到集体合同文本之日起十五日内未提出异议的,集体合同即行生效。依法签订的集体合同对企业和企业全体职工具有约束力。职工个人与企业订立的劳动合同中劳动条件和劳动报酬等标准不得低于集体合同的规定。

集体合同或专项集体合同期限一般为1年至3年,期满或双方约定的终止条件出现,即行终止;集体合同或专项集体合同期满前3个月内,任何一方均可向对方提出重新签订或续订的要求。

二、集体合同的主要内容

集体合同的内容多样,既有规定的内容,也有协商双方的讨论结果,具体包括:劳动报酬;工作时间;休息休假;劳动安全与卫生;补充保险和福利;女职工和未成年工特殊保护;职业技能培训;劳动合同管理;奖惩;裁员;集体合同期限;变更、解除集体合同的程序;履行集体合同发生争议时的协商处理办法;违反集体合同的责任;双方认为应当协商的其他内容。

《集体合同规定》第九条至第十八条进一步对合同内容作出说明。

劳动报酬主要包括：用人单位工资水平、工资分配制度、工资标准和工资分配形式；工资支付办法；加班、加点工资及津贴、补贴标准和奖金分配办法；工资调整办法；试用期及病、事假等期间的工资待遇；特殊情况下职工工资（生活费）支付办法；其他劳动报酬分配办法。

工作时间主要包括：工时制度；加班加点办法；特殊工种的工作时间；劳动定额标准。

休息休假主要包括：日休息时间、周休息日安排、年休假办法；不能实行标准工时职工的休息休假；其他假期。

劳动安全卫生主要包括：劳动安全卫生责任制；劳动条件和安全技术措施；安全操作规程；劳保用品发放标准；定期健康检查和职业健康体检。

补充保险和福利主要包括：补充保险的种类、范围；基本福利制度和福利设施；医疗期延长及其待遇；职工亲属福利制度。

女职工和未成年工的特殊保护主要包括：女职工和未成年工禁忌从事的劳动；女职工的经期、孕期、产期和哺乳期的劳动保护；女职工、未成年工定期健康检查；未成年工的使用和登记制度。

职业技能培训主要包括：职业技能培训项目规划及年度计划；职业技能培训费用的提取和使用；保障和改善职业技能培训的措施。

劳动合同管理主要包括：劳动合同签订时间；确定劳动合同期限的条件；劳动合同变更、解除、续订的一般原则及无固定期限劳动合同的终止条件；试用期的条件和期限。

奖惩主要包括：劳动纪律；考核奖惩制度；奖惩程序。

裁员主要包括：裁员的方案；裁员的程序；裁员的实施办法和补偿标准。

三、集体合同的争议处理

在劳动者与用人单位就集体合同产生争议时，主要涉及的第三方机构有劳动保障行政部门、劳动仲裁部门和法院。

用人单位违反集体合同，侵犯职工劳动权益的，工会可以依法要求用人单位承担责任；因履行集体合同发生争议，经协商解决不成的，工会可以依法申请仲裁、提起诉讼。

因签订集体合同发生争议,当事人协商解决不成的,当地人民政府劳动行政部门可以组织有关各方协调处理。因履行集体合同发生争议,当事人协商解决不成的,可以向劳动争议仲裁委员会申请仲裁;对仲裁裁决不服的,可以自收到仲裁裁决书之日起十五日内向人民法院提起诉讼。

《集体合同规定》第四十九条至第五十四条对争议的处理作了更详细的规范,包含争议处理的申请程序、处理部门、处理期限等各个方面。

集体协商过程中发生争议,双方当事人不能协商解决的,当事人一方或双方可以书面向劳动保障行政部门提出协调处理申请;未提出申请的,劳动保障行政部门认为必要时也可以进行协调处理。劳动保障行政部门应当组织同级工会和企业组织等三方面的人员,共同协调处理集体协商争议。

集体协商争议处理实行属地管辖,具体管辖范围由省级劳动保障行政部门规定。中央管辖的企业以及跨省、自治区、直辖市用人单位因集体协商发生的争议,由劳动保障部指定的省级劳动保障行政部门组织同级工会和企业组织等三方面的人员协调处理,必要时,劳动保障部也可以组织有关方面协调处理。

协调处理集体协商争议,应当自受理协调处理申请之日起30日内结束协调处理工作。期满未结束的,可以适当延长协调期限,但延长期限不得超过15日。

协调处理集体协商争议应当按照以下程序进行:(1)受理协调处理申请;(2)调查了解争议的情况;(3)研究制定协调处理争议的方案;(4)对争议进行协调处理;(5)制作《协调处理协议书》。《协调处理协议书》应当载明协调处理申请、争议的事实和协调结果,双方当事人就某些协商事项不能达成一致的,应将继续协商的有关事项予以载明。《协调处理协议书》由集体协商争议协调处理人员和争议双方首席代表签字盖章后生效。争议双方均应遵守生效后的《协调处理协议书》。

因履行集体合同发生的争议,当事人协商解决不成的,可以依法向劳动争议仲裁委员会申请仲裁。

四、集体合同其他事项(续订、终止、变更、解除)

与个体劳动者签订的劳动合同相似,集体合同在签订后也有续订、变更等情景。变更或解除集体合同或专项集体合同可以参照集体合同协商程序。当需要变更或解除时,双方协商代表协商一致,可以变更或解除集体合同或专项集体合同。有下列情形之一的,可以变更或解除集体合同或专项集体合同:用人单位因被兼并、解散、破产等原因,致使集体合同或专项集体合同无法履行的;因不可抗力等原因致使集体合同或专项集体合同无法履行或部分无法履行的;集体合同或专项集体合同约定的变更或解除条件出现的;法律、法规、规章规定的其他情形。

第四节　非全日制用工

非全日制用工,是指以小时计酬为主,劳动者在同一用人单位一般平均每日工作时间不超过四小时,每周工作时间累计不超过二十四小时的用工形式。

非全日制用工最大的特点是用工灵活性,因此在劳动合同的订立方面也显得相对灵活,从多个相关规定能够体现。如非全日制用工双方当事人可以订立口头协议;从事非全日制用工的劳动者可以与一个或者一个以上用人单位订立劳动合同;但是,后订立的劳动合同不得影响先订立的劳动合同的履行。

灵活性从另一方面也表现为不稳定性,为保障非全日制用工人员的利益,非全日制用工双方当事人不得约定试用期。

非全日制用工双方当事人任何一方都可以随时通知对方终止用工。终止用工,用人单位不向劳动者支付经济补偿。

非全日制用工小时计酬标准不得低于用人单位所在地人民政府规定的最低小时工资标准。非全日制用工劳动报酬结算支付周期最长不得超过十五日。

第五节　劳务派遣

劳务派遣又称人才派遣、人才租赁、劳动派遣、劳动力租赁,是指由劳务派遣单位与被派遣劳动者订立劳动合同,并支付报酬,把劳动者派向其他用工单位,再由其用工单位向派遣机构支付服务费用的一种用工形式。在劳务派遣过程中,派遣单位、用工单位及被派遣劳动者之间形成了三个双边法律关系:其中劳务派遣单位与劳动者、派遣单位与用工单位之间均为合同关系。前两者通过签订劳动合

第六章　劳动合同

同而建立劳动关系,后两者通过签订民事合同而建立民事法律关系。用工单位和劳动者之间则形成一种特殊形式的劳动关系。因此,劳务派遣法律关系最大的特点是劳动力雇佣与劳动力使用相分离,形成"有关系没劳动,有劳动没关系"的特殊形态。派遣单位与劳动者的"形式劳动关系"和用人单位与劳动者的"实质劳动关系"构成一个完整的劳动法律关系。为进一步对劳务派遣进行规范,2014年1月,人力资源和社会保障部发布了《劳务派遣暂行规定》(人社部令第22号)。

一、用人单位及相关规定

劳务派遣中的用人单位是劳动者的直接雇佣方,因此相关法律法规对其规定较为严格,以保障劳务派遣人员的权益。《劳动合同法》第五十七条至第六十一条对用人单位作出了诸多规定,从劳务派遣单位的成立资格到劳务派遣人员薪酬标准都有所涉及。

劳务派遣单位应当依照公司法的有关规定设立,注册资本不得少于人民币二百万元。劳务派遣单位作为用人单位,应当履行用人单位对劳动者的义务。劳务派遣单位与被派遣劳动者订立的劳动合同,除应当载明《劳动合同法》第十七条规定的九个事项外,还应当载明被派遣劳动者的用工单位以及派遣期限、工作岗位等情况。劳务派遣单位应当与被派遣劳动者订立二年以上的固定期限劳动合同,按月支付劳动报酬;被派遣劳动者在无工作期间,劳务派遣单位应当按照所在地人民政府规定的最低工资标准,向其按月支付报酬。

劳务派遣单位派遣劳动者应当与接受以劳务派遣形式用工的单位(即用工单位)订立劳务派遣协议。劳务派遣协议应当约定派遣岗位和人员数量、派遣期限、劳动报酬和社会保险费的数额与支付方式以及违反协议的责任。

劳务派遣单位应当将劳务派遣协议的内容告知被派遣劳动者。劳务派遣单位不得克扣用工单位按照劳务派遣协议支付给被派遣劳动者的劳动报酬。劳务派遣单位和用工单位不得向被派遣劳动者收取费用。劳务派遣单位跨地区派遣劳动者的,被派遣劳动者享有的劳动报酬和劳动条件,按照用工单位所在地的标准执行。

用人单位不得设立劳务派遣单位向本单位或者所属单位派遣劳动者。用人单位或者其所属单位出资或者合伙设立的劳务派遣单位,也不得向本单位或者所属单位派遣劳动者。

劳务派遣单位不得以非全日制用工形式招用被派遣劳动者。

二、用工单位及相关规定

用工单位与劳务派遣人员的关系虽然不是劳动关系,但是两者是劳动的直接需求方和供给方,所以对用工单位作出法律法规上的规定和指导同样重要。《劳动合同法实施条例》也明文规定用工单位应当履行劳动合同法规定的义务,维护被派遣劳动者的合法权益。

《劳动合同法》规定:劳务派遣用工是劳动合同用工的补充形式,只能在临时性、辅助性或者替代性的工作岗位上实施。《劳务派遣暂行规定》对此规定作了进一步细化:临时性工作岗位是指存续时间不超过6个月的岗位;辅助性工作岗位是指为主营业务岗位提供服务的非主营业务岗位;替代性工作岗位是指用工单位的劳动者因脱产学习、休假等原因无法工作的一定期间内,可以由其他劳动者替代工作的岗位。

用工单位应当履行下列义务:执行国家劳动标准,提供相应的劳动条件和劳动保护;告知被派遣劳动者的工作要求和劳动报酬;支付加班费、绩效奖金,提供与工作岗位相关的福利待遇;对在岗被派遣劳动者进行工作岗位所必需的培训;连续用工的,实行正常的工资调整机制。用工单位不得将被派遣劳动者再派遣到其他用人单位。

用工单位应当根据工作岗位的实际需要与劳务派遣单位确定派遣期限,不得将连续用工期限分割订立数个短期劳务派遣协议。

本章小结

在我国,劳动合同的实施以《劳动法》《劳动合同法》为基础,并依据陆续出台的政策法规。劳动合同的核心内容包括:劳动合同的订立、履行和变更;劳动合同的解除、终止和续订;集体合同;非全日制用工;劳务派遣。

劳动合同的订立与履行的法律依据主要来源于《劳动合同法》《劳动法》《关于贯彻执行〈中华人民共和国劳动法〉若干问题的意见》《中华人民共和国劳动合

同法实施条例》。劳动合同的履行包括了劳动合同订立的适用范围、原则、时间规定、内容规定、类型、试用期的相关规定、导致劳动合同无效或部分无效的规定、不签订劳动合同的后果。既订立了劳动合同便需要了解劳动合同如何履行，包括劳动合同的履行、变更。

劳动合同的解除、终止和续订的规定与劳动合同订立、履行的来源相似，主要在《劳动合同法》《劳动法》等法律中得到体现，《劳动部关于实行劳动合同制度若干问题的通知》进行了补充。劳动合同的解除包括解除所需的准备时间、方式，并分为劳动者解除、用人单位解除两种情况。劳动合同的终止和续订作为劳动合同签订后的后续处理形式是劳动合同解除之外十分重要的内容。

集体合同核心法律依据是《集体合同规定》。集体合同相对于个体合同而言，基本内容相仿，包括集体劳动合同订立原则、签订程序、期限，合同内容的规定，争议的处理方式，以及续订、终止、变更、解除等劳动合同订立后的事项。

非全日制用工与劳务派遣是现实中不可忽视的用工形式，主要在《劳动合同法》《中华人民共和国劳动合同法实施条例》中进行规定。非全日制用工作为现实中实际存在的重要用工形式，其定义、履行、试用期规定、终止、报酬事项也得到了规定。

劳务派遣由于其灵活性备受企业青睐，因此有针对其特点的有关用工单位、用人单位的规定。劳务派遣是指由劳务派遣单位与被派遣劳动者订立劳动合同，并支付报酬，把劳动者派向其他用工单位，再由其用工单位向派遣机构支付服务费用的一种用工形式。劳务派遣用工是劳动合同用工的补充形式，只能在临时性、辅助性或者替代性的工作岗位上实施。

▶▶ 复习思考题

1. 《劳动合同法》中规定的劳动者、用人单位、用工单位分别是什么意思？
2. 劳动合同有哪些形式？
3. 劳动关系解除、终止都有哪些情况？
4. 劳务派遣用工与合同用工的区别和优缺点在哪里？

案例与问题

案例一：老王是不是劳务派遣工？

老王多年前下岗失业，为了养活一家人，不得不四处找工作。但由于年龄较大，又没有一技之长，老王一直找不到合适的工作。不久前，街道办事处给老王介绍了一个工作，到一家公司做保洁。看到工资待遇都不错，老王就开始上班了。

公司人力资源部的负责人告诉老王，他做的保洁工是非全日制的临时工，每天工作八小时，要做的是保持工作环境整洁及主管安排的其他工作，不上保险，工资按月发放；他在公司应当遵守公司的规章制度，服从主管人员的指挥，好好地完成工作。同时，人力资源部要求老王签订了一份劳务合同，并向老王解释说，非全日制用工人员与公司是劳务关系，所以签劳务合同。

老王刚上班不久，就发生了意外。一天，老王在擦楼梯时，一不小心踩空，从楼梯上摔了下来，造成骨折，花去医药费8000多元。

伤愈后，老王回到公司上班，却被告知他与公司的劳务关系已经解除了，老王很纳闷，决定找人力资源部的负责人理论。但人力资源部负责人对老王说："你可是非全日制用工，与公司是劳务关系，你没给公司做好工作，我们还没找你呢，你还来找我们要说法。"

老王非常气愤，却感到公司说得似乎也很有道理，毕竟合同白纸黑字都写好的，只好忍气吞声、自认倒霉。

案例讨论题

1. 劳动关系与劳务关系有什么不一样？
2. 老王与该公司建立的属于劳务关系还是劳动关系？
3. 该公司在雇佣老王及老王受伤离职时有哪些不当甚至违法的做法？

案例二：规章制度的双重约束性

赵某是一家合资公司财务部的会计。一天上班时，她擅自溜出公司，到自由市场去买水果，被公司财务部经理发现，经理口头对其进行了批评警告。

一周后的一天，赵某又在上班时偷偷跑到外面去逛商场，被公司副总经理遇见，当场抓了个现行。

第六章 劳动合同

针对赵某这两次违反劳动纪律的行为,公司根据企业内部《员工守则》里"上班时间内逛商店(场)、买东西的行为,属于乙类过失……对犯乙类过失者,第一次书面警告后,第二次再犯立即解除劳动合同"的规定,做出了与赵某解除劳动合同的决定。赵某不服,认为公司并没给过她书面警告,所以不能直接解除劳动合同。

公司则认为,赵某两次违纪的事实清楚,证据确凿。虽然公司对她的第一次乙类过失没有书面警告,而是口头警告,那也只是公司处理程序上的小问题,并不能影响对她两次违纪行为的认定和给予她解除劳动合同的处理。

案例讨论题

1. 劳动者存在哪些情形,用人单位可以解除劳动合同?
2. 公司决定解除与赵某的劳动合同,在程序上是否合法?为什么?

第七章　劳动管理与薪酬

劳动管理是指对劳动力及劳动过程进行决策、计划、组织、控制、监督、协调等各项管理职能的总称。包含对劳动时间和劳动保护的依法依规管理。劳动保护是国家和单位为保护劳动者在劳动生产过程中的安全和健康所采取的立法、组织和技术措施的总称,劳动保护在国家和企业人力资源管理中具有重要意义,它为劳动者创造安全、卫生、舒适的劳动工作条件,消除和预防劳动生产过程中可能发生的伤亡、职业病和急性职业中毒,保障劳动者以健康的劳动力参加社会生产,促进劳动生产率的提高,保证社会主义现代化建设顺利进行。

薪酬,是员工在组织中通过工作而获得的一切物质和非物质的回报。具体而言,薪酬可分为两种:一种是外在报酬,指通过工作获得的实物、货币及服务等;一种是内在报酬,指员工在工作中得到的心理收益。薪酬的构成是指薪酬的各种成分及其在薪酬总量中的比重。通过薪酬管理,可以吸引和保留组织所需人才,维持具有竞争性的人力资源,进而完成组织目标。[①]

第一节　劳动时间

劳动时间,是指法律规定的劳动者在一昼夜和一周内从事劳动的时间。工作时间的长度由法律直接规定,或者由集体合同或劳动合同直接规定。劳动者或用

[①] 萧鸣政:《人力资源开发与管理:在公共组织中的运用》,北京大学出版社2009年版,第294—299页。

人单位不遵守工作时间的规定或约定,要承担相应的法律责任。我国当前劳动时间主要依据以下四部法规(均现行有效):

(1)《国务院关于职工工作时间的规定》(1994年2月3日中华人民共和国国务院令第146号发布,根据1995年3月25日《国务院关于修改〈国务院关于职工工作时间的规定〉的决定》修订);

(2)《关于企业实行不定时工作制和综合计算工时工作制的审批办法》(劳部发〔1994〕503号);

(3)《关于职工全年月平均工作时间和工资折算问题的通知》(劳社部发〔2008〕3号);

(4)《中华人民共和国劳动法》。

我国现在实行的标准工时制度依据的是《劳动法》和《国务院关于职工工作时间的规定》的相关条款。《劳动法》第三十六条规定:"国家实行劳动者每日工作时间不超过八小时、平均每周工作时间不超过四十四小时的工时制度。"《国务院关于职工工作时间的规定》第三条规定:"职工每日工作8小时、每周工作40小时。"

根据2007年修订的《全国年节及纪念日放假办法》(国务院令第513号)的规定,全体公民的节日假期由原来的10天增设为11天。据此,《关于职工全年月平均工作时间和工资折算问题的通知》对职工全年月平均制度工作天数和工资折算办法分别调整如下:

1. 制度工作时间的计算

年工作日:365天-104天(休息日)-11天(法定节假日)=250天

季工作日:250天÷4季=62.5天/季

月工作日:250天÷12月=20.83天/月

工作小时数的计算:以月、季、年的工作日乘以每日的8小时。

2. 日工资、小时工资的折算

按照《劳动法》第五十一条的规定,法定节假日用人单位应当依法支付工资,即折算日工资、小时工资时不剔除国家规定的11天法定节假日。据此,日工资、小时工资的折算为:

日工资:月工资收入÷月计薪天数

小时工资：月工资收入÷（月计薪天数×8小时）

月计薪天数＝（365天－104天）÷12月＝21.75天

对于加班时间，《劳动法》第四十一条规定：用人单位由于生产经营需要，经与工会和劳动者协商后可以延长工作时间，一般每日不得超过一小时；因特殊原因需要延长工作时间的，在保障劳动者身体健康的条件下延长工作时间每日不得超过三小时，但是每月不得超过三十六小时。

关于休息休假，又称休息时间，是指劳动者在国家规定的法定工作时间外自行支配的时间，包括劳动者每天休息的时数、每周休息的天数、节假日、年休假、探亲假等。我国当前休息休假主要依据以下法规（均现行有效）：

（1）1981年《国务院关于职工探亲待遇的规定》（国发〔1981〕36号）；

（2）2007年《职工带薪年休假条例》（国务院令第514号）；

（3）2012年《女职工劳动保护特别规定》（国务院令第619号）；

（4）2013年修订的《全国年节及纪念日放假办法》（国务院令第644号）；

（5）2018年修正的《中华人民共和国劳动法》；

（6）2019年人力资源和社会保障部发布的《我国法定年节假日等休假相关标准》。

对于职工休息时间，《劳动法》第三十八条规定，用人单位应当保证劳动者每周至少休息一日。第四十条规定，用人单位在下列节日期间应当依法安排劳动者休假：元旦；春节；国际劳动节；国庆节；法律、法规规定的其他休假节日。《全国年节及纪念日放假办法》规定，全体公民放假的节日每年11天，包含新年、春节、清明节、劳动节、端午节、中秋节、国庆节。《劳动法》第四十五条规定，国家实行带薪年休假制度。劳动者连续工作一年以上的，享受带薪年休假，具体办法由国务院规定。

关于探亲假，《国务院关于职工探亲待遇的规定》第三条确定了职工与配偶、父母团聚的时间，另外，根据实际需要给予路程假。上述假期均包括公休假日和法定节日在内。第二条规定了我国探亲假的主体范围，即凡在国家机关、人民团体和全民所有制企业、事业单位工作满一年的固定职工，与配偶不住在一起，又不能在公休假日团聚的，可以享受本规定探望配偶的待遇；与父亲、母亲都不住在一起，又不能在公休假日团聚的，可以享受本规定探望父母的待遇。但是，职工与父亲或与母亲一方能够在公休假日团聚的,不能享受本规定探望父母的待遇。

关于女职工产假,我国《女职工劳动保护特别规定》第七条载明:女职工生育享受98天产假,其中产前可以休假15天;难产的,增加产假15天;生育多胞胎的,每多生育一个婴儿,增加产假15天。

2021年以来,多地修订人口与计划生育条例,对婚假、产假、育儿假等作出了不同规定。

第二节 劳动保护

劳动保护是国家和单位为保护劳动者在劳动生产过程中的安全和健康所采取的立法、组织和技术措施的总称,劳动保护在国家和企业人力资源管理中具有重要意义,它为劳动者创造安全、卫生、舒适的劳动工作条件,消除和预防劳动生产过程中可能发生的伤亡、职业病和急性职业中毒,保障劳动者以健康的劳动力参加社会生产,促进劳动生产率的提高,保证社会主义现代化建设顺利进行。

一直以来,党和国家十分重视劳动保护工作,在七届全国人大四次会议上通过的《中华人民共和国国民经济和社会发展十年规划和第八个五年计划纲要》中,明确规定了要"加强劳动保护。认真贯彻'安全第一,预防为主'的方针;强化劳动安全卫生监察,努力改善劳动条件,大力降低企业职工伤亡事故率和职业病发病率。加强安全技术政策,劳动保护科学技术的研究和科技成果推广,努力完善检验、监测手段"。近年来,我国安全生产形势严峻,重大、特大生产安全事故时有发生,国家不断健全劳动保护立法,先后出台和修订了涉及劳动保护各方面的法律法规,主要包括安全生产、职业病防治和特殊群体的法律保护等内容。

一、安全生产

安全生产是保护劳动者的安全、健康和国家财产,促进社会生产力发展的基本保证,也是保证社会主义经济发展,进一步实行改革开放的基本条件。我国目前涉及安全生产的主要法律法规如下(均现行有效):

(1) 2003年《建设工程安全生产管理条例》(国务院令第393号);

(2) 2009年修正的《中华人民共和国矿山安全法》(国家主席令第18号);

(3) 2021年修正的《中华人民共和国安全生产法》(国家主席令第88号)。

2002年6月29日,九届全国人大常委会第二十八次会议审议通过了《中华人民共和国安全生产法》(以下简称《安全生产法》),于2002年11月1日起正式施行。其后,于2009年8月27日进行了第一次修正,自公布之日起施行。2014年8月31日进行了第二次修正,于2014年12月1日正式实施。2021年6月10日进行了第三次修正,于2021年9月1日实施。《安全生产法》在适用范围、安全生产管理制度、切实保证生产安全事故的应急救援与调查处理、安全生产的监督管理、法律责任等方面作了规定。与此同时,我国在一些具体的事故多发的生产领域还有专门的法律法规,如2013年发布的《国务院办公厅关于进一步加强煤矿安全生产工作的意见》(国办发〔2013〕99号)等。

《安全生产法》第二条明确了适用范围:在中华人民共和国领域内从事生产经营活动的单位(以下统称生产经营单位)的安全生产,适用本法;有关法律、行政法规对消防安全和道路交通安全、铁路交通安全、水上交通安全、民用航空安全以及核与辐射安全、特种设备安全另有规定的,适用其规定。第三条规定:安全生产工作坚持中国共产党的领导。安全生产工作应当以人为本,坚持人民至上、生命至上,把保护人民生命安全摆在首位,树牢安全发展理念,坚持安全第一、预防为主、综合治理的方针,从源头上防范化解重大安全风险。

关于安全生产的管理制度,《安全生产法》第五条规定生产经营单位的主要负责人对本单位的安全生产工作全面负责,同时在第二十一条规定了其详细的职责,包括:建立健全并落实本单位全员安全生产责任制,加强安全生产标准化建设;组织制定并实施本单位安全生产规章制度和操作规程;组织制订并实施本单位安全生产教育和培训计划;保证本单位安全生产投入的有效实施;组织建立并落实安全风险分级管控和隐患排查治理双重预防工作机制,督促、检查本单位的安全生产工作,及时消除生产安全事故隐患;组织制定并实施本单位的生产安全事故应急救援预案;及时、如实报告生产安全事故。关于从业人员的权利义务,《安全生产法》强调了生产经营单位必须对从业人员包括转岗人员进行安全生产教育和培训,尤其是针对特种作业人员。对于从业人员来说,不仅有这些接受教育和培训的义务,同时《安全生产法》还规定了其享有的权利,这在《安全生产法》第三章中都有详细的论述。

第七章　劳动管理与薪酬

关于安全生产的监督管理,《安全生产法》六十七条规定安全生产监督检查人员应当忠于职守,坚持原则,秉公执法。《安全生产法》明确规定了我国安全生产的四种监督方式:第一是工会民主;第二是社会舆论监督;第三是公众举报监督;第四是社区报告监督。《安全生产法》明确了对我国安全生产负有责任的各方,包括以下四个方面:政府责任方,即各级人民政府和对安全生产有监管职责的有关部门;生产经营单位责任方;从业人员责任方;中介机构责任方。《安全生产法》明确了对相应违法行为的十三种处罚方式:对政府监督管理人员有降级、撤职的行政处罚;对政府监督管理部门有责令改正、责令退还违法收取的费用的处罚;对中介机构有罚款、第三方损失连带赔偿、撤销机构资格的处罚;对生产经营单位有责令限期改正、停产停业整顿、经济罚款、责令停止建设、关闭企业、吊销其有关证照、连带赔偿等处罚;对生产经营单位负责人有行政处罚、个人经济罚款、限期不得担任生产经营单位的主要负责人、降级、撤职、处十五日以下拘留等处罚;对从业人员有批评教育、依照有关规章制度给予处分的处罚。无论任何人,造成严重后果、构成犯罪的,依照刑法有关规定追究刑事责任。

由于矿山安全事故和建设工程事故多发,因此相关法律条例也对两者的安全生产进行了规定。如在矿山建设的安全保障方面,《中华人民共和国矿山安全法》对矿山建设工程的设计提出要求,其第八条规定矿山建设工程的设计文件,必须符合矿山安全规程和行业技术规范,并按照国家规定经过管理矿山企业的主管部门批准;不符合矿山安全规程和行业技术规范的,不得批准。矿山建设工程安全设施的设计必须有劳动行政主管部门参加审查。矿山安全规程和行业技术规范,由国务院管理矿山企业的主管部门制定。在建设工程的安全保障方面,《建设工程安全生产管理条例》(以下简称《管理条例》),规定了建设单位、勘察单位、设计单位、施工单位、工程监理单位及其他与建设工程安全生产有关的单位,必须遵守安全生产法律、法规的规定,保证建设工程安全生产,并依法承担建设工程安全生产责任。如针对施工单位,《管理条例》第二十一条规定施工单位主要负责人依法对本单位的安全生产工作全面负责。同时规定:施工单位应当向作业人员提供安全防护用具和安全防护服装,并书面告知危险岗位的操作规程和违章操作的危害。作业人员有权对施工现场的作业条件、作业程序和作业方式中存在的安全问题提出批评、检举和控告,有权拒绝违章指挥和强令冒险作业等等。在教育培训上，《管理条例》也有专门的规定。第三十六条规定,施工单位的主要负责人、项目负责人、专职安全生产管理人员应当经建设行政主管部门或者其他有关部门考核合格后方可任职。施工单位应当对管理人员和作业人员每年至少进行一次安全生产教育培训,其教育培训情况记入个人工作档案。安全生产教育培训考核不合格的人员,不得上岗。

二、职业病防治

职业病防治事关劳动者身体健康和生命安全,事关经济发展和社会稳定的大局。党中央、国务院历来高度重视职业病防治工作。党的十七大提出贯彻落实以人为本的科学发展观,要求坚持预防为主,完善重大疾病防控体系。但是,我国目前仍处于社会主义初级阶段,工业生产装备水平不高和工艺技术相对落后的状况将长期存在,在煤炭、冶金、化工等职业病危害较严重的行业,改善工作环境需要一个过程。在城镇化、工业化过程中,大量农民进城就业,他们流动性大,健康保护意识不强,职业病防护技能缺乏,加大了职业病防治监管的难度。随着经济和科技的发展,新技术、新工艺、新材料广泛应用,新的职业危害风险以及职业病不断出现,防治工作面临新的挑战。于是,2001年通过了《中华人民共和国职业病防治法》(以下简称《职业病防治法》)并于2011年、2016年、2017年、2018年多次修正,力求在法律上为劳动者的身体和生命保护提供保障。

职业病的防治工作要坚持预防为主、防治结合的方针,实行分类管理、综合治理,所以在防治职业病过程中,用人单位需要制订职业病防治计划,为劳动者提供安全的工作环境。2018年第四次修正的《职业病防治法》将监管主体改为卫生行政部门、劳动保障行政部门,统称职业卫生监管部门(见第九条)。卫生行政部门、劳动保障行政部门依据各自职责,负责本行政区域内职业病防治的监督管理工作。国务院有关部门在各自的职责范围内负责职业病防治的有关监督管理工作。国家实行职业卫生监督制度。同时明确工会的职业病防治监督职能,工会组织依法对职业病防治工作进行监督,维护劳动者的合法权益。用人单位制定或者修改有关职业病防治的规章制度,应当听取工会组织的意见(见第四条)。工会组织有权依法代表劳动者与用人单位签订劳动安全卫生专项集体合同(见第四十条)。强化用人单位职业病防治职责,建立用人单位负责、行政机关监管、行业自律、职工参与和社会监督的机制,实行分类管理、综合治理(见第三条)。用人单位的主要负责人对本单位的职业病防治工作全面负责(见第六条)。同时,明确和取消相关技术支撑机构的资质认可、明确劳动者的职业病诊断规定和职业病病人保障规定。

三、特殊群体的劳动保护

对特殊群体的劳动保护主要包含对妇女职工,对未成年职工、残疾人职工群体的保护。主要涉及的相关法律规定如下:

(1) 1990年12月发布的《中华人民共和国残疾人保障法》(2018年修正,国家主席令第16号);

(2) 1991年9月通过的《中华人民共和国未成年人保护法》(2020年修订,国家主席令第57号);

(3) 1992年4月通过的《中华人民共和国妇女权益保障法》(2018年修正,国家主席令第16号);

(4) 1994年12月发布的《未成年工特殊保护规定》(劳部发〔1994〕498号);

(5) 2002年10月发布的《禁止使用童工规定》(国务院令第364号);

(6) 2012年4月发布的《女职工劳动保护特别规定》(国务院令第619号);

(7) 2013年8月发布的《中共中央组织部、中央机构编制委员会办公室、财政部等7部门关于促进残疾人按比例就业的意见》(残联发〔2013〕11号);

(8) 2019年12月发布的《财政部关于调整残疾人就业保障金征收政策的公告》(财政部公告2019年第98号);

(9) 2020年3月发布的《中国残联关于贯彻落实〈关于完善残保金制度更好促进残疾人就业的总体方案〉的实施意见》。

关于对妇女的劳动保护,2018年新修正的《妇女权益保障法》第二十六条至第二十九条规定,任何单位均应根据妇女的特点,依法保护妇女在工作和劳动时的安全和健康,不得安排不适合妇女从事的工作和劳动,妇女在经期、孕期、产期、哺乳期受特殊保护。任何单位不得因结婚、怀孕、产假、哺乳等情形,降低女职工的工资,辞退女职工,单方解除劳动(聘用)合同或者服务协议。但是,女职工要求终止劳动(聘用)合同或者服务协议的除外。国家发展社会保险、社会救助、社会福利和医疗卫生事业,保障妇女享有社会保险、社会救助、社会福利和卫生保健等权益。国家提倡和鼓励为帮助妇女开展的社会公益活动。国家推行生育保险制度,建立健全与生育相关的其他保障制度。地方各级人民政府和有关部门应当按照有关规定为贫困妇女提供必要的生育救助。

《女职工劳动保护特别规定》的要求则更加详尽,首先,规定了禁止妇女从事的岗位:用人单位应当遵守女职工禁忌从事的劳动范围的规定。其次,在女职工怀孕方面,《女职工劳动保护特别规定》第五条至第九条详细规定了怀孕期间到产后各时段的薪酬、假期等内容:用人单位不得因女职工怀孕、生育、哺乳降低其工资、予以辞退、与其解除劳动或者聘用合同。女职工在孕期不能适应原劳动的,用人单位应当根据医疗机构的证明,予以减轻劳动量或者安排其他能够适应的劳动。对怀孕7个月以上的女职工,用人单位不得延长劳动时间或者安排夜班劳动,并应当在劳动时间内安排一定的休息时间。怀孕女职工在劳动时间内进行产前检查,所需时间计入劳动时间。同时对产假、薪金、医疗保险等也有详细规定。最后,为了保护妇女还对工作场所作出相关规定,其中第十条规定女职工比较多的用人单位应当根据女职工的需要,建立女职工卫生室、孕妇休息室、哺乳室等设施,妥善解决女职工在生理卫生、哺乳方面的困难。第十一条规定在劳动场所,用人单位应当预防和制止对女职工的性骚扰。

关于对未成年职工的保护,2020年新修订的《中华人民共和国未成年人保护法》的"社会保护"一章提到了对于未成年人就业的保护。其中,第六十一条规定任何组织或者个人不得招用未满十六周岁未成年人,国家另有规定的除外。招用已满十六周岁未成年人的单位和个人应当执行国家在工种、劳动时间、劳动强度和保护措施等方面的规定,不得安排其从事过重、有毒、有害等危害未成年人身心健康的劳动或者危险作业。第八十五条规定,各级人民政府应当发展职业教育,保障未成年人接受职业教育或者职业技能培训,鼓励和支持人民团体、企业事业单位、社会组织为未成年人提供职业技能培训服务。而对于使用童工的状况,2002年10月公布的《禁止使用童工规定》,除了禁止使用童工外,还明确了对于使用童工的惩罚。为维护未成年工的合法权益,保护其在生产劳动中的健康,1994年劳动部发布了《未成年工特殊保护规定》,指出未成年工是指年满16周岁,未满18周岁的劳动者,未成年工的特殊保护是针对未成年工处于生长发育期的特点,以及接受义务教育的需要,采取的特殊劳动保护措施(第二条)。同时,《未成年工特殊保护规定》第三条至第五条规定了用人单位不得安排未成年工从事劳动的范围、不得安排患有某种疾病或具有某些生理缺陷的未成年工从事劳动的范围。第六条规定用人单位应按要求对未成年工定期进行健康检查,第九条、第十条规定对于未成年工的使用和特殊保护实行登记制度。

关于对残疾人职工的保护,2018年新修正的《中华人民共和国残疾人保障法》第四章规定,国家保障残疾人劳动的权利,各级人民政府应当对残疾人劳动就业统筹规划,为残疾人创造劳动就业条件。国家对安排残疾人就业达到、超过规定比例或者集中安排残疾人就业的用人单位和从事个体经营的残疾人,依法给予税收优惠,并在生产、经营、技术、资金、物资、场地等方面给予扶持。国家对从事个体经营的残疾人,免除行政事业性收费。残疾职工所在单位应当对残疾职工进行岗位技术培训,提高其劳动技能和技术水平,任何单位和个人不得以暴力、威胁或者非法限制人身自由的手段强迫残疾人劳动。《财政部关于调整残疾人就业保障金征收政策的公告》则规定,残疾人就业保障金征收标准上限,按照当地社会平均工资2倍执行。自2020年1月1日起至2022年12月31日,对残疾人就业保障金实行分档减缴政策。其中:用人单位安排残疾人就业比例达到1%(含)以上,但未达到所在地省、自治区、直辖市人民政府规定比例的,按规定应缴费额的50%缴纳残疾人就业保障金;用人单位安排残疾人就业比例在1%以下的,按规定应缴费额的90%缴纳残疾人就业保障金。这有利于进一步保障残疾人就业,提高残疾人就业率。

第三节　薪酬管理

薪酬,是员工在组织中通过工作而获得的一切物质和非物质的回报。具体而言,薪酬可分为两种:一种是外在报酬,指通过工作获得的实物、货币及服务等;一种是内在报酬,指员工在工作中得到的心理收益。薪酬管理最重要的部分之一就是员工工资,工资是指雇主或者用人单位依据法律规定或行业规定,抑或根据与员工之间的约定,以货币形式对员工的劳动所支付的报酬。福利是员工的间接报酬。一般包括健康保险、带薪假期、过节礼物或退休金等形式。这些奖励作为企

业成员福利的一部分,奖给职工个人或者员工小组。我国当前工资规定主要依据以下三部法规(均现行有效):

(1) 1994年12月发布的《工资支付暂行规定》(劳部发〔1994〕489号);

(2) 2004年1月发布的《最低工资规定》(劳社部令第21号);

(3)《中华人民共和国劳动法》。

工资,是指用人单位依据国家有关规定和劳动关系双方的约定,以货币形式支付给劳动者的劳动报酬,如月薪酬、季度奖、半年奖、年终奖。但依据法律、法规、规章的规定由用人单位承担或者支付给劳动者的下列费用不属于工资:(1)社会保险费;(2)劳动保护费;(3)福利费;(4)用人单位与劳动者解除劳动关系时支付的一次性补偿费;(5)计划生育费用;(6)其他不属于工资的费用。《劳动法》第五十条规定:工资应当以货币形式按月支付给劳动者本人。不得克扣或者无故拖欠劳动者的工资。《工资支付暂行规定》第五条也作出规定:工资应当以法定货币支付,不得以实物及有价证券替代货币支付。

最低工资标准,是指劳动者在法定工作时间或依法签订的劳动合同约定的工作时间内提供了正常劳动的前提下,用人单位应支付的最低劳动报酬。最低工资报酬详见各地具体规定。《劳动法》第四十九条规定,确定和调整最低工资标准应当综合参考下列因素:

(1) 劳动者本人及平均赡养人口的最低生活费用;

(2) 社会平均工资水平;

(3) 劳动生产率;

(4) 就业状况;

(5) 地区之间经济发展水平的差异。

确定最低工资标准一般考虑城镇居民生活费用支出、职工个人缴纳社会保险费、住房公积金、职工平均工资、失业率、经济发展水平等因素。可用公式表示为:

$$M = f(C, S, A, U, E, a)$$

M—最低工资标准;

C—城镇居民人均生活费用;

S—职工个人缴纳社会保险费、住房公积金;

A—职工平均工资;

U—失业率；

E—经济发展水平；

a—调整因素。

确定最低工资标准的通用方法包括：

（1）比重法，即根据城镇居民家计调查资料，确定一定比例的最低人均收入户为贫困户，统计出贫困户的人均生活费用支出水平，乘以每一就业者的赡养系数，再加上一个调整数。

（2）恩格尔系数法，即根据国家营养学会提供的年度标准食物谱及标准食物摄取量，结合标准食物的市场价格，计算出最低食物支出标准，除以恩格尔系数，得出最低生活费用标准，再乘以每一就业者的赡养系数，再加上一个调整数。

以上方法计算出月最低工资标准后，再考虑职工个人缴纳社会保险费、住房公积金、职工平均工资水平、社会救济金和失业保险金标准、就业状况、经济发展水平等进行必要的修正。

举例：某地区最低收入组人均每月生活费支出为210元，每一就业者赡养系数为1.87，最低食物费用为127元，恩格尔系数为0.604，平均工资为900元。

按比重法计算得出该地区月最低工资标准为：

$$月最低工资标准 = 210 \times 1.87 + a = 393 + a (元) \quad (1)$$

按恩格尔系数法计算得出该地区月最低工资标准为：

$$月最低工资标准 = 127 \div 0.604 \times 1.87 + a = 393 + a (元) \quad (2)$$

公式（1）与（2）中a的调整因素主要考虑当地个人缴纳养老、失业、医疗保险费和住房公积金等费用。

另，按照国际上一般月最低工资标准相当于月平均工资的40%—60%，则该地区月最低工资标准范围应在360—540元之间。

小时最低工资标准 =〔（月最低工资标准÷20.92÷8）×(1+单位应当缴纳的基本养老保险费、基本医疗保险费比例之和)〕×(1+浮动系数)

浮动系数的确定主要考虑非全日制就业劳动者工作稳定性、劳动条件和劳动强度、福利等方面与全日制就业人员之间的差异。

各地可参照以上测算办法，根据当地实际情况合理确定月、小时最低工资标准。

本章小结

劳动管理包含对劳动时间和劳动保护的依法依规管理，劳动时间又称工作时间，是指法律规定的劳动者在一昼夜和一周内从事劳动的时间，劳动保护主要包括安全生产、职业病防治和特殊群体的法律保护等内容。薪酬，是员工在组织中通过工作而获得的一切物质和非物质的回报。具体而言，薪酬可分为两种：一种是外在报酬，指通过工作获得的实物、货币及服务等；一种是内在报酬，指员工在工作中得到的心理收益。

本章主要阐述了在劳动时间、劳动保护和薪酬管理三个方面相关主要的法律法规，如《劳动法》《国务院关于职工工作时间的规定》《职工带薪年休假条例》《女职工劳动保护特别规定》《全国年节及纪念日放假办法》《安全生产法》《建设工程安全生产管理条例》《矿山安全法》《职业病防治法》《妇女权益保障法》《最低工资规定》等。

复习思考题

1. 工作时间是怎么规定的？标准工时的含义是什么？
2. 加班时间有哪些规定？
3. 工资是什么？其支付形式是什么？
4. 最低工资标准应考虑哪些因素？如何测算？如何使用？
5. 《安全生产法》的适用范围是什么？
6. 根据《安全生产法》的规定，生产经营单位的主要负责人的主要职责是什么？
7. 《职业病防治法》中对于职业病病人的保障表现在哪些方面？
8. 根据妇女本身的特点，《妇女权益保障法》提出了什么保护妇女权益的规定？

案例与问题[①]

信阳市羊山新区楚王城千禧安置小区 3 号楼工程由某建设公司承建，李某某是

[①] 案例来源：北大法宝，http://www.pkulaw.cn/https://www.pkulaw.com/pfnl/a25051f3312b07f3c36f3e2022d890ab6b7112696e970785bdfb.html?articleFbm=CLI.C.985309，2020 年 5 月 11 日访问。

该工程的项目经理和实际施工人。李某某将部分工程分包给熊某某,经人介绍叶某某及其丈夫周某某到该工地干活,工资为叶某某 50 元/天、周某某为 130 元/天。2009 年 7 月 23 日 11 时许,叶某某在该工地干活时,因李某某搭建竹排的钢管突然变形、弯曲,原告及其他正在干活的人一块连同竹排从七楼掉到六楼屋面上,致叶某某受伤住院,经解放军一五四中心医院诊断为腰 1 椎体压缩性骨折并脊髓圆锥损伤,继发狭窄,右耻骨骨折,大、小便失禁等。至 2009 年 11 月 20 日出院,叶某某共计住院 120 天,住院期间医疗费用 44 200.42 元全部由被告李某某支付。叶某某的伤情经信阳浩然法医临床司法鉴定所于 2010 年 4 月 1 日(2010)临鉴字第 13 号司法鉴定意见书鉴定为:被鉴定人叶某某因意外损伤致腰椎体压缩性骨折及右耻骨骨折致尿失禁,伤残等级评定为四级伤残。李某某不服该鉴定申请重新鉴定,经信阳市中级人民法院委托湖北同济济医学司法鉴定中心重新鉴定,该中心于 2010 年 7 月 19 日作出同济司法鉴定中心(2010)法医临床 0453 号司法鉴定意见书:被鉴定人叶某某所受伤,其伤残程度主为四级。叶某某出院后又在其他医院门诊治疗花医疗费计 505.4 元,花交通费 1303 元,鉴定费 600 元。

一审判决被告熊某某(项目分包人)在本判决书生效后七日内赔偿叶某某经济损失 324 388.4 元的 90%,即 291 949.56 元,并赔偿精神抚慰金 30 000 元。共计 321 949.56 元。被告河南某某建设有限公司、李某某对此款承担连带清偿责任。

案例讨论题

请根据《安全生产法》的相关规定阐述分析判决依据。

第八章 社会保障

社会保障,是指国家通过一系列公共措施向其成员提供社会保护,以避免社会成员因为年老、失业、疾病等而收入中断或薪金减少,进而导致经济和社会贫困。其主要目的是满足社会成员最基本的生活需求,维护社会公平与稳定。

社会保障主要包括社会保险、社会救助、社会福利三方面,我国则具体在医疗、养老、住房、工作、生育等方面形成了相对完善的保障体系。本章将具体介绍基本养老保险、基本医疗保险、工伤保险、失业保险、生育保险等社会保险制度,以及住房公积金。

第一节 养老保险

一、类型与适用范围

我国的养老保险大致上可以分为公务员系列的养老保险制度、城镇职工养老保险制度、城镇居民社会养老保险制度以及新型农村社会养老保险制度。2018年新修正的《中华人民共和国社会保险法》(国家主席令第25号,以下简称《社会保险法》)第十条、第二十条、第二十二条对城镇职工养老保险制度、新型农村社会养老保险制度和城镇居民社会养老保险制度分别作出了规定。本节着重介绍的是针对城镇职工养老而设立的基本养老保险制度。

我国相关法规如下(均现行有效):

1991年《国务院关于企业职工养老保险制度改革的决定》(国发〔1991〕33号);

1997年《国务院关于建立统一的企业职工基本养老保险制度的决定》（国发〔1997〕26号，以下简称《建立基本养老保险的决定》）；

1999年《社会保险费征缴暂行条例》（2019年修订，国务院令第710号）；

2005年《国务院关于完善企业职工基本养老保险制度的决定》（国发〔2005〕38号，以下简称《完善基本养老保险的规定》）。

2005年之后，我国不再有与城镇职工养老保险制度适用范围关联度很强的法规。

我国企业职工的养老保险制度是20世纪50年代初期建立的，在改革开放之前，职工的各项保障都由国家和工作单位包揽，为了适应市场经济灵活用工的要求，处理好国家利益与个人利益的关系，职工的养老不再仅由国家和企业承担成为大趋势。1991年《国务院关于企业职工养老保险制度改革的决定》第二条体现了这种趋势——随着经济的发展，逐步建立起基本养老保险与企业补充养老保险和职工个人储蓄性养老保险相结合的制度。改变养老保险完全由国家、企业包下来的办法，实行国家、企业、个人三方共同负担，职工个人也要缴纳一定的费用。

基本养老保险的覆盖范围经历了渐变的扩充过程。2005年《完善基本养老保险的决定》第三条进一步对基本养老保险的适用范围进行扩充，规定城镇各类企业职工、个体工商户和灵活就业人员都要参加企业职工基本养老保险。当前及今后一个时期，要以非公有制企业、城镇个体工商户和灵活就业人员参保工作为重点，扩大基本养老保险覆盖范围。2019年修订的《社会保险费征缴暂行条例》规定基本养老保险费的征缴范围为：国有企业、城镇集体企业、外商投资企业、城镇私营企业和其他城镇企业及其职工，实行企业化管理的事业单位及其职工。

二、缴费比例与缴费基数

养老保险的费用由职工个人和企业共同负担，因此需要确定两者的缴费比例，缴费比例的确定过程同样是渐进的。

我国相关法规如下（均现行有效）：

1997年《国务院关于建立统一的企业职工基本养老保险制度的决定》；

1997年《职工基本养老保险个人账户管理暂行办法》（劳办发〔1997〕116号）。

1997年之后，我国不再有与城镇职工养老保险制度缴费比例与缴费基数关联度很强的法规。

1997年《建立基本养老保险的决定》第三条规定,企业缴纳基本养老保险费的比例,一般不得超过企业工资总额的20%(包括划入个人账户的部分)。少数省、自治区、直辖市确需超过企业工资总额20%的,应报劳动部、财政部审批。个人缴纳基本养老保险费的比例,1997年不得低于本人缴费工资的4%,1998年起每两年提高1个百分点,最终达到本人缴费工资的8%。有条件的地区和工资增长较快的年份,个人缴费比例提高的速度应适当加快。

缴费基数的确定也十分重要,直接关系着职工养老金额的大小。1997年《职工基本养老保险个人账户管理暂行办法》第七项规定:职工本人一般以上一年度本人月平均工资为个人缴费工资基数(有条件的地区也可以本人上月工资收入为个人缴费工资基数,下同)。月平均工资按国家统计局规定列入工资总额统计的项目计算,包括工资、奖金、津贴、补贴等收入。本人月平均工资低于当地职工平均工资60%的,按当地职工月平均工资的60%缴费;超过当地职工平均工资300%的,按当地职工月平均工资的300%缴费,超过部分不记入缴费工资基数,也不记入计发养老金的基数。

三、社会统筹与个人账户

要理解基本养老保险,必须了解它的构成形式。我国基本养老保险由社会统筹部分和个人账户部分组成。基本养老保险统筹基金由用人单位按照国家规定的本单位职工工资总额的比例缴纳基本养老保险费构成,个人账户由职工当按照国家规定的本人工资的比例缴纳基本养老保险费构成。(《社会保险法》第十一、十二条)

我国相关法规如下(均现行有效):

1997年《国务院关于建立统一的企业职工基本养老保险制度的决定》;

2001年《关于规范企业职工基本养老保险个人账户管理有关问题的通知》(劳社厅发〔2001〕5号);

2005年《国务院关于完善企业职工基本养老保险制度的决定》;

2018年《国务院关于建立企业职工基本养老保险基金中央调剂制度的通知》(国发〔2018〕18号)。

第八章 社会保障

基本养老保险的统筹,是指对养老保险费用的收取、管理、使用等进行统一运作的制度安排。目前基本养老保险的统筹层次正由县市向省一级努力提升。基本养老保险起步阶段的统筹层次较低,仅在县市。统筹层次低,意味着在每个独立管理的区域内养老保险基金总额小,整体上分散管理,给基金的管理运用带来种种不便,不利于养老保险事业的开展。

1997年《建立基本养老保险的决定》第八条就提及,为有利于提高基本养老保险基金的统筹层次和加强宏观调控,要逐步由县级统筹向省或省授权的地区统筹过渡。待全国基本实现省级统筹后,原经国务院批准由有关部门和单位组织统筹的企业,参加所在地区的社会统筹。

2005年《完善基本养老保险的决定》再一次强调统筹层次提高的重要性,其中第八条敦促加快提高统筹层次,进一步加强省级基金预算管理,明确省、市、县各级人民政府的责任,建立健全省级基金调剂制度,加大基金调剂力度。在完善市级统筹的基础上,尽快提高统筹层次,实现省级统筹,为构建全国统一的劳动力市场和促进人员合理流动创造条件。

2018年《国务院关于建立企业职工基本养老保险基金中央调剂制度的通知》要求在现行企业职工基本养老保险省级统筹基础上,建立中央调剂基金,对各省份养老保险基金进行适度调剂,确保基本养老金按时足额发放。中央调剂基金由各省份养老保险基金上解的资金构成。按照各省份职工平均工资的90%和在职应参保人数作为计算上解额的基数,上解比例从3%起步,逐步提高。这进一步增强了养老保险基金的统筹能力,促进养老保险的可持续发展。

个人账户,如前所述是基本养老保险的另一个重要组成部分。具体而言,个人账户用于记录参加基本养老保险社会统筹的职工交纳的养老保险费和从企业缴费中划转记入的基本养老保险费,以及上述两部分的利息金额。个人账户是职工在符合国家规定的退休条件并办理了退休手续后,领取基本养老金的主要依据。

个人账户的建立、规范管理受到了相关部门的高度重视,有法令法规进行监督。2001年发布了《关于规范企业职工基本养老保险个人账户管理有关问题的通知》,其中包括个人账户建立与补建、个人账户记录与对账、个人账户接续与清理、个人账户转移共四大方面,详细敦促有关单位做好个人账户的相关工作。

四、转移接续

劳动者在不同地区、城市、工作单位之间的变动产生了基本养老保险关系转移接续的问题。相关的规定有2009年《城镇企业职工基本养老保险关系转移接续暂行办法》(国办发〔2009〕66号,以下简称《关系转移暂行办法》)。2009年后不再有专门规定转移接续问题的法规。

参保人员跨省流动就业,其基本养老保险关系转移接续按下列规定办理:

(1) 参保人员返回户籍所在地(指省、自治区、直辖市,下同)就业参保的,户籍所在地的相关社保经办机构应为其及时办理转移接续手续。

(2) 参保人员未返回户籍所在地就业参保的,由新参保地的社保经办机构为其及时办理转移接续手续。

对于参保人员跨省流动就业转移基本养老保险关系时资金转移的问题,《关系转移暂行办法》规定:

(1) 个人账户储存额:1998年1月1日之前按个人缴费累计本息计算转移,1998年1月1日后按计入个人账户的全部储存额计算转移。

(2) 统筹基金(单位缴费):以本人1998年1月1日后各年度实际缴费工资为基数,按12%的总和转移,参保缴费不足1年的,按实际缴费月数计算转移。

《关系转移暂行办法》还对关系转移具体办理程序及待遇领取地作了规定,这里不再赘述。

五、发放与停发

我国有关法规如下:

1996年《关于加快养老金社会化发放工作的通知》(劳部发〔1996〕420号,已失效);

2001年《关于进一步规范基本养老金社会化发放工作的通知》(劳社厅发〔2001〕8号)。

1997年之后,我国不再有与发放、停发关联度很强的法规。

养老金在某些特殊的情况下会停发。2001年《关于进一步规范基本养老金社会化发放工作的通知》第七条作出了规定,离退休人员发生下列情形之一,社会保险经办机构应停发或暂时停发其基本养老金：

（1）无正当理由不按规定提供本人居住证明或其他相关证明材料的；

（2）下落不明超过6个月，其亲属或利害关系人申报失踪或户口登记机关暂时注销其户口的；

（3）被判刑收监执行或被劳动教养期间的；

（4）法律、法规规定的其他情形。

发生以上第（1）（2）（4）项情形的离退休人员，经社会保险经办机构确认仍具有领取基本养老金资格的，应从停发之月起补发并恢复发放基本养老金；发生以上第（3）项情形的离退休人员，服刑或劳动教养期满后可按服刑或劳动教养前最后一次领取的标准继续发给基本养老金。

第二节 医疗保险

我国有关法规如下（均现行有效）：

1998年《关于建立城镇职工基本医疗保险制度的决定》（国发〔1998〕44号）；

1999年《城镇职工基本医疗保险定点医疗机构管理暂行办法》（劳社部发〔1999〕14号）；

1999年《关于印发城镇职工基本医疗保险定点零售药店管理暂行办法的通知》（劳社部发〔1999〕16号）；

1999年《城镇职工基本医疗保险用药范围管理暂行办法》（劳社部发〔1999〕15号）；

1999年《关于城镇职工基本医疗保险诊疗项目管理的意见》（劳社部发〔1999〕22号）；

2001年《关于中央直属企事业单位按属地管理原则参加统筹地区基本医疗保险有关问题的通知》（劳社部函〔2001〕163号）。

一、定义与类型

医疗保险制度改革同样始于20世纪末，纲领性的文件为1998年国务院发布的《关于建立城镇职工基本医疗保险制度的决定》（以下简称《建立基本医疗保险的决定》)。医疗保险制度是一种疾病风险分担机制,它是一种通过筹集医疗保险基金,在公民发生疾病时给予经济补偿、满足公民基本医疗需求的保险制度。

目前,我国医疗保险主要有职工基本医疗保险制度、新型农村合作医疗制度、城镇居民基本医疗保险制度(《社会保险法》第二十三、二十四、二十五条),它们分别保障城镇职工、农村人口、城镇非就业居民的医疗需求。与养老保险制度相同,本章重点研究职工基本医疗保险的相关内容,另外两类医疗保险制度不作详述。

二、适用范围与缴费费率

职工基本医疗保险的主要目标人群是城镇内用人单位的职工。《建立基本医疗保险的决定》第二条规定,城镇所有用人单位,包括企业(国有企业、集体企业、外商投资企业、私营企业等)、机关、事业单位、社会团体、民办非企业单位及其职工,都要参加基本医疗保险。乡镇企业及其职工、城镇个体经济组织业主及其从业人员是否参加基本医疗保险,由各省、自治区、直辖市人民政府决定。

第二条也对缴费模式作出了规定。与养老保险的缴费模式相似,基本医疗保险费由用人单位和职工共同缴纳。用人单位缴费率应控制在职工工资总额的6%左右,职工缴费率一般为本人工资收入的2%。随着经济发展,用人单位和职工缴费率可作相应调整。

三、社会统筹与个人账户

由于职工基本医疗保险采取用人单位和个人共同缴费的方式,基本医疗保险基金的管理分为统筹基金和个人账户两类。

《建立基本医疗保险的决定》第三条规定,职工个人缴纳的基本医疗保险费,全部计入个人账户。用人单位缴纳的基本医疗保险费分为两部分,一部分用于建立统筹基金,一部分划入个人账户,划入个人账户的比例一般为用人单位缴费的30%左右。另外,统筹基金和个人账户要分别核算。

统筹基金的起付标准原则上控制在当地职工年平均工资的10%左右,最高支付限额原则上控制在当地职工年平均工资的4倍左右。起付标准以下的医疗费用,从个人账户中支付或由个人自付。起付标准以上、最高支付限额以下的医疗费用,主要从统筹基金中支付,个人也要负担一定比例。超过最高支付限额的医疗费用,可以通过商业医疗保险等途径解决。

针对统筹,《建立基本医疗保险的决定》在第二条规定,基本医疗保险原则上以地级以上行政区(包括地、市、州、盟)为统筹单位,也可以县(市)为统筹单位。所有用人单位及其职工都要按照属地管理原则参加所在统筹地区的基本医疗保险,执行统一政策,基本医疗保险基金也要统一筹集、使用和管理。

四、定点医疗机构、定点零售药店

《建立基本医疗保险的决定》第五条提出,基本医疗保险实行定点医疗机构(包括中医医院)和定点药店管理。不久后,相关部门出台了《城镇职工基本医疗保险定点医疗机构管理暂行办法》(以下简称《定点医疗暂行办法》)、《城镇职工基本医疗保险定点零售药店管理暂行办法》(以下简称《定点药店暂行办法》)对定点医疗机构和定点零售药店进行了进一步的规范说明。

定点医疗机构,是指经统筹地区劳动保障行政部门审查,并经社会保险经办机构确定的,为城镇职工基本医疗保险参保人员提供医疗服务的医疗机构。《定点医疗暂行办法》规定,以下类别的经卫生行政部门批准并取得《医疗机构执业许可证》的医疗机构,以及经军队主管部门批准有资格开展对外服务的军队医疗机构,可以申请定点资格:(1)综合医院、中医医院、中西医结合医院、民族医医院、专科医院;(2)中心卫生院、乡(镇)卫生院、街道卫生院、妇幼保健院(所);(3)综合门诊部、专科门诊部、中医门诊部、中西医结合门诊部、民族医门诊部;(4)诊所、中医诊所、民族医诊所、卫生所、医务室;(5)专科疾病防治院(所、站);经地级以上卫生行政部门批准设置的社区卫生服务机构。

实际说来,定点医疗机构需要具备以下的条件:

(1)符合区域医疗机构设置规划;

(2)符合医疗机构评审标准;

(3)遵守国家有关医疗服务管理的法律、法规和标准,有健全和完善的医疗服务管理制度;

(4)严格执行国家、省(自治区、直辖市)物价部门规定的医疗服务和药品的价格政策,经物价部门监督检查合格;

(5)严格执行城镇职工基本医疗保险制度的有关政策规定,建立了与基本医疗保险管理相适应的内部管理制度,配备了必要的管理人员和设备。(《定点医疗暂行办法》第二、四、五条)

定点零售药店,是指经统筹地区劳动保障行政部门审查,并经社会保险经办机构确定的,为城镇职工基本医疗保险参保人员提供处方外配服务的零售药店。处方外配是指参保人员持定点医疗机构处方,在定点零售药店购药的行为。

《定点药店暂行办法》规定申请成为定点零售药店同样需要具备六种条件:(1)持有《药品经营企业许可证》《药品经营企业合格证》和《营业执照》,经药品监督管理部门年检合格;(2)遵守《中华人民共和国药品管理法》及有关法规,有健全和完善的药品质量保证制度,能确保供药安全、有效和服务质量;(3)严格执行国家、省(自治区、直辖市)规定的药品价格政策,经物价部门监督检查合格;(4)具备及时供应基本医疗保险用药、24小时提供服务的能力;(5)能保证营业时间内至少有一名药师在岗,营业人员需经地级以上药品监督管理部门培训合格;(6)严格执行城镇职工基本医疗保险制度有关政策规定,有规范的内部管理制度,配备必要的管理人员和设备。

五、基本医疗保险待遇

根据相关规定,获得定点资格的专科医疗机构和中医医疗机构(含中西医结合医疗机构和民族医疗机构),可作为统筹地区全体参保人员的定点医疗机构。除获得定点资格的专科医疗机构和中医医疗机构外,参保人员一般可再选择3—5家不同层次的医疗机构,其中至少应包括1—2家基层医疗机构(包括一级医院以及各类卫生院、门诊部、诊所、卫生所、医务室和社区卫生服务机构)。参保人员对就医的定点医疗机构,可在选定1年后提出更改要求,由统筹地区社会保险经办机构办理变更手续。(《定点医疗暂行办法》第九、十条)

参保人员应在选定的定点医疗机构就医,并可自主决定在定点医疗机构购药或持处方到定点零售药店购药。除急诊和急救外,参保人员在非选定的定点医疗机构就医发生的费用,不得由基本医疗保险基金支付。(《定点医疗暂行办法》第十二条)

《社会保险法》第二十八、二十九条也有相关规定。符合基本医疗保险药品目录、诊疗项目、医疗服务设施标准以及急诊、抢救的医疗费用,按照国家规定从基本医疗保险基金中支付。参保人员医疗费用中应当由基本医疗保险基金支付的部分,由社会保险经办机构与医疗机构、药品经营单位直接结算。

需要注意基本医疗保险基金不予支付的情况,下列医疗费用不纳入基本医疗保险基金支付范围:

(1) 应当从工伤保险基金中支付的;

(2) 应当由第三人负担的;

(3) 应当由公共卫生负担的;

(4) 在境外就医的。

医疗费用依法应当由第三人负担,第三人不支付或者无法确定第三人的,由基本医疗保险基金先行支付。基本医疗保险基金先行支付后,有权向第三人追偿。

六、用药范围与诊疗项目

1999 年发布的《城镇职工基本医疗保险用药范围管理暂行办法》对基本医疗保险中用药范围初步作出了规定(第二、三、四条)。

基本医疗保险用药范围通过制定《基本医疗保险药品目录》(以下简称《药品目录》)进行管理。确定《药品目录》中药品品种时要考虑临床治疗的基本需要,也要考虑地区间的经济差异和用药习惯,中西药并重。纳入《药品目录》的药品,应是临床必需、安全有效、价格合理、使用方便、市场能够保证供应的药品,并具备下列条件之一:

(1)《中华人民共和国药典》(现行版)收载的药品;

(2) 符合国家药品监督管理部门颁发标准的药品;

(3) 国家药品监督管理部门批准正式进口的药品。

以下药品不能纳入基本医疗保险用药范围:

(1) 主要起营养滋补作用的药品;

(2) 部分可以入药的动物及动物脏器,干(水)果类;

(3) 用中药材和中药饮片泡制的各类酒制剂;

(4) 各类药品中的果味制剂、口服泡制剂;

(5) 血液制品、蛋白类制品（特殊适应症与急救、抢救除外）；

(6) 劳动保障部规定基本医疗保险基金不予支付的其他药品。

之后相继出台的与药品相关的文件有2000年《关于印发国家基本医疗保险药品目录的通知》（劳社部发〔2000〕11号，已失效）、2001年《关于做好基本医疗保险药品目录乙类药品调整工作有关问题的通知》（劳社部函〔2001〕97号，已失效）、2002年《关于在全国开展基本医疗保险药品目录管理工作检查的通知》（劳社厅发明电〔2002〕14号）、2004年《关于印发国家基本医疗保险和工伤保险药品目录的通知》（劳社部发〔2004〕23号，已失效）、2009年《关于印发国家基本医疗保险、工伤保险和生育保险药品目录的通知》（人社部发〔2009〕159号，已失效）、2010年《关于印发国家基本医疗保险工伤保险和生育保险药品目录部分药品名称剂型调整规范的通知》（人社厅发〔2010〕58号）、2011年《关于删除国家基本医疗保险、工伤保险和生育保险药品目录中部分药品品种及调整规范部分药品名称的通知》（人社厅函〔2011〕558号）等，不断更新的法律法规文件表明国家在基本医疗保险的药品监控管理方面正在日益完善。

基本医疗保险诊疗项目部分也值得关注，因为有文件规定部分医疗项目是不能用基本医疗保险基金报销的。1999年《关于城镇职工基本医疗保险诊疗项目管理的意见》（以下简称《诊疗项目意见》）第一条规定，基本医疗保险诊疗项目是指符合以下条件和各种医疗技术劳务项目和采用医疗仪器、设备与医用材料进行的诊断、治疗项目：

(1) 临床诊疗必需、安全有效、费用适宜的诊疗项目；

(2) 由物价部门制定了收费标准的诊疗项目；

(3) 由定点医疗机构为参保人员提供的定点医疗服务范围的诊疗项目。

第三条简述了基本医疗基金不予报销的诊疗项目情况。劳动和社会保障部负责组织制定国家基本医疗保险诊疗项目范围，采用排除法分别规定基本医疗保险不予支付费用的诊疗项目范围和基本医疗保险支付部分费用的诊疗项目范围。基本医疗保险不予支付费用的诊疗项目，主要是一些非临床诊疗必需、效果不确定的诊疗项目以及属于特需医疗服务的诊疗项目。基本医疗保险支付部分费用的诊疗项目，主要是一些临床诊疗必需、效果确定但容易滥用或费用昂贵的诊疗项目。

在《诊疗项目意见》的附件中，详细列明了基本医疗保险不能或只能部分报销的项目。不能报销的项目分为服务项目类、非疾病治病项目类、诊疗设备及医用材料类、治疗项目类和其他等五类，只能部分报销的项目包括诊疗设备及医用材料类、治疗项目类以及各省劳动保障部门规定的价格昂贵的医疗仪器与设备的检查、治疗项目和医用材料共三大类，详细项目内容参考其中的《国家基本医疗保险诊疗项目范围》。

七、特殊人群的医疗保障

《建立基本医疗保险的决定》第六条对我国离休人员、老红军等特殊人群的医疗待遇情况进行详细说明。离休人员、老红军、二等乙级以上革命伤残军人的医疗待遇不变，医疗费用按原资金渠道解决。退休人员参加基本医疗保险，个人不缴纳基本医疗保险费。国家公务员在参加基本医疗保险的基础上，享受医疗补助政策。具体办法另行制定。

对于一些特定行业职工，允许建立企业补充医疗保险。企业补充医疗保险费在工资总额4%以内的部分，从职工福利费中列支，福利费不足列支的部分，经同级财政部门核准后列入成本。

国有企业下岗职工的基本医疗保险费，包括单位缴费和个人缴费，均由再就业服务中心按照当地上年度职工平均工资的60%为基数缴纳。

2001年，多部门联合发布《关于中央直属企事业单位按属地管理原则参加统筹地区基本医疗保险有关问题的通知》，要求中央直属企事业单位及其职工都要按照属地管理原则统一参加并执行统筹地区的基本医疗保险政策，并且中央直属企业单位还要积极探索建立企业补充医疗保险办法，妥善解决职工超出基本医疗保险支付范围之外的医疗费用（第二、三条）。另外，我国解放军军人的医疗保险制度由《中国人民解放军军人退役医疗保险暂行办法》（国办发〔1999〕100号）加以规定，详细内容请参阅相关文件。

第三节　工伤保险

我国有关法规如下（均现行有效）：
2003年《工伤保险条例》（国务院令第375号公布，2010年修订）；

2003年《因工死亡职工供养亲属范围规定》(劳社部令第18号);

2010年新修订的《工伤认定办法》(人社部令第8号);

2010年《非法用工单位伤亡人员一次性赔偿办法》(人社部令第9号);

2014年《工伤职工劳动能力鉴定管理办法》(人社部、国家卫计委令第21号公布,2018年修订);

2014年《劳动能力鉴定 职工工伤与职业病致残等级》(GB/T 16180—2014);

2015年《关于调整工伤保险费率政策的通知》(人社部发〔2015〕71号)。

一、定义与适用范围

在我国,与工伤保险最为直接的法律法规是2003年颁布的《工伤保险条例》,2010年根据《国务院关于修改〈工伤保险条例〉的决定》(国务院令第586号)进行了修订(修改后版本仍称《工伤保险条例》,特殊情况将说明)。本节将围绕《工伤保险条例》及其他相关文件进行叙述。

依据《工伤保险条例》第一条可以明确,工伤保险是为了保障因工作遭受事故伤害或者患职业病的职工获得医疗救治和经济补偿,促进工伤预防和职业康复,分散用人单位的工伤风险的一种社会保障制度。

《工伤保险条例》第二条规定,中国境内的企业、事业单位、社会团体、民办非企业单位、基金会、律师事务所、会计师事务所等组织和有雇工的个体工商户都应当依照本条例规定参加工伤保险,为本单位全部职工或者雇工缴纳工伤保险费。这些单位的职工或雇工,均有享受工伤保险待遇的权利。

要注意的是,公务员和参照公务员法管理的事业单位、社会团体的工作人员因工作遭受事故伤害或者患职业病的,由所在单位支付费用。具体办法由国务院社会保险行政部门会同国务院财政部门规定。(《工伤保险条例》第六十五条)

二、缴费比例与缴费基数

工伤保险的费率问题不同于其他保险制度,因为不同行业、工种面临的工伤危险程度及事故发生率不一样,因而需要实行差别费率制度。《工伤保险条例》第八条规定,工伤保险费根据以支定收、收支平衡的原则,确定费率。国家根据不同行业的工伤风险程度确定行业的差别费率,并根据工伤保险费使用、工伤发生率等情况在每个行业内确定若干费率档次。

对于工伤保险费率问题,2003年《关于工伤保险费率问题的通知》(劳社部发〔2003〕29号,已失效)、2011年《关于做好工伤保险费率浮动工作的通知》(人社厅发〔2011〕93号,已失效)、2015年《关于调整工伤保险费率政策的通知》(以下简称《调整费率通知》)不断完善不同行业工伤保险费率政策。

《调整费率通知》规定了行业划分,按照《国民经济行业分类》(GB/T 4754—2011)对行业的划分,根据不同行业的工伤风险程度,由低到高,依次将行业工伤风险类别划分为一类至八类(见通知附件"工伤保险行业风险分类表")。

《调整费率通知》还规定了行业差别费率及其档次确定,各行业工伤风险类别对应的全国工伤保险行业基准费率为,一类至八类分别控制在该行业用人单位职工工资总额的0.2%、0.4%、0.7%、0.9%、1.1%、1.3%、1.6%、1.9%左右。通过费率浮动的办法确定每个行业内的费率档次。一类行业分为三个档次,即在基准费率的基础上,可向上浮动至120%、150%,二类至八类行业分为五个档次,即在基准费率的基础上,可分别向上浮动至120%、150%或向下浮动至80%、50%。

至于工伤保险的缴费基数,相关规定是用人单位应当按时缴纳工伤保险费,职工个人不缴纳工伤保险费。用人单位缴纳工伤保险费的数额为本单位职工工资总额乘以单位缴费费率之积。特殊情况由国务院社会保险行政部门规定。另外,工资总额是指用人单位直接支付给本单位全部职工的劳动报酬总额。(《工伤保险条例》第十、六十四条)

三、认定工伤、视同工伤与不能认定工伤的情况

要得到工伤保险的保障,就必须分清楚什么情况能认定为工伤,什么情况不能认定为工伤。

按照规定,职工有下列情形之一的,应当认定为工伤:

(1)在工作时间和工作场所内,因工作原因受到事故伤害的;

(2)工作时间前后在工作场所内,从事与工作有关的预备性或者收尾性工作受到事故伤害的;

(3)在工作时间和工作场所内,因履行工作职责受到暴力等意外伤害的;

(4) 患职业病的；

(5) 因工外出期间，由于工作原因受到伤害或者发生事故下落不明的；

(6) 在上下班途中，受到非本人主要责任的交通事故或者城市轨道交通、客运轮渡、火车事故伤害的；

(7) 法律、行政法规规定应当认定为工伤的其他情形。

有时候会出现非上述定义的伤害，也会被视同工伤，即下列情形：

(1) 在工作时间和工作岗位，突发疾病死亡或者在48小时之内经抢救无效死亡的；

(2) 在抢险救灾等维护国家利益、公共利益活动中受到伤害的；

(3) 职工原在军队服役，因战、因公负伤致残，已取得革命伤残军人证，到用人单位后旧伤复发的。

职工有前款第(1)项、第(2)项情形的，按照《工伤保险条例》有关规定享受工伤保险待遇；职工有前款第(3)项情形的，按照本条例的有关规定享受除一次性伤残补助金以外的工伤保险待遇。

另外需要注意，并非所有情况都能被认定或视同工伤，出现下列情形就不能被认定或者视同工伤：

(1) 故意犯罪的；

(2) 醉酒或者吸毒的；

(3) 自残或者自杀的。

四、工伤认定的程序、申请时限与申请时效

《工伤保险条例》明确了工伤认定的大致流程，并对申请和回复都作出了期限上的规定(第十七条至第二十条)。职工发生事故伤害或者按照职业病防治法规定被诊断、鉴定为职业病，所在单位应当自事故伤害发生之日或者被诊断、鉴定为职业病之日起30日内，向统筹地区社会保险行政部门提出工伤认定申请。遇有特殊情况，经报社会保险行政部门同意，申请时限可以适当延长。

用人单位未按前款规定提出工伤认定申请的，工伤职工或者其近亲属、工会组织在事故伤害发生之日或者被诊断、鉴定为职业病之日起1年内，可以直接向用人单位所在地统筹地区社会保险行政部门提出工伤认定申请。

第八章 社会保障

用人单位未在上述条款规定的时限内提交工伤认定申请,在此期间发生符合本条例规定的工伤待遇等有关费用由该用人单位负担。

提出工伤认定申请应当提交下列材料:

(1) 工伤认定申请表;

(2) 与用人单位存在劳动关系(包括事实劳动关系)的证明材料;

(3) 医疗诊断证明或者职业病诊断证明书(或者职业病诊断鉴定书)。

社会保险行政部门受理工伤认定申请后,根据审核需要可以对事故伤害进行调查核实,用人单位、职工、工会组织、医疗机构以及有关部门应当予以协助。职业病诊断和诊断争议的鉴定,依照职业病防治法的有关规定执行。

社会保险行政部门应当自受理工伤认定申请之日起60日内作出工伤认定的决定,并书面通知申请工伤认定的职工或者其近亲属和该职工所在单位。

社会保险行政部门对受理的事实清楚、权利义务明确的工伤认定申请,应当在15日内作出工伤认定的决定。

作出工伤认定决定需要以司法机关或者有关行政主管部门的结论为依据的,在司法机关或者有关行政主管部门尚未作出结论期间,作出工伤认定决定的时限中止。

上述条文大致说明了工伤认定的整个流程和各方权责,2010年人力资源和社会保障部发布了新修订的《工伤认定办法》,对整个流程的细节部分作出了更具体的规定。譬如第八条规定,申请人提供材料不完整的,应当以书面形式一次性告知申请人需要补正的全部材料。社会保险行政部门收到申请人提交的全部补正材料后,应当在15日内作出受理或者不予受理的决定。

除此之外,还有对社会保险行政部门职权的明确规定。《工伤认定办法》第十一条规定,社会保险行政部门工作人员进行调查核实时,可以行使下列职权:(1)根据工作需要,进入有关单位和事故现场;(2)依法查阅与工伤认定有关的资料,询问有关人员并作出调查笔录;(3)记录、录音、录像和复制与工伤认定有关的资料。

除上述改动外还有多处细节,具体请参阅《工伤保险条例》及《工伤认定办法》相关条款。

五、劳动能力鉴定与鉴定的程序

劳动能力鉴定,是指劳动功能障碍程度和生活自理障碍程度的等级鉴定。劳动能力鉴定是工伤保险必须包括的内容,因为职工发生工伤,经治疗伤情相对稳定后存在残疾、影响劳动能力的,应当进行劳动能力鉴定。

劳动功能障碍分为十个伤残等级,最重的为一级,最轻的为十级。生活自理障碍分为三个等级:生活完全不能自理、生活大部分不能自理和生活部分不能自理。(《工伤保险条例》第二十一、二十二条)

对于劳动能力鉴定与鉴定程序,我国有 2003 年《关于劳动能力鉴定有关问题的通知》(劳社部发〔2003〕25 号,已失效),2006 年《劳动能力鉴定 职工工伤与职业病致残等级》(GB/T 16180—2006,已被代替),2008 年《〈劳动能力鉴定 职工工伤与职业病致残等级代码〉行业标准的通知》(人社部发〔2008〕100 号,已失效),2014 年《工伤职工劳动能力鉴定管理办法》(2018 年修订)和 2014 年《劳动能力鉴定 职工工伤与职业病致残等级》(GB/T 16180—2014),这些法规不断求其完善与发展。

《工伤保险条例》也具体规定了劳动能力鉴定程序,根据第二十三条到第二十八条,鉴定过程大致如下:首先由用人单位、工伤职工或者其近亲属向设区的市级劳动能力鉴定委员会提出申请,并提供有关资料。在劳动能力鉴定委员会收到劳动能力鉴定申请后,从其建立的医疗卫生专家库中随机抽取 3 名或者 5 名相关专家组成专家组,由专家组提出鉴定意见。劳动能力鉴定委员会应当自收到劳动能力鉴定申请之日起 60 日内作出鉴定结论,必要时,作出鉴定结论的期限可以延长 30 日。申请鉴定的单位或者个人对设区的市级劳动能力鉴定委员会作出的鉴定结论不服的,可以在收到该鉴定结论之日起 15 日内向省、自治区、直辖市劳动能力鉴定委员会提出再次鉴定申请。省、自治区、直辖市劳动能力鉴定委员会作出的劳动能力鉴定结论为最终结论。

六、工伤医疗待遇与工伤保险待遇

《工伤保险条例》第三十条至第三十四条对遭受工伤或者职业病的职工在养伤期间的医疗待遇作出了规定,需要注意不享受工伤医疗待遇情况的存在。

第八章 社会保障

职工因工作遭受事故伤害或者患职业病进行治疗,享受工伤医疗待遇。

职工治疗工伤应当在签订服务协议的医疗机构就医,情况紧急时可以先到就近的医疗机构急救。治疗工伤所需费用符合工伤保险诊疗项目目录、工伤保险药品目录、工伤保险住院服务标准的,从工伤保险基金支付。职工住院治疗工伤的伙食补助费,以及经医疗机构出具证明,报经办机构同意,工伤职工到统筹地区以外就医所需的交通、食宿费用从工伤保险基金支付。工伤职工治疗非工伤引发的疾病,不享受工伤医疗待遇,按照基本医疗保险办法处理。工伤职工到签订服务协议的医疗机构进行工伤康复的费用,符合规定的,从工伤保险基金支付。

社会保险行政部门作出认定为工伤的决定后发生行政复议、行政诉讼的,行政复议和行政诉讼期间不停止支付工伤职工治疗工伤的医疗费用。

工伤职工因日常生活或者就业需要,经劳动能力鉴定委员会确认,可以安装假肢、矫形器、假眼、假牙和配置轮椅等辅助器具,所需费用按照国家规定的标准从工伤保险基金支付。工伤职工在停工留薪期满后仍需治疗的,继续享受工伤医疗待遇。生活不能自理的工伤职工在停工留薪期需要护理的,由所在单位负责。

《工伤保险条例》第三十五条至第三十七条列明了工伤保险的待遇。

职工因工致残被鉴定为一级至四级伤残的,保留劳动关系,退出工作岗位,享受以下待遇:

(1)从工伤保险基金按伤残等级支付一次性伤残补助金;(2)从工伤保险基金按月支付伤残津贴;(3)工伤职工达到退休年龄并办理退休手续后,停发伤残津贴,按照国家有关规定享受基本养老保险待遇。基本养老保险待遇低于伤残津贴的,由工伤保险基金补足差额。

职工因工致残被鉴定为一级至四级伤残的,由用人单位和职工个人以伤残津贴为基数,缴纳基本医疗保险费。

职工因工致残被鉴定为五级、六级伤残的,享受以下待遇:

(1)从工伤保险基金按伤残等级支付一次性伤残补助金;(2)保留与用人单位的劳动关系,由用人单位安排适当工作。难以安排工作的,由用人单位按月发给伤残津贴。

经工伤职工本人提出,该职工可以与用人单位解除或者终止劳动关系,由工伤保险基金支付一次性工伤医疗补助金,由用人单位支付一次性伤残就业补助金。一次性工伤医疗补助金和一次性伤残就业补助金的具体标准由省、自治区、直辖市人民政府规定。

职工因工致残被鉴定为七级至十级伤残的,享受以下待遇:

(1)从工伤保险基金按伤残等级支付一次性伤残补助金;(2)劳动、聘用合同期满终止,或者职工本人提出解除劳动、聘用合同的,由工伤保险基金支付一次性工伤医疗补助金,由用人单位支付一次性伤残就业补助金。

七、因工死亡待遇、供养亲属的范围与条件

《工伤保险条例》第三十九条至第四十条规定了职工因工死亡的待遇。

一是职工因工死亡,其近亲属按照下列规定从工伤保险基金领取丧葬补助金、供养亲属抚恤金和一次性工亡补助金:

(1)丧葬补助金为6个月的统筹地区上年度职工月平均工资。

(2)供养亲属抚恤金按照职工本人工资的一定比例发给由因工死亡职工生前提供主要生活来源、无劳动能力的亲属。供养亲属的具体范围由国务院社会保险行政部门规定。

(3)一次性工亡补助金标准为上一年度全国城镇居民人均可支配收入的20倍。

二是伤残职工在停工留薪期内因工伤导致死亡的,其近亲属的待遇与职工因工死亡近亲属享受的待遇相同。

一级至四级伤残职工在停工留薪期满后死亡的,其近亲属可以享受职工因工死亡近亲属所享受的第(1)项、第(2)项待遇。

三是职工因工外出期间发生事故或者在抢险救灾中下落不明的,从事故发生当月起3个月内照发工资,从第4个月起停发工资,由工伤保险基金向其供养亲属按月支付供养亲属抚恤金。生活有困难的,可以预支一次性工亡补助金的50%。职工被人民法院宣告死亡的,按照职工因工死亡的规定处理。

由于因工死亡涉及抚恤金领取的问题,因此需要对亲属作出定义。2003年发布的《因工死亡职工供养亲属范围规定》(劳社部令第18号)明确了因工死亡职工供养亲属范围,规定因工死亡职工供养亲属,是指该职工的配偶、子女、父母、祖父母、外祖父母、孙子女、外孙子女、兄弟姐妹。

所称子女,包括婚生子女、非婚生子女、养子女和有抚养关系的继子女,其中,婚生子女、非婚生子女包括遗腹子女;所称父母,包括生父母、养父母和有抚养关系的继父母;所称兄弟姐妹,包括同父母的兄弟姐妹、同父异母或者同母异父的兄弟姐妹、养兄弟姐妹、有抚养关系的继兄弟姐妹。(《因工死亡职工供养亲属范围规定》第一、二条)

另外,该规定还列明申请供养亲属抚恤金的条件,需要留意。

八、工伤保险待遇停止的情形

工伤保险待遇的停止,既包括因工受伤职工待遇停止的情况,也包括因工亡职工家属停止领取抚恤金的情况。

工伤职工有下列情形之一的,停止享受工伤保险待遇:(1)丧失享受待遇条件的;(2)拒不接受劳动能力鉴定的;(3)拒绝治疗的。(《工伤保险条例》第四十二条)

领取抚恤金人员有下列情形之一的,停止享受抚恤金待遇:(1)年满18周岁且未完全丧失劳动能力的;(2)就业或参军的;(3)工亡职工配偶再婚的;(4)被他人或组织收养的;(5)死亡的。

另外,领取抚恤金的人员,在被判刑收监执行期间,停止享受抚恤金待遇。刑满释放仍符合领取抚恤金资格的,按规定的标准享受抚恤金。(《因工死亡职工供养亲属范围规定》第四、五条)

工伤保险责任的承继、派遣出境职工的工伤保险关系的规定如下:

用人单位分立、合并、转让的,承继单位应当承担原用人单位的工伤保险责任;原用人单位已经参加工伤保险的,承继单位应当到当地经办机构办理工伤保险变更登记。用人单位实行承包经营的,工伤保险责任由职工劳动关系所在单位承担。职工被借调期间受到工伤事故伤害的,由原用人单位承担工伤保险责任,但原用人单位与借调单位可以约定补偿办法。企业破产的,在破产清算时依法拨付应当由单位支付的工伤保险待遇费用。(《工伤保险条例》第四十三条)

职工被派遣出境工作,依据前往国家或者地区的法律应当参加当地工伤保险的,参加当地工伤保险,其国内工伤保险关系中止;不能参加当地工伤保险的,其国内工伤保险关系不中止。(《工伤保险条例》第四十四条)

九、非法经营单位伤亡人员的处理

非法用工单位伤亡人员,是指无营业执照或者未经依法登记、备案的单位以及被依法吊销营业执照或者撤销登记、备案的单位受到事故伤害或者患职业病的职工,或者用人单位使用童工造成的伤残、死亡童工。(2010年修订的《非法用工单位伤亡人员一次性赔偿办法》第二条)

《工伤保险条例》对非法经营单位用工导致的人员伤亡也有相关规定。第六十六条规定,无营业执照或者未经依法登记、备案的单位以及被依法吊销营业执照或者撤销登记、备案的单位的职工受到事故伤害或者患职业病的,由该单位向伤残职工或者死亡职工的近亲属给予一次性赔偿,赔偿标准不得低于本条例规定的工伤保险待遇;用人单位不得使用童工,用人单位使用童工造成童工伤残、死亡的,由该单位向童工或者童工的近亲属给予一次性赔偿,赔偿标准不得低于本条例规定的工伤保险待遇。

前款规定的伤残职工或者死亡职工的近亲属就赔偿数额与单位发生争议的,以及前款规定的童工或者童工的近亲属就赔偿数额与单位发生争议的,按照处理劳动争议的有关规定处理。

第四节　失业保险

我国有关法规如下(均现行有效):
1999年《失业保险条例》(国务院令第258号);
2000年《失业保险金申领发放办法》(劳社部令第8号公布,2019年修订)。
2000年之后不再有与失业保险关联度很强的法规。

失业保险法律法规的发展由来已久。从1986年的《国营企业职工待业保险暂行规定》(国发〔1986〕77号,已失效)开始,到1993年出台了《国有企业职工待业保险规定》(国务院令第110号,已失效)进一步规范,然后20世纪末《失业保险条例》标志着失业保险法律的成熟,最后《社会保险法》则对其予以完善。

综合考察上述几部法律法规,失业保险的核心要义是适应劳动制度改革,促进劳动力合理流动,保障职工基本生活,促进职工再就业。中心都是保障失业职工的基本生活,尽管有所不同,但这些原则鲜明地体现了失业保险在不同历史时期所被赋予的意义。

根据《失业保险条例》,失业保险是为了保障失业人员失业期间的基本生活,促进其再就业的一项社会保障制度。本节将以《失业保险条例》作为解读失业保险的主要依据。

一、适用范围、缴费基数及费率

《失业保险条例》第二条规定,城镇企业事业单位、城镇企业事业单位职工依照本条例的规定,缴纳失业保险费。这里的城镇企业是指国有企业、城镇集体企业、外商投资企业、城镇私营企业以及其他城镇企业。《社会保险费征缴暂行条例》第三条规定,失业保险费的征缴范围:国有企业、城镇集体企业、外商投资企业、城镇私营企业和其他城镇企业及其职工,事业单位及其职工。

《社会保险法》第四十四条也明确规定,职工应当参加失业保险,由用人单位和职工按照国家规定共同缴纳失业保险费。城镇企业事业单位按照本单位工资总额的百分之二缴纳失业保险费。城镇企业事业单位职工按照本人工资的百分之一缴纳失业保险费。城镇企业事业单位招用的农民合同制工人本人不缴纳失业保险费。(《失业保险条例》第六条)

二、领取、停止领取失业保险金的条件

《失业保险条例》第十四、十五条规定了领取失业保险金的资格以及停止发放的情况。具备下列条件的失业人员,可以领取失业保险金:

(1) 按照规定参加失业保险,所在单位和本人已按照规定履行缴费义务满1年的;

(2) 非因本人意愿中断就业的;

(3) 已办理失业登记,并有求职要求的。

失业人员在领取失业保险金期间,按照规定同时享受其他失业保险待遇。

另外,《失业保险金申领发放办法》(2018年、2019年两次修订)作了补充说明,对非因本人意愿中断就业的人员进行了界定,这里不赘述。

失业人员在领取失业保险金期间有下列情形之一的,停止领取失业保险金,

并同时停止享受其他失业保险待遇：

（1）重新就业的；

（2）应征服兵役的；

（3）移居境外的；

（4）享受基本养老保险待遇的；

（5）被判刑收监执行或者被劳动教养的；

（6）无正当理由，拒不接受当地人民政府指定的部门或者机构介绍的工作的；

（7）有法律、行政法规规定的其他情形的。

《社会保险法》第四十五条对领取失业保险有相关规定，表述略有不同。失业人员符合下列条件的，从失业保险基金中领取失业保险金：

（1）失业前用人单位和本人已经缴纳失业保险费满一年的；

（2）非因本人意愿中断就业的；

（3）已经进行失业登记，并有求职要求的。

三、失业保险领取限期的规定

失业人员失业前所在单位和本人按照规定累计缴费时间满1年不足5年的，领取失业保险金的期限最长为12个月；累计缴费时间满5年不足10年的，领取失业保险金的期限最长为18个月；累计缴费时间10年以上的，领取失业保险金的期限最长为24个月。重新就业后，再次失业的，缴费时间重新计算，领取失业保险金的期限可以与前次失业应领取而尚未领取的失业保险金的期限合并计算，但是最长不得超过24个月。（《失业保险条例》第十七条）

四、失业保险其他待遇

《失业保险条例》和《社会保险法》规定，失业人员在失业期间依旧享有医疗、工伤方面的保障。

《失业保险条例》第十九条规定，失业人员在领取失业保险金期间患病就医的，可以按照规定向社会保险经办机构申请领取医疗补助金。《社会保险法》第四十八条规定，失业人员应当缴纳的基本医疗保险费从失业保险基金中支付，个人不缴纳基本医疗保险费。

《失业保险条例》第二十条规定,失业人员在领取失业保险金期间死亡的,参照当地对在职职工的规定,对其家属一次性发给丧葬补助金和抚恤金。《社会保险法》第四十九条规定,失业人员在领取失业保险金期间死亡的,参照当地对在职职工死亡的规定,向其遗属发给一次性丧葬补助金和抚恤金。所需资金从失业保险基金中支付。个人死亡同时符合领取基本养老保险丧葬补助金、工伤保险丧葬补助金和失业保险丧葬补助金条件的,其遗属只能选择领取其中的一项。

五、个人骗取失业保险的罚则

《失业保险条例》对个人骗取失业保险的情况作出了明确规定,这能有效打击骗取失业保险基金的行为,使得真正有需要的人得到保障。

不符合享受失业保险待遇条件,骗取失业保险金和其他失业保险待遇的,由社会保险经办机构责令退还;情节严重的,由劳动保障行政部门处骗取金额1倍以上3倍以下的罚款。(第二十八条)

《失业保险金申领发放办法》第二十五条规定,经办机构发现不符合条件,或以涂改、伪造有关材料等非法手段骗取失业保险金和其他失业保险待遇的,应责令其退还;对情节严重的,经办机构可以提请劳动保障行政部门对其进行处罚。

六、失业保险关系的转移

与其他社会保险一样,劳动力的流动性决定了具体社会保险项目需要有转移的功能。

《失业保险条例》第二十二条规定,城镇企业事业单位成建制跨统筹地区转移,失业人员跨统筹地区流动的,失业保险关系随之转迁。

《失业保险金申领发放办法》第二十二条至第二十四条作了较为详细的说明。对失业人员失业前所在单位与本人户籍不在同一统筹地区的,其失业保险金的发放和其他失业保险待遇的提供由两地劳动保障行政部门进行协商,明确具体办法。协商未能取得一致的,由上一级劳动保障行政部门确定。失业人员失业保险关系跨省、自治区、直辖市转迁的,失业保险费用应随失业保险关系相应划转。需划转的失业保险费用包括失业保险金、医疗补助金和职业培训、职业介绍补贴。其中,医疗补助金和职业培训、职业介绍补贴按失业人员应享受的失业保险金总额的一半计算。失业人员失业保险关系在省、自治区范围内跨统筹地区转迁,失业保险费用的处理由省级劳动保障行政部门规定。失业人员跨统筹地区转移的,凭失业保险关系迁出地经办机构出具的证明材料到迁入地经办机构领取失业保险金。

第五节 生育保险

我国有关法规如下(均现行有效):

1994年《企业职工生育保险试行办法》(劳部发〔1994〕504号);

2015年《关于适当降低生育保险费率的通知》(人社部发〔2015〕70号);

2019年《关于全面推进生育保险和职工基本医疗保险合并实施的意见》(国办发〔2019〕10号)。

生育保险,是为了维护企业女职工的合法权益,保障她们在生育期间得到必要的经济补偿和医疗保健,均衡企业间生育保险费用的负担的社会保险项目(《企业职工生育保险试行办法》,以下简称《生育保险试行办法》)。2012年,人力资源和社会保障部在《生育保险办法(征求意见稿)》相关文件中,将生育保险的目的表述为保障职工生育期间获得经济补偿和基本医疗服务,均衡用人单位生育费用负担,促进公平就业。这赋予了生育保险新的内涵。

一、适用范围、缴费基数与费率与统筹

《生育保险试行办法》第二条规定,该办法适用于城镇企业及其职工。《社会保险法》第五十三条也规定,职工应当参加生育保险,由用人单位按照国家规定缴纳生育保险费,职工不缴纳生育保险费。

《生育保险试行办法》中规定生育保险根据"以支定收,收支基本平衡"的原则筹集资金,由企业按照其工资总额的一定比例向社会保险经办机构缴纳生育保险费,建立生育保险基金。生育保险费的提取比例由当地人民政府确定,并可根

据费用支出情况适时调整,但最高不得超过工资总额的百分之一。职工个人不缴纳生育保险费。(第四条)

2015年《关于适当降低生育保险费率的通知》提出在生育保险基金结余超过合理结存的地区降低生育保险费率,生育保险基金累计结余超过9个月的统筹地区,应将生育保险基金费率调整到用人单位职工工资总额的0.5%以内。

生育保险按属地原则组织。生育保险费用实行社会统筹。(《生育保险试行办法》第三条)

2019年《关于全面推进生育保险和职工基本医疗保险合并实施的意见》提出,将生育保险和职工基本医疗保险统一管理,实现两项保险长期稳定可持续发展的制度体系和运行机制。具体要求统一参保登记、统一基金征缴和管理、统一医疗服务管理、统一经办和信息服务、确保职工生育期间的生育保险待遇不变、确保制度可持续。

二、生育保险待遇

生育保险待遇包括生育医疗费用和生育津贴。(《社会保险法》第五十四条)

《社会保险法》第五十五、五十六条对生育保险的待遇作了规定。

生育医疗费用包括下列各项:

(1)生育的医疗费用;

(2)计划生育的医疗费用;

(3)法律、法规规定的其他项目费用。

职工有下列情形之一的,可以按照国家规定享受生育津贴:

(1)女职工生育享受产假;

(2)享受计划生育手术休假;

(3)法律、法规规定的其他情形。

生育津贴按照职工所在用人单位上年度职工月平均工资计发。

《生育保险试行办法》第六、七条规定,女职工生育的检查费、接生费、手术费、住院费和药费由生育保险基金支付。超出规定的医疗服务费和药费由职工个人负担。女职工生育出院后,因生育引起疾病的医疗费,由生育保险基金支付;其他疾病的医疗费,按照医疗保险待遇的规定办理。女职工产假期满后,因病需要休息治疗的,按照有关病假待遇和医疗保险待遇规定办理。

生育津贴支付期限按照《女职工劳动保护特别规定》中关于产假的条款执行。女职工生育享受 98 天产假;难产的,增加产假 15 天;生育多胞胎的,每多生育 1 个婴儿,增加产假 15 天。女职工怀孕未满 4 个月流产的,享受 15 天产假;怀孕满 4 个月流产的,享受 42 天产假。

三、违反生育保险有关规定的罚则

企业必须按期缴纳生育保险费。对逾期不缴纳的,按日加收千分之二的滞纳金。滞纳金转入生育保险基金。滞纳金计入营业外支出,纳税时进行调整。企业虚报、冒领生育津贴或生育医疗费的,社会保险经办机构应追回全部虚报、冒领金额,并由劳动行政部门给予处罚。企业欠付或拒付职工生育津贴、生育医疗费的,由劳动行政部门责令企业限期支付;对职工造成损害的,企业应承担赔偿责任。(《生育保险试行办法》第十二、十三条)

第六节　住房公积金

我国有关法规如下:

1999 年《住房公积金管理条例》(国务院令第 262 号发布,2019 年修订,现行有效)。

住房公积金,是指国家机关、国有企业、城镇集体企业、外商投资企业、城镇私营企业及其他城镇企业、事业单位、民办非企业单位、社会团体及其在职职工缴存的长期住房储金。(《住房公积金管理条例》第二条)

一、缴存时间的规定

新设立的单位应当自设立之日起 30 日内向住房公积金管理中心办理住房公积金缴存登记,并自登记之日起 20 日内,为本单位职工办理住房公积金账户设立手续。单位合并、分立、撤销、解散或者破产的,应当自发生上述情况之日起 30 日内由原单位或者清算组织向住房公积金管理中心办理变更登记或者注销登记,并自办妥变更登记或者注销登记之日起 20 日内,为本单位职工办理住房公积金账

户转移或者封存手续。(《住房公积金管理条例》第十四条)

单位录用职工的,应当自录用之日起 30 日内向住房公积金管理中心办理缴存登记,并办理职工住房公积金账户的设立或者转移手续。(《住房公积金管理条例》第十五条)

二、缴存费率以及相关规定

《住房公积金条例》第十六条至第二十三条对用人单位以及职工的住房公积金缴纳额度进行了规定,并说明了特殊情况下缴纳额度的弹性安排以及其他规定。

职工住房公积金的月缴存额为职工本人上一年度月平均工资乘以职工住房公积金缴存比例。单位为职工缴存的住房公积金的月缴存额为职工本人上一年度月平均工资乘以单位住房公积金缴存比例。

新参加工作的职工从参加工作的第二个月开始缴存住房公积金,月缴存额为职工本人当月工资乘以职工住房公积金缴存比例。单位新调入的职工从调入单位发放工资之日起缴存住房公积金,月缴存额为职工本人当月工资乘以职工住房公积金缴存比例。

职工和单位住房公积金的缴存比例均不得低于职工上一年度月平均工资的5%;有条件的城市,可以适当提高缴存比例。

职工个人缴存的住房公积金,由所在单位每月从其工资中代扣代缴。单位应当于每月发放职工工资之日起 5 日内将单位缴存的和为职工代缴的住房公积金汇缴到住房公积金专户内,由受委托银行计入职工住房公积金账户。

住房公积金自存入职工住房公积金账户之日起按照国家规定的利率计息。

住房公积金管理中心应当为缴存住房公积金的职工发放缴存住房公积金的有效凭证。

单位为职工缴存的住房公积金,按照下列规定列支:

(1)机关在预算中列支;

(2)事业单位由财政部门核定收支后,在预算或者费用中列支;

(3)企业在成本中列支。

三、提取和使用的规定

住房公积金不得随便提取使用,必须按照规定有目的地使用。《住房公积金条例》第二十四条规定职工有下列情形之一的,可以提取职工住房公积金账户内的存储余额:

(1) 购买、建造、翻建、大修自住住房的;
(2) 离休、退休的;
(3) 完全丧失劳动能力,并与单位终止劳动关系的;
(4) 出境定居的;
(5) 偿还购房贷款本息的;
(6) 房租超出家庭工资收入的规定比例的。

职工死亡或者被宣告死亡的,职工的继承人、受遗赠人可以提取职工住房公积金账户内的存储余额;无继承人也无受遗赠人的,职工住房公积金账户内的存储余额纳入住房公积金的增值收益。

四、相关罚则

为了防止用人单位损害职工利益,《住房公积金条例》特地规定相关罚则。第三十七、三十八条规定,单位不办理住房公积金缴存登记或者不为本单位职工办理住房公积金账户设立手续的,由住房公积金管理中心责令限期办理;逾期不办理的,处1万元以上5万元以下的罚款。单位逾期不缴或者少缴住房公积金的,由住房公积金管理中心责令限期缴存;逾期仍不缴存的,可以申请人民法院强制执行。

本章小结

本章主要介绍了关乎社会民生的重大社会保障制度——社会保险及住房公积金,其中社会保险包括养老、医疗、工伤、失业、生育方面。需注意的是,本章所讲述的制度主要是针对城市职工而设立的社会保险制度。《社会保险法》是目前社会保障制度最重要的法律,它首次给予社会保险制度法律高度,内容涵括各个险种的基本规定,是各个社会保险制度的重要参考来源。

养老保险政策法规众多,从《国务院关于建立统一的企业职工基本养老保险制度的决定》起,陆续有《社会保险费征缴暂行条例》《国务院关于完善企业职工基本养老保险制度的决定》《职工基本养老保险个人账户管理暂行办法》等众多政策法规来进行完善。本章包括养老保险的适用范围,缴费比例与基数,社会统筹与个人账户制度,养老保险的转移、继承,资金的发放与停发。

医疗保险在我国的政策法规最早源于《关于建立城镇职工基本医疗保险制度的决定》,为配合其制度设置,有《城镇职工基本医疗保险定点医疗机构管理暂行办法》《城镇职工基本医疗保险定点零售药店管理暂行办法》等规定,其中较多为医疗项目、药品方面的规定。本章内容主要包括医疗保险的使用范围、费率,社会统筹与个人账户制度,定点医疗机构与定点零售药店,医疗保险待遇,用药范围与诊疗项目,以及针对特殊人群的医疗保障制度。

工伤保险主要依据《社会保险法》《工伤保险条例》《工伤认定办法》《国家技术监督局职工工伤与职业病致残程度鉴定》等政策法规。与医疗保险相似,工伤保险有关于伤残等级、工伤疾病范围细节性政策法规。本章叙述了工伤保险的定义、适用范围、缴费比例与缴费基数,认定工伤、视同工伤与不能认定工伤的情况,工伤认定程序、申请时限与申请时效,劳动能力鉴定与鉴定程序,工伤医疗待遇与工伤保险待遇,因工死亡待遇、供养亲属的范围与条件,工伤保险待遇停止的请款,最后介绍了非法经营单位伤亡人员的处理。

失业保险主要依据《社会保险法》《失业保险条例》。生育保险目前尚未有单独的具体政策规定,主要参考《社会保险法》及《企业职工生育保险试行办法》。对应章节都叙述了该保险制度的定义、适用范围等基本内容。

《住房公积金管理条例》是规范住房公积金的依据,于2019年修订。本章包含其定义、缴纳时间、费率、提取使用等方面的内容。

复习思考题

1. 我国社会保险制度有哪些具体项目?
2. 我国社会保险制度各个项目都是如何规定缴费主体及费率的?
3. 住房公积金的提取有哪些规定?

案例与问题

李某与苏州某公司社会保险纠纷上诉案
——用工双方约定不参加社保无效①

苏州某公司职工李某向公司提交申请,主要内容为:"公司已依法告知其参加社会保险的事宜,并敦促其提供相关资料,经本人慎重考虑,决定不参加社会保险。因此而产生的责任及后果均由我本人承担。请将公司应承担之社会保险费随工资发放给本人。"

为此,该公司未为李某办理企业职工社会保险参保手续。后来,李某因脑出血、肋骨骨折、肺挫伤在医院住院治疗,共支付医疗费6万余元。李某申请公司支付相关医疗费。法院经审理认为,双方之间合意因违反法律强制性规定而无效,故判决某公司全部赔偿李某相应的医疗费损失。

案例讨论题

1. 公司应该如何为职工缴纳社会保险?
2. 法院的判决基于什么法律规定?
3. 公司在面对职工违章导致的工伤理赔时,应当如何处理?

---

① 案例来源:北大法宝,https://www.pkulaw.com/pfnl/a25051f3312b07f33b8984b88942ecd2350eb022019fc9e5bdfb.html?articleFbm=CLI.C.8856773,2020年5月11日访问。

第九章　培训与开发

培训与开发是人力资源管理的重要环节,职业培训是直接为适应经济和社会发展的需要,对要求就业和在职劳动者以培养和提高素质及职业能力为目的的教育和训练活动,又被称为"职业教育"。职业开发是指通过职业活动本身提高与培养员工人力资源的开发形式。就目前组织内部的活动来看,职业开发主要包括工作设计、工作专业化、工作轮换化、工作扩大化、工作丰富化等。

随着我国《国家中长期人才发展规划纲要(2010—2020年)》(中发〔2010〕6号,以下简称《人才发展纲要》)和《国家中长期教育改革和发展规划纲要(2010—2020年)》(中发〔2010〕12号,以下简称《教育规划纲要》)的推出,全面提高劳动者职业技能水平,加快技能人才队伍建设,成为"人才强国"战略实施的重要途径和目标,所以国家近年先后出台了涉及职业培训与开发的一系列法律法规,为建立健全职业培训和开发制度提供了法律保障。

第一节　培训与开发的保障

改革开放以来,我国人力资源培训与开发工作取得了显著成效,培训与开发体系初步建立,政策措施逐步完善,培训规模不断扩大,劳动者职业素质和就业能力得到不断提高,对促进就业和经济社会发展发挥了重要作用。

我国有关法规如下(均现行有效):

1996年《中华人民共和国职业教育法》(国家主席令第69号);

2001年《中共中央办公厅、国务院办公厅关于加强专业技术人才队伍建设的若干意见》(中办发〔2001〕14号);

2007年《中共中央办公厅、国务院办公厅关于加强农村实用人才队伍建设和农村人力资源开发的意见》(中办发〔2007〕24号);

2012年《关于转发人力资源社会保障部、财政部、国资委关于加强企业技能人才队伍建设意见的通知》(国办发〔2012〕34号);

2015年修正的《中华人民共和国就业促进法》;

2018年修正的《中华人民共和国劳动法》。

一、对于职业培训的保障

在《劳动法》中有"职业培训"一章进行规定,国家通过各种途径,采取各种措施,发展职业培训事业,开发劳动者的职业技能,提高劳动者素质,增强劳动者的就业能力和工作能力。用人单位应当建立职业培训制度,按照国家规定提取和使用职业培训经费,根据本单位实际,有计划地对劳动者进行职业培训。从事技术工种的劳动者,上岗前必须经过培训。

根据1996年《中华人民共和国职业教育法》(以下简称《职业教育法》),国家鼓励职业教育的发展,从多方位为职业培训提供保障,如规定县级以上地方各级人民政府应当举办发挥骨干和示范作用的职业学校、职业培训机构,对农村、企业、事业组织、社会团体、其他社会组织及公民个人依法举办的职业学校和职业培训机构给予指导和扶持。

2015年修正的《就业促进法》第五章"职业教育和培训",同样能够体现我国在法律上对于职业培训的鼓励和重视,其规定:国家依法发展职业教育,鼓励开展职业培训,促进劳动者提高职业技能,增强就业能力和创业能力。县级以上人民政府加强统筹协调,鼓励和支持各类职业院校、职业技能培训机构和用人单位依法开展就业前培训、在职培训、再就业培训和创业培训;鼓励劳动者参加各种形式的培训。企业应当按照国家有关规定提取职工教育经费,对劳动者进行职业技能培训和继续教育培训。

《关于转发人力资源社会保障部、财政部、国资委关于加强企业技能人才队伍建设意见的通知》提到,健全企业职工培训制度,完善企业技能人才培养、评价和

第九章 培训与开发

激励的政策措施,是企业技能人才队伍建设的主要任务。并且从五个方面阐述如何健全企业职工培训制度:(1)创新企业职工培训方式;(2)大力开展岗前培训;(3)加强在岗技能提升培训;(4)推动企业高技能人才培训;(5)探索建立企业新型学徒制度。

二、对于职业开发的保障

《人才发展纲要》中提出完善党政人才、企业经营管理人才、专业技术人才交流和挂职锻炼制度,打破人才身份、单位、部门和所有制限制,营造开放的用人环境。

2001年《中共中央办公厅、国务院办公厅关于加强专业技术人才队伍建设的若干意见》提出,进一步加强专业技术人才队伍建设,大力开发人才资源,是全党的一项重大而紧迫的战略任务,并要求进一步落实专业技术人才定期进修、出国深造的培训政策,不断完善国际合作、岗位实践、在职进修、交流和挂职等多途径的培训制度。

2007年《中共中央办公厅、国务院办公厅关于加强农村实用人才队伍建设和农村人力资源开发的意见》指出,加强农村实用人才队伍建设和农村人力资源开发是一项重大而紧迫的战略任务,并提出通过普及和巩固农村义务教育、大力发展农村职业教育、扎实推进农村劳动力转移培训等方面来加强农村教育培训工作,推进农村人力资源开发。

当然,以上文件对职业培训也有具体规定,这里不再赘述。

第二节 职业培训与开发的方式

我国有关法规如下(均现行有效):

1994年《中共中央组织部关于干部挂职锻炼工作有关问题的通知》(组通字〔1994〕26号);

2006年《党政领导干部交流工作规定》(中共中央办公厅发布);

2008年《国务院关于做好促进就业工作的通知》(国发〔2008〕5号);

2010年《国务院关于加强职业培训促进就业的意见》(国发〔2010〕36号)。

一、职业培训方式分类

关于不同层次的职业教育和培训,《职业教育法》第十三条规定,职业学校教育分为初等、中等、高等职业学校教育。初等、中等职业学校教育分别由初等、中等职业学校实施;高等职业学校教育根据需要和条件由高等职业学校实施,或者由普通高等学校实施。

关于不同阶段的职业培训,《职业教育法》第十四条规定,职业培训包括从业前培训、转业培训、学徒培训、在岗培训、转岗培训及其他职业性培训,可以根据实际情况分为初级、中级、高级职业培训。第十五条还特殊规定了残疾人职业教育除由残疾人教育机构实施外,各级各类职业学校和职业培训机构及其他教育机构应当按照国家有关规定接纳残疾学生。《就业促进法》第四十六条同样提到了就业前培训、在职培训、再就业培训和创业培训等不同时段和情况下的培训。

根据不同对象的职业培训,《就业促进法》第四十八条至第五十条分别提到了为劳动预备的初高中毕业生、失业人员、农村劳动者,还有之前《职业教育法》提到的残疾人职业培训,均需根据培训对象的特殊生理、心理类别安排相应的培训内容,实行不同的职业培训制度。

二、不同方式职业培训的开展

根据2010年《国务院关于加强职业培训促进就业的意见》(以下简称《促进就业意见》),当前和今后一个时期,我国职业培训工作的主要任务是:适应扩大就业规模、提高就业质量和增强企业竞争力的需要,完善制度、创新机制、加大投入,大规模开展就业技能培训、岗位技能提升培训和创业培训,切实提高职业培训的针对性和有效性,努力实现"培训一人、就业一人"和"就业一人、培训一人"的目标,为促进就业和经济社会发展提供强有力的技能人才支持。

其中,需要大力开展各种形式的职业培训。根据这一条,针对不同的职业培训类型,采取不同的措施:(1)健全职业培训制度。适应城乡全体劳动者就业需要和职业生涯发展要求,健全职业培训制度。(2)大力开展就业技能培训。要面向城乡各类有就业要求和培训愿望的劳动者开展多种形式就业技能培训。(3)切实加强岗位技能提升培训。适应企业产业升级和技术进步的要求,进一步健全企业职工培训制度,充分发挥企业在职业培训工作中的重要作用。(4)积极推进创业培训。依托有资质的教育培训机构,针对创业者特点和创业不同阶段的需求,开展多种形式的创业培训。

三、不同对象的职业培训的开展

针对不同的对象,2008年《国务院关于做好促进就业工作的通知》指出,建立健全面向全体劳动者的职业技能培训制度。鼓励支持各类职业院校、职业技能培训机构和用人单位依法开展就业前培训、在职培训、再就业培训和创业培训;鼓励劳动者参加各种形式的培训。对失业人员、符合条件的进城务工农村劳动者参加职业培训的,按规定给予职业培训补贴。对就业困难人员、进城务工农村劳动者通过初次职业技能鉴定,取得职业资格证书的,给予一次性的职业技能鉴定补贴。

完善职业培训补贴办法,建立健全职业培训补贴与培训质量、促进就业效果挂钩机制,提高劳动者参加培训和各类职业教育培训机构提供培训的积极性。要完善劳动预备制度,对有就业要求和培训愿望的初高中毕业生实行3个月以上、12个月以内的预备制培训,使其取得相应的职业资格或者掌握一定的职业技能。

四、职业开发的方式

职业开发主要包括工作设计、工作专业化、工作轮换化、工作扩大化、工作丰富化等,是人力资源开发的重要部分,不同企业往往有不同的方法与技巧。对于公共部门来讲,主要有挂职锻炼、岗位交流等方式。

1994年《中共中央组织部关于干部挂职锻炼工作有关问题的通知》对干部挂职锻炼进行了规范,它指出通过挂职锻炼,使干部进一步开阔视野,解放思想,磨炼意志,转变作风,积累经验,增长才干,提高在建立社会主义市场经济体制条件下的组织领导能力,以适应改革开放和经济建设发展的需要。文件还对挂职锻炼干部的条件、挂职锻炼的去向、职务安排、程序等进行了规定。

根据2006年《党政领导干部交流工作规定》,党政领导干部交流,是指各级党委(党组)及其组织(人事)部门按照干部管理权限,通过调任、转任对党政领导干部的工作岗位进行调整。文件对交流对象、交流范围和方式、组织措施等进行了详细规定。

第三节 职业培训的费用

一、职业培训的费用来源

《职业教育法》第二十六条规定,国家鼓励通过多种渠道依法筹集发展职业教育的资金。其指出,省、自治区、直辖市人民政府应当制定本地区职业学校学生人数平均经费标准;国务院有关部门应当会同国务院财政部门制定本部门职业学校学生人数平均经费标准。职业学校举办者应当按照学生人数平均经费标准足额拨付职业教育经费;企业应当承担对本单位的职工和准备录用的人员进行职业教育的费用。

另外,职业学校、职业培训机构可以对接受中等、高等职业学校教育和职业培训的学生适当收取学费,对经济困难的学生和残疾学生应当酌情减免。国家支持企业、事业组织、社会团体、其他社会组织及公民个人按照国家有关规定设立职业教育奖学金、贷学金,奖励学习成绩优秀的学生或者资助经济困难的学生,职业学校、职业培训机构举办企业和从事社会服务的收入应当主要用于发展职业教育。

国家鼓励金融机构运用信贷手段,扶持发展职业教育,鼓励企业、事业组织、社会团体、其他社会组织及公民个人对职业教育捐资助学,鼓励境外的组织和个人对职业教育提供资助和捐赠。提供的资助和捐赠,必须用于职业教育。(第二十七条至第三十五条)

二、职业培训资金保障

为了保障职业培训所需资金并鼓励更加全面、专业的职业培训的发展,《职业教育法》第二十七条特别规定,各级人民政府、国务院有关部门用于举办职业学校和职业培训机构的财政性经费应当逐步增长,任何组织和个人不得挪用、克扣职业教育的经费。

另外,就是要加大职业培训资金的支持力度。《促进就业意见》指出,首先要完善职业培训补贴政策。城乡有就业要求和培训愿望的劳动者参加就业技能培训或创业培训,培训合格并通过技能鉴定取得初级以上职业资格证书,根据其获得职业资格证书或就业情况,按规定给予培训费补贴;企业新录用的符合职业培训补贴条件的劳动者,由企业依托所属培训机构或政府认定培训机构开展岗前培训的,按规定给予企业一定的培训费补贴。对通过初次职业技能鉴定并取得职业资格证书或专项职业能力证书的,按规定给予一次性职业技能鉴定补贴。对城乡未继续升学的应届初高中毕业生参加劳动预备制培训,按规定给予培训费补贴的同时,对其中农村学员和城市家庭经济困难学员给予一定生活费补贴。

其次,加大职业培训资金投入。各级政府对用于职业培训的各项补贴资金要加大整合力度;各级财政要加大投入,调整就业专项资金支出结构,逐步提高职业培训支出比重。

最后,要加强职业培训资金监管。各地人力资源社会保障部门要会同财政部门加强对职业培训补贴资金的管理,明确资金用途、申领拨付程序和监管措施。采取切实措施,对补贴对象审核、资金拨付等重点环节实行公开透明的办法,定期向全社会公开资金使用情况,审计部门依法加强对职业培训补贴资金的审计,防止骗取、挪用、以权谋私等问题的发生,确保资金安全,审计结果依法向社会公告。监察部门对重大违纪违规问题的责任人进行责任追究,涉及违法的移交司法机关处理。

三、企业职业培训经费的使用

《促进就业意见》规定要落实企业职工教育经费,指出企业要按规定足额提取并合理使用企业职工教育经费,职工教育经费的60%以上应用于一线职工的教育和培训,企业职工在岗技能提升培训和高技能人才培训所需费用从职工教育经费列支。企业应将职工教育经费的提取与使用情况列为厂务公开的内容,定期或不定期进行公开,接受职工代表的质询和全体职工的监督。对自身没有能力开展职工培训,以及未开展高技能人才培训的企业,县级以上地方人民政府可依法对其职工教育经费实行统筹,人力资源社会保障部门会同有关部门统一组织培训服务。

第四节　职业培训服务期限与违约金的约定

服务期,是指用人单位和劳动者在劳动合同签订之时或劳动合同履行的过程之中,用人单位为劳动者支付了特别投资的前提下,劳动者同意为该用人单位工作一定期限的特别约定,是用人单位的投资回收期。它不同于劳动合同期限,后者简称合同期,是劳动合同的必备条款,指用人单位与劳动者在劳动合同中约定的劳动合同履行期限。服务期是用人单位与劳动者另行约定的服务期限,可独立于劳动合同期限而适用。

《劳动合同法》第二十二条规定,用人单位为劳动者提供专项培训费用,对其进行专业技术培训的,可以与该劳动者订立协议,约定服务期。劳动者违反服务期约定的,应当按照约定向用人单位支付违约金。违约金的数额不得超过用人单位提供的培训费用。用人单位要求劳动者支付的违约金不得超过服务期尚未履行部分所应分摊的培训费用。用人单位与劳动者约定服务期的,不影响按照正常的工资调整机制提高劳动者在服务期期间的劳动报酬。

对此,有学者曾从三个角度给出解读[①]:

1. 用人单位可与劳动者约定服务期的情形

用人单位为劳动者提供专项培训费用,对其进行专业技术培训的,可以与该劳动者订立协议,约定服务期。注意这里的专项培训费用的适用范围,与用人单位提供的正常的职业培训是有区别的。按照国家有关规定,用人单位必须按照本单位工资总额的一定比例提取培训费用,用于对劳动者的职业培训,这部分培训费用的使用不能作为与劳动者约定服务期的条件。约定服务期必须是针对特定的劳动者,且用人单位为该劳动者提供了专项的培训费用进行专业技术培训。

2. 服务期的年限

《劳动合同法》未对劳动者的服务期的年限作出具体规定。服务期的长短可以由劳动合同双方当事人协议确定,但是,用人单位在与劳动者协议确定服务期年限时要遵守两点:第一,要体现公平合理的原则,不得滥用权利。比如,用人单位为劳动者提供了2000元进行专业技术培训,但约定劳动者需为用人单位服务10年,这种约定显失公平。第二,用人单位与劳动者约定的服务期较长的,用人单位应当按照工资调整机制提高劳动者在服务期间的劳动报酬。

3. 劳动者违反服务期约定的责任

劳动者违反服务期约定的,在服务期内解除劳动合同,应当按照服务期协议向用人单位支付违约金。违约金的数额不得超过用人单位提供的培训费用。用

---

① 根据中国劳动咨询网相关版块内容整理。

第九章 培训与开发

人单位要求劳动者支付的违约金不得超过服务期尚未履行部分所应分摊的培训费用。

《中华人民共和国劳动合同法实施条例》第二十六条规定,用人单位与劳动者约定了服务期,劳动者依照《劳动合同法》第三十八条的规定解除劳动合同的,不属于违反服务期的约定,用人单位不得要求劳动者支付违约金。有下列情形之一,用人单位与劳动者解除约定服务期的劳动合同的,劳动者应当按照劳动合同的约定向用人单位支付违约金:(1)劳动者严重违反用人单位的规章制度的;(2)劳动者严重失职,营私舞弊,给用人单位造成重大损害的;(3)劳动者同时与其他用人单位建立劳动关系,对完成本单位的工作任务造成严重影响,或者经用人单位提出,拒不改正的;(4)劳动者以欺诈、胁迫的手段或者乘人之危,使用人单位在违背真实意思的情况下订立或者变更劳动合同的;(5)劳动者被依法追究刑事责任的。

关于违约金,《劳动合同法》载明,除本法第二十二条和第二十三条规定的情形外,用人单位不得与劳动者约定由劳动者承担违约金。(《劳动合同法》第二十五条)

本章小结

培训,有时又称为"职业教育",我国的《劳动法》《职业教育法》《就业促进法》给予了全面的规范,以配合我国全面提高劳动者职业技能水平,加快技能人才队伍建设的"人才强国战略"。职业开发是指通过职业活动本身提高与培养员工人力资源的开发形式。

在培训保障方面,国家鼓励职业培训的发展,从多方位为职业培训提供保障,《劳动法》的"职业培训"一章、《职业教育法》以及《就业促进法》第五章"职业教育与培训"都详细规定了各级政府部门、职业院校、职业技能培训机构与企业在培训方面所应承担的职责。在职业开发方面,《人才发展纲要》中提出完善党政人才、企业经营管理人才、专业技术人才交流和挂职锻炼制度。

在培训方式方面,《职业教育法》及《就业促进法》从不同层次、不同阶段、不同对象方面对职业培训进行了分类;《国务院关于加强职业培训促进就业的意见》则就不同形式职业培训的开展提出了意见,包括健全职业培训制度、大力开展就业技能培训、切实加强岗位技能提升培训、积极推进创业培训等方面;《国务院关于做好就业促进工作的通知》则提出建立健全面向全体劳动者的职业技能培训制度,给出针对不同对象的职业培训的相关规定。

在职业开发方式上,《中共中央组织部关于干部挂职锻炼工作有关问题的通知》和《党政领导干部交流工作规定》分别对挂职锻炼和岗位交流进行了规定。

在培训费用方面,《职业教育法》就培训费用的来源作了规定,鼓励多种形式的费用来源,《国务院关于加强职业培训促进就业的意见》也对职业培训的费用进行保障规定。

最后本章就职业培训服务期限与违约金的约定进行了论述,重点引述了《劳动合同法》中关于服务期的概念以及关于违约金的相关规定。

▶▶ 复习思考题

1.《劳动法》对于职业培训是如何作出保障的?

2.《国务院关于加强职业培训促进就业的意见》对于不同的培训类型提出了哪些建议?

3.《职业教育法》对于职业培训费用的来源是如何规定的?

4.什么是职业培训服务期?《劳动合同法》针对职业培训服务期限与违约金的约定作了什么规定?

▶▶ 案例与问题

劳动合同纠纷上诉案[①]

苏某某于1992年7月27日到广州市某建筑工程有限公司处工作,任职施工管理,之后升任为造价管理。苏某某、该建筑公司自1995年开始签订劳动合同,最后一份合同于2004年11月8日签订,双方约定:期限自2004年11月8日起至2007年11月7日止。苏某某、该建筑公司并于2005年8月28日签订关于考取造价师执业资格证的员工培训合同,约定苏某某为该建筑公司服务的年限为

---

① 案例来源:北大法宝,http://www.pkulaw.cn/Case/pfnl_a25051f3312b07f37ada554a793aa70aa87d26b3646847c1bdfb.html? match=Exact&articleFbm=CLI.C.232783,2020年5月11日访问。

5年。苏某某、该建筑公司于2006年5月10日签订关于考取高级工程师的员工培训合同,约定苏某某需为该建筑公司服务5年,培训费/奖励金额6000元。苏某某、该建筑公司在2006年5月29日签订关于考取一级建造师执业资格证的员工培训合同,约定苏某某为该建筑公司服务的年限为10年,培训费/奖励金额为10 000元。上述三份员工培训合同均约定:若因苏某某个人原因致使合同无法履行的,苏某某应承担违约责任,返纳该建筑公司已支付的费用。一、二级建造师违约,除返纳该建筑公司支付的费用外,还需支付违约金,违约金标准为:一级建造师30 000元,二级建造师10 000元。员工违约返纳费用根据国家有关规定,按已服务年限逐年递减。员工违约返纳费用计算方法为:公司实际支付费用÷约定的服务年限×未服务年限。未服务年限计算方法:服务满半年未满1年视为已服务1年,未满半年视为半年。若员工与公司签订多份培训协议,费用累计计算;服务年限以最长的协议为准,不累计。苏某某在2007年11月8日因合同期限届满离开该建筑公司处,并于同年10月12日办理移交手续,该建筑公司未归还编号为0041385号的中华人民共和国造价工程师执业资格证、编号为0068199号的中华人民共和国一级建造师执业资格证(房屋建筑及市政公用)、编号为粤060A00654号的全国建筑工程造价员资格证给苏某某。该建筑公司根据双方签订的员工培训合同及培训工作制度分别支付造价师执业资格证培训费3000元、高级工程师培训费6000元及一级建造师执业资格证培训费10 000元给苏某某。

苏某某、该建筑公司因支付违约金等问题产生纠纷,该建筑公司向广州市海珠区劳动争议仲裁委员会提出仲裁申请,要求苏某某支付返纳费用13 500元、违约金30 000元。该委员会于2008年10月13日作出穗海劳仲案字〔2008〕380号裁决书,裁决苏某某在裁决生效之日起3日内支付该建筑公司违约金30 000元、返纳费用13 500元。苏某某不服裁决,向原审法院提起了诉讼。

案例讨论题

请根据《劳动合同法》关于服务期的规定对上述案例进行分析。

第十章　离职、退休与裁员

离职、退休与裁员涉及劳动合同的解除或终止,相关内容包括劳动者提出离职的法定条件、退休的年龄规定、养老保险、裁员的前提条件与法定程序等,了解以上内容对于企业来说可以有效规避用工风险,提升管理水平,对于劳动者来说可以有效维护自身权益。本章围绕以上问题,介绍离职、退休与裁员相关的法律法规。

第一节　离　职

离职涉及劳动合同的解除。劳动合同的解除是指劳动合同订立后,尚未全部履行以前,由于某种原因导致劳动合同一方或双方当事人提前消灭劳动关系的法律行为。劳动合同的解除分为法定解除和约定解除两种。根据《劳动法》的规定,劳动合同既可以由单方依法解除,也可以双方协商解除。劳动合同的解除,只对未履行的部分发生效力,不涉及已履行的部分。

我国当前离职管理主要依据的法律(均现行有效)有:
(1)《中华人民共和国劳动法》;
(2)《关于贯彻执行〈中华人民共和国劳动法〉若干问题的意见》;
(3)《中华人民共和国劳动合同法》;
(4)《中华人民共和国劳动合同法实施条例》。

第十章　离职、退休与裁员

一、劳动者解除劳动合同的法定条件

《劳动法》规定在三种情况下,劳动者可以随时解除劳动合同:(1)在试用期内的;(2)用人单位以暴力、威胁或者非法限制人身自由的手段强迫劳动的;(3)用人单位未按照劳动合同约定支付劳动报酬或者提供劳动条件的。

《劳动合同法》也规定劳动者提前三十日以书面形式通知用人单位,可以解除劳动合同。劳动者在试用期内提前三日通知用人单位,可以解除劳动合同。

《劳动合同法》进一步规定,如果用人单位有损害劳动者权益的下列情形之一的,劳动者可以解除劳动合同:(1)未按照劳动合同约定提供劳动保护或者劳动条件的;(2)未及时足额支付劳动报酬的;(3)未依法为劳动者缴纳社会保险费的;(4)用人单位的规章制度违反法律、法规的规定;(5)以欺诈、胁迫的手段或者乘人之危,使对方在违背真实意思的情况下订立或者变更劳动合同致使劳动合同无效的;(6)法律、行政法规规定劳动者可以解除劳动合同的其他情形。

《劳动法意见》也规定,劳动者解除劳动合同,应当提前三十日以书面形式通知用人单位。超过三十日,劳动者可以向用人单位提出办理解除劳动合同手续,用人单位予以办理。如果劳动者违法解除劳动合同给原用人单位造成经济损失,应当承担赔偿责任。

二、办理离职手续的法律规定

《劳动合同法》对劳动合同终止或解除时办理离职手续作了明确详细的规定。劳动合同解除或者终止后双方的义务包括:用人单位应当在解除或者终止劳动合同时出具解除或者终止劳动合同的证明,并在十五日内为劳动者办理档案和社会保险关系转移手续。

劳动者应当按照双方约定,办理工作交接。用人单位依照本法有关规定应当向劳动者支付经济补偿的,在办结工作交接时支付。

用人单位对已经解除或者终止的劳动合同的文本,至少保存二年备查。

《劳动合同法实施条例》作了更详细的规定,用人单位出具的解除、终止劳动合同的证明,应当写明劳动合同期限、解除或者终止劳动合同的日期、工作岗位、在本单位的工作年限。

三、解除劳动合同后的保密义务与竞业限制

劳动关系与商业秘密保护有着密切的关系,雇佣关系与商业秘密的保护自商业秘密法律制度诞生之日起就一直是一个重要的问题。因此,我国也有相关法律法规对此进行规范。

《劳动法》规定劳动合同当事人可以在劳动合同中约定保守用人单位商业秘密的有关事项。如果劳动者违反解除劳动合同或者违反劳动合同中约定的保密事项,对用人单位造成经济损失的,应当依法承担赔偿责任。(第二十二、一百零二条)

《劳动合同法》第十七条规定了用人单位与劳动者可以约定保守秘密的事项。

用人单位与劳动者可以在劳动合同中约定保守用人单位的商业秘密和与知识产权相关的保密事项。

对负有保密义务的劳动者,用人单位可以在劳动合同或者保密协议中与劳动者约定竞业限制条款,并约定在解除或者终止劳动合同后,在竞业限制期限内按月给予劳动者经济补偿。劳动者违反竞业限制约定的,应当按照约定向用人单位支付违约金。(《劳动合同法》第二十三条)

《劳动合同法》还规定了竞业限制的范围和期限。竞业限制的人员限于用人单位的高级管理人员、高级技术人员和其他负有保密义务的人员。竞业限制的范围、地域、期限由用人单位与劳动者约定,竞业限制的约定不得违反法律、法规的规定。

在解除或者终止劳动合同后,前款规定的人员到与本单位生产或者经营同类产品、从事同类业务的有竞争关系的其他用人单位,或者自己开业生产或者经营同类产品、从事同类业务的竞业限制期限,不得超过二年。(《劳动合同法》第二十四条)

第二节 退 休

老年工人和因工、因病丧失劳动能力的工人,对社会主义革命和建设作出了

应有的贡献。妥善安置他们的生活,使他们愉快地度过晚年,这是社会主义制度优越性的具体体现,同时也有利于工人队伍的精干,对实现我国的四个现代化,必将起促进作用。为了做好这项工作,需要对退休人员进行妥善安排。2011年1月起,我国对个人提前退休取得的一次性补贴收入,按照"工资、薪金所得"项目征收个人所得税。

我国有关法规如下(除《关于个人提前退休取得补贴收入个人所得税问题的公告》部分失效外,均现行有效):

1978年《国务院关于工人退休、退职的暂行办法》(国发〔1978〕104号);

1978年《国务院关于安置老弱病残干部的暂行办法》(国发〔1978〕104号);

1994年《关于在若干城市试行国有企业破产有关问题的通知》(国发〔1994〕59号);

1997年《关于在若干城市试行国有企业兼并破产和职工再就业有关问题的补充通知》(国发〔1997〕10号);

1998年《关于切实做好纺织行业压锭减员分流安置工作的补充通知》(劳社部发〔1998〕6号);

1999年《关于制止和纠正违反国家规定办理企业职工提前退休有关问题的通知》(劳社部发〔1999〕8号);

2000年《关于进一步做好资源枯竭矿山关闭破产工作的通知》(中办发〔2000〕11号);

2011年《关于个人提前退休取得补贴收入个人所得税问题的公告》(国家税务总局2011年第6号公告)。

一、退休年龄规定

1978年《国务院关于工人退休、退职的暂行办法》(以下简称《退休暂行办法》)规定,全民所有制企业、事业单位和党政机关、群众团体的工人,符合下列条件之一的,应该退休。

(1) 男年满六十周岁,女年满五十周岁,连续工龄满十年的。

(2) 从事井下、高空、高温、特别繁重体力劳动或者其他有害身体健康的工作,男年满五十五周岁、女年满四十五周岁,连续工龄满十年的。

(3) 男年满五十周岁，女年满四十五周岁，连续工龄满十年，由医院证明，并经劳动鉴定委员会确认，完全丧失劳动能力的。

(4) 因工致残，由医院证明，并经劳动鉴定委员会确认，完全丧失劳动能力的。

《国务院关于安置老弱病残干部的暂行办法》规定，党政机关、群众团体、企业、事业单位的干部，符合下列条件之一的，都可以退休。

(1) 男年满六十周岁，女年满五十五周岁，参加革命工作年限满十年的；

(2) 男年满五十周岁，女年满四十五周岁，参加革命工作年限满十年，经过医院证明完全丧失工作能力的；

(3) 因工致残，经过医院证明完全丧失工作能力的。

二、提前退休

(一) 提前退休的条件与程序

1999年《关于制止和纠正违反国家规定办理企业职工提前退休有关问题的通知》将办理提前退休的范围限定在两类情况：一是国务院确定的111个"优化资本结构"试点城市的国有破产工业企业中距离法定退休年龄不足5年的职工。二是有三年内压锭任务的国有纺织企业中，符合规定的纺纱、织布工种的挡车工。

1994年《关于在若干城市试行国有企业破产有关问题的通知》和1997年《关于在若干城市试行国有企业兼并破产和职工再就业有关问题的补充通知》关于提前退休的规定是，破产企业中因工致残或者患严重职业病、全部或者大部分丧失劳动能力的职工，作为离退休职工安置。距离退休年龄不足5年的职工，经本人申请，可以提前离退休。从上述两个文件中可以看出，对提前离退休的条件是有严格限制的：一是仅仅限于"优化资本结构"试点的111个城市适用；二是限于破产的国有工业企业；三是距离本人法定退休年龄不足五年；四是经本人申请。

1998年《关于切实做好纺织行业压锭减员分流安置工作的补充通知》规定，有压锭任务的纺织企业，同时符合下列四个条件的下岗职工方可提前退休：一是纺纱、织布两个工种中的挡车工；二是工龄满20年，在挡车工岗位上连续工作满10年且办理提前退休时仍在挡车工岗位上；三是距国家规定的退休年龄不足10年；四是技能单一，再就业确有困难。

2000年《关于进一步做好资源枯竭矿山关闭破产工作的通知》规定,关闭破产的资源枯竭矿山的全民所有制职工(含劳动合同制职工)执行提前5年退休的政策。其中,从事井下、有毒、有害等特殊工种职工可提前十年退休。具体条件为:从事高空和特别繁重体力劳动工作累计满十年的;从事井下、高温工作累计满九年的;从事其他有害健康工作累计满八年的。

因病或非因工伤残申请提前退休的职工,首先要到地市级劳动保障部门指定的县级以上医院进行医疗诊断。其次是将取得的医疗诊断证明送所在地的地市级劳动鉴定委员会进行审核,作出是否属于完全丧失劳动能力的鉴定结论。最后职工持鉴定结论和其他相关材料,到当地劳动保障部门办理提前退休手续。

(二)提前退休享受的福利

2011年《关于个人提前退休取得补贴收入个人所得税问题的公告》规定,2011年1月1日起,我国对个人提前退休取得的一次性补贴收入,按照"工资、薪金所得"项目征收个人所得税。根据《中华人民共和国个人所得税法》及其实施条例的规定,机关、企事业单位对未达到法定退休年龄、正式办理提前退休手续的个人,按照统一标准向提前退休工作人员支付一次性补贴,不属于免税的离退休工资收入,应按照"工资、薪金所得"项目征收个人所得税。

具体计税公式:

应纳税额 = {[(一次性补贴收入÷办理提前退休手续至法定退休年龄的实际月份数)-费用扣除标准]×适用税率-速算扣除数}×提前办理退休手续至法定退休年龄的实际月份数

三、养老保险

我国有关法规如下(均现行有效):

1997年《关于建立统一的企业职工基本养老保险制度的决定》(国发〔1997〕26号);

1998年《关于社会保险管理机构与中国工商银行进一步做好养老金社会化发放工作的通知》(劳社部函〔1998〕176号);

2001年《关于进一步规范基本养老金社会化发放工作的通知》(劳社厅发〔2001〕8号);

2003年《中共中央办公厅、国务院办公厅转发人事部等部门〈关于进一步贯彻落实人发〔2002〕82号文件精神、切实解决部分企业军转干部生活困难问题的意见〉的通知》（中办发〔2003〕29号）；

2010年《关于2011年调整企业退休人员基本养老金的通知》（人社部发〔2010〕106号）；

2015年修订的《企业年金基金管理办法》（人社部令第24号）；

2017年《企业年金办法》（人社部、财政部令第36号）。

（一）基本养老保险

1. 具备条件

根据1997年《关于建立统一的企业职工基本养老保险制度的决定》的规定，参加基本养老保险的企业职工，符合退休条件并办理了退休手续，个人缴费年限累计满15年的，退休后按月发给基本养老金。基本养老金由基础养老金和个人账户养老金组成。退休时的基础养老金月标准为省、自治区、直辖市或地（市）上年度职工月平均工资的20%，个人账户养老金月标准为本人账户储存额除以120。个人缴费年限累计不满15年的，退休后不享受基础养老金待遇，其个人账户储存额一次支付给本人。

2. 基本养老金的发放

基本养老金的发放，是指职工退休后其退休金不再由原单位发放，而是改由银行、邮局、街道社区或社会保险机构等社会机构发放，我国目前主要通过银行、邮局和社会保险经办机构发放。

2001年《关于进一步规范基本养老金社会化发放工作的通知》（以下简称《养老金发放通知》）规定，基本养老金社会化发放的基本形式是由各统筹地区社会保险经办机构直接委托银行、邮局等社会服务机构发放，对于有特殊困难不能到银行、邮局领取基本养老金的离退休人员，社会保险经办机构可直接或委托社区服务组织送发。

每月基本养老金开始发放的日期一般应定于5日至25日之间，社会保险经办机构要督促银行、邮局等社会服务机构在资金汇入以后2日内，将资金划入离退休人员的个人储蓄账户。

在国内异地居住或出国定居的离退休人员，经向社会保险经办机构申请并办

第十章 离职、退休与裁员

理相关手续后,其基本养老金可以委托亲属或他人代领。在国内异地居住的,也可以委托社会保险经办机构通过邮局、银行寄汇给本人;出国定居的,若国内无亲属或他人代领,本人要求社会保险经办机构将款寄汇至国外的,汇费由其个人负担。

1998年《关于社会保险管理机构与中国工商银行进一步做好养老金社会化发放工作的通知》对社会保险管理机构和中国工商银行的养老金社会化发放工作进行进一步规定,这里不赘述。

3. 基本养老金的调整

为保障企业退休人员基本生活,共享社会发展成果,基本养老金会进行调整。经国务院批准,从2011年1月1日起,为2010年12月31日前已按规定办理退休手续并按月领取基本养老金的企业退休人员提高基本养老金水平。

2010年《关于2011年调整企业退休人员基本养老金的通知》规定,此次调整企业退休人员基本养老金,采取普遍调整和特殊调整相结合的办法。普遍调整,与退休人员的缴费年限和缴费水平等挂钩。调整水平按照2010年企业退休人员月人均基本养老金的10%左右确定。在普遍调整的基础上,对具有高级职称的企业退休科技人员、高龄人员等群体适当再提高调整水平。对国家设立机关事业单位艰苦边远地区津贴的省份,适当提高企业退休人员调整水平。对基本养老金偏低的企业退休军转干部,继续按照2003年《中共中央办公厅、国务院办公厅转发人事部等部门〈关于进一步贯彻落实人发〔2002〕82号文件精神、切实解决部分企业军转干部生活困难问题的意见〉的通知》规定予以倾斜,确保其基本养老金不低于当地企业退休人员平均水平。

4. 基本养老金的停发

《养老金发放通知》规定,离退休人员发生下列情形之一,社会保险经办机构应停发或暂时停发其基本养老金:

(1) 无正当理由不按规定提供本人居住证明或其他相关证明材料的;

(2) 下落不明超过6个月,其亲属或利害关系人申报失踪或户口登记机关暂时注销其户口的;

(3) 被判刑收监执行或被劳动教养期间的;

(4) 法律、法规规定的其他情形。

并且第八条规定:对弄虚作假违规办理离退休手续的人员,社会保险经办机构应立即停发基本养老金,并限期收回或从其以后应领取的基本养老金中逐步扣除已经冒领的金额;离退休人员死亡后,其亲属或他人冒领基本养老金的,社会保险经办机构应责令冒领者退还冒领金额,劳动保障行政部门依法给予处罚;对拒不退还冒领金额者,社会保险经办机构可向人民法院申请强制执行。

(二) 补充养老保险—企业年金

为建立多层次的养老保险体系,增强企业的人才竞争能力,更好地保障企业职工退休后的生活,具备条件的企业可为职工建立企业年金。

1. 企业年金

2017年《企业年金办法》第二条定义企业年金,是指企业及其职工在依法参加基本养老保险的基础上,自主建立的补充养老保险制度。

企业年金所需费用由企业和职工个人共同缴纳。企业年金基金由企业缴费、职工个人缴费、企业年金基金投资运营收益构成。企业缴费每年不超过本企业职工工资总额的8%。企业和职工个人缴费合计不超过本企业职工工资总额的12%。

2. 企业年金方案的主要内容

《企业年金办法》第八条规定,企业年金方案应当包括以下内容:(1)参加人员;(2)资金筹集与分配的比例与办法;(3)账户管理;(4)权益归属;(5)基金管理;(6)待遇计发和支付方式;(7)方案的变更和终止;(8)组织管理和监督方式;(9)双方约定的其他事项。

企业年金方案适用于企业试用期满的职工。

3. 企业年金的发放

《企业年金办法》第二十四条规定,职工在达到国家规定的退休年龄或者完全丧失劳动能力时,可以从本人企业年金个人账户中按月、分次或者一次性领取企业年金,也可以将本人企业年金个人账户资金全部或者部分购买商业养老保险产品,依据保险合同领取待遇并享受相应的继承权;

出国(境)定居人员的企业年金个人账户资金,可以根据本人要求一次性支付给本人;

职工或者退休人员死亡后，其企业年金个人账户余额可以继承。

《企业年金办法》和《企业年金基金管理办法》还对企业年金账户管理、管理监督、基金管理等方面进行了规定，这里不做赘述。

四、退休返聘

我国已开始进入老龄社会，随着身体保持健康、学识增加、观念转变，越来越多的退休人士进入就业市场，通过返聘、再创业、从事义务活动、志愿者活动，或再就业等。更加丰富的退休生活将成为常态，对社会运行将产生重大影响。有关退休返聘的法律规定为退休人士发挥余热提供了有利的法律保证。

我国有关法规如下（均现行有效）：

1996年《关于实行劳动合同制度若干问题的通知》；

1997年《劳动和社会保障部关于实行劳动合同制若干问题的请示的复函》。

1996年《关于实行劳动合同制度若干问题的通知》第十三条规定，已享受养老保险待遇的离退休人员被再次聘用时，用人单位应与其签订书面协议，明确聘用期内的工作内容、报酬、医疗、劳动待遇等权利和义务。

1997年《关于实行劳动合同制若干问题的请示的复函》有更详细的规定：各地应采取适当的调控措施，优先解决适龄劳动者的就业和再就业问题。对被再次聘用的已享受养老保险待遇的离退休人员，根据劳动部《关于实行劳动合同制度若干问题的通知》的规定，其聘用协议可以明确工作内容、报酬、医疗、劳动保护待遇等权利、义务。离退休人员聘用协议的解除不能依据《劳动法》第二十八条执行。离退休人员与用人单位发生争议，如果属于劳动争议仲裁委员会受案范围的，劳动争议仲裁委员会应予受理。

如在返聘时发生伤害事故，若有约定就按约定处理；没有约定的，则根据《中共中央办公厅、国务院办公厅转发〈中央组织部、中央宣传部、中央统战部、人事部、科技部、劳动保障部、解放军总政治部、中国科协关于进一步发挥离退休专业技术人员作用的意见〉的通知》（中办发〔2005〕9号）第四条规定："离退休专业技术人员受聘工作期间，因工作发生职业伤害的，应由聘用单位参照工伤保险的相关待遇标准妥善处理；因工作发生职业伤害与聘用单位发生争议的，可通过民事诉讼处理。"

第三节 裁 员

　　根据裁员的具体原因,裁员分为经济性裁员、结构性裁员和优化性裁员。我国劳动法规定的裁减人员专指经济性裁员,是因用人单位而解除劳动合同的情形。裁员是经济性裁员的简称,是因用人单位而解除劳动合同的情形,指的是用人单位在法定的特定期间依法进行的集中辞退员工的行为。实施经济性裁减人员的企业,可以裁减因生产经营状况发生变化而产生的富余人员。

　　我国有关法规如下(均现行有效):

1994年《企业经济性裁减人员规定》(劳部发〔1994〕447号);

2008年《中华人民共和国劳动合同法实施条例》;

2012年修正的《中华人民共和国劳动合同法》。

一、用人单位裁员的法定前提条件

　　《劳动合同法》第四十条规定了无过失性辞退的情形。有下列情形之一的,用人单位提前三十日以书面形式通知劳动者本人或者额外支付劳动者一个月工资后,可以解除劳动合同:

　　(1) 劳动者患病或者非因工负伤,在规定的医疗期满后不能从事原工作,也不能从事由用人单位另行安排的工作的;

　　(2) 劳动者不能胜任工作,经过培训或者调整工作岗位,仍不能胜任工作的;

　　(3) 劳动合同订立时所依据的客观情况发生重大变化,致使劳动合同无法履行,经用人单位与劳动者协商,未能就变更劳动合同内容达成协议的。

　　《劳动合同法》规定,企业裁减人员,应当严格依照法律和有关规章规定的程序进行。企业只有具备了法定条件并严格按照法定程序进行,裁减人员才是合法的,裁减人员的方式与职工解除劳动合同才是有效的。

　　根据《劳动合同法》第四十一条规定经济性裁员的条件,有下列情形之一,需要裁减人员二十人以上或者裁减不足二十人但占企业职工总数百分之十以上的,用人单位提前三十日向工会或者全体职工说明情况,听取工会或者职工的意见

第十章 离职、退休与裁员

后,裁减人员方案经向劳动行政部门报告,可以裁减人员:

(1)依照企业破产法规定进行重整的;

(2)生产经营发生严重困难的;

(3)企业转产、重大技术革新或者经营方式调整,经变更劳动合同后,仍需裁减人员的;

(4)其他因劳动合同订立时所依据的客观经济情况发生重大变化,致使劳动合同无法履行的。

二、用人单位裁员的法定程序

《劳动合同法》规定,企业裁减人员除了具备法定的实体性条件,还必须具备全部的程序性条件,才是合法有效的经济性裁员。

根据《劳动合同法》第四十一条规定,需要裁减人员二十人以上或者裁减不足二十人但占企业职工总数百分之十以上的,用人单位提前三十日向工会或者全体职工说明情况,听取工会或者职工的意见后,裁减人员方案经向劳动行政部门报告,可以裁减人员。

劳动部1994年发布的《企业经济性裁减人员规定》第四条载明,用人单位确需裁减人员,应按下列程序进行:

(1)提前三十日向工会或者全体职工说明情况,并提供有关生产经营状况的资料。

(2)提出裁减人员方案,内容包括:被裁减人员名单,裁减时间及实施步骤,符合法律、法规规定和集体合同约定的被裁减人员的经济补偿办法。

(3)将裁减人员方案征求工会或者全体职工的意见,并对方案进行修改和完善。

(4)向当地劳动行政部门报告裁减人员方案以及工会或者全体职工的意见,并听取劳动行政部门的意见。

(5)由用人单位正式公布裁减人员方案,与被裁减人员办理解除劳动合同手续,按照有关规定向被裁减人员本人支付经济补偿金,并出具裁减人员证明书。

《劳动合同法》第四十三条规定了工会在劳动合同解除中的监督作用。用人单位单方解除劳动合同,应当事先将理由通知工会。用人单位违反法律、行政法规规定或者劳动合同约定的,工会有权要求用人单位纠正。用人单位应当研究工会的意见,并将处理结果书面通知工会。

三、用人单位选择裁员对象的法律规定

经济性裁员,是指企业濒临破产处于法定整顿期间或生产经营发生严重困难等特殊情况下确需裁员时,依法与部分职工解除劳动关系的行为。《劳动合同法》第四十二条规定了用人单位不得解除劳动合同的情形。劳动者有下列情形之一的,用人单位不得依照《劳动合同法》第四十、四十一条的规定解除劳动合同:

（1）从事接触职业病危害作业的劳动者未进行离岗前职业健康检查,或者疑似职业病病人在诊断或者医学观察期间的;

（2）在本单位患职业病或者因工负伤并被确认丧失或者部分丧失劳动能力的;

（3）患病或者非因工负伤,在规定的医疗期内的;

（4）女职工在孕期、产期、哺乳期的;

（5）在本单位连续工作满十五年,且距法定退休年龄不足五年的;

（6）法律、行政法规规定的其他情形。

四、用人单位裁员的经济补偿

根据《劳动合同法》第四十六条规定,在无过失性辞退和依照企业破产法规定进行重整才进行经济性裁员的情况下,用人单位应当向劳动者支付经济补偿。

《劳动合同法》第四十七条规定经济补偿的计算方法:经济补偿按劳动者在本单位工作的年限,每满一年支付一个月工资的标准向劳动者支付。六个月以上不满一年的,按一年计算;不满六个月的,向劳动者支付半个月工资的经济补偿。劳动者月工资高于用人单位所在直辖市、设区的市级人民政府公布的本地区上年度职工月平均工资三倍的,向其支付经济补偿的标准按职工月平均工资三倍的数额支付,向其支付经济补偿的年限最高不超过十二年。

《劳动合同法》第四十八条规定了用人单位违法解除或者终止劳动合同的法律后果:用人单位违反本法规定解除或者终止劳动合同,劳动者要求继续履行劳动合同的,用人单位应当继续履行;劳动者不要求继续履行劳动合同或者

第十章 离职、退休与裁员

劳动合同已经不能继续履行的,用人单位应当依照本法第八十七条规定支付赔偿金。

本章小结

离职带来的人才流失对于企业的运营具有直接的负面影响。人才流失无论从短期还是长期都对企业经营没有任何益处,人才流失造成的离职重置成本会侵蚀企业营业利润,造成企业营业利润下降。为了避免企业用工风险,《劳动法》《劳动合同法》《劳动合同法实施条例》等从离职的法定条件、承担的法律后果、离职手续等多方面作出规定。其中,在试用期内解除劳动合同需要满足如下条件:在试用期内的;用人单位以暴力、威胁或者非法限制人身自由的手段强迫劳动的;用人单位未按照劳动合同约定支付劳动报酬或者提供劳动条件的。在试用期后解除劳动合同需满足列举的十二种情形之一。如果违法解除合同和违反保密事项损害赔偿,则应当依法承担赔偿责任。

老年工人和因工、因病丧失劳动能力的工人,对社会主义革命和建设作出了应有的贡献,所以需要对退休人员进行妥善安排。我国相关法律法规对于退休年龄、提前退休、养老保险以及退休返聘都作了相应的规定。全民所有制企业、事业单位和党政机关、群众团体的工人,符合男年满六十周岁,女年满五十周岁,连续工龄满十年的等四个条件之一的,应该退休。

参加基本养老保险的企业职工,符合退休条件并办理了退休手续,个人缴费年限累计满十五年的,退休后按月发给基本养老金。职工退休后其退休金不再由原单位发放,而是改由银行、邮局、街道社区或社会保险机构等社会机构发放,我国目前主要通过银行、邮局和社会保险经办机构发放。离退休人员发生列举的四项情形之一,社会保险经办机构应停发或暂时停发其基本养老金。

本章依据《劳动法》《劳动合同法》《劳动合同法实施条例》等叙述了裁员过程中必然涉及的问题,如法律规定和依据、裁员条件、程序、补偿标准等。《劳动合同法》第四十条规定了无过失性辞退的情形。有列举的三项情形之一的,用人单位提前三十日以书面形式通知劳动者本人或者额外支付劳动者一个月工资后,可以解除劳动合同。《劳动合同法》规定,企业裁减人员除了具备法定的实体性条件,还必须具备全部的程序性条件,才是合法有效的经济性裁员。劳动者有列举的六项情形之一的,用人单位不得依照《劳动合同法》第四十、四十一条的规定解除劳动合同。《劳动合同法》还规定了用人单位应当向劳动者支付经济补偿的条件。

复习思考题

1. 劳动者解除劳动合同需要满足哪些法定条件?
2. 劳动者违反法律解除劳动合同的行为有什么?需承担什么法律后果?
3. 全民所有制企业、事业单位和党政机关、群众团体的工人满足哪些条件可以退休?
4. 提前退休需要满足哪些条件?
5. 基本养老金可以通过哪些机构发放?
6. 用人单位不得解除劳动合同的情形有哪些?
7. 用人单位裁员应按照什么法定程序进行?

案例与问题

裁员不合法,被要求继续履行劳动合同①

甲公司是一家机械制造企业,共有员工100人。2008年年底,公司上下进行重大技术革新,经变更劳动合同后,仍需裁减一定数量的销售人员。从2009年2月开始,甲公司上海总部、广州办事处开始裁员计划,其中上海总部裁撤市场销售人员5人,只留一位市场总监;广州办事处裁撤市场销售人员4人。所有被裁减人员,公司按"在本单位工作每满一年,发给相当于一个月工资补偿"的标准支付经济补偿金。小李是广州办事处一位被裁减人员,2009年3月10日,小李上午尚在参加公司的例会,下午就被通知:"公司裁员,不用再来。"虽然公司给予了经济补偿金,但小李认为公司的行为不合法,因而提起仲裁,要求恢复与甲公司的劳动关系,并要求支付恢复期间的工资和缴纳保险。

庭审纪实: 庭审中甲公司只是提供了单位内部的裁员决定和支付经济补偿金的办法等证据,对法律规定的裁员条件和程序要求都不能提供相关证据予以证

---

① 根据110法律咨询网裁员案例整理。

第十章 离职、退休与裁员

明。仲裁认为对于裁员,法律规定了明确的适用条件和程序要求,而甲公司总职工人数有100人,按照"占企业职工总数10%以上"的要求计算得10人,而事实上甲公司在上海和广州总共裁减的人数仅为9人,既不符合裁减人员"达20人以上"的要求,也不符合"占企业职工总数10%以上"的比例,因此,甲公司实行裁员计划并不符合法定理由,其行为不属于法定的"裁员"行为。而且也没有履行裁员所必须的法定程序。

仲裁结果: 仲裁最后裁决甲公司对于小李的裁员行为违法,支持小李的全部请求。

案例讨论题

1. 甲公司实行裁员计划是否符合法定理由?
2. 甲公司实行裁员计划程序是否合法?
3. 甲公司向小王支付的经济补偿金是否符合法律规定?

第十一章 工会与民主管理

中国工会是中国共产党领导的职工自愿结合的工人阶级群众组织,是党联系职工群众的桥梁和纽带,是国家政权的重要社会支柱,是会员和职工利益的代表。中国工会以宪法为根本活动准则,按照《中华人民共和国工会法》和《中国工会章程》独立自主地开展工作,依法行使权利和履行义务。中国工会的基本职能是:维护职工的合法利益和民主权利。中国工会按照中国特色社会主义事业"五位一体"总体布局和"四个全面"战略布局,贯彻创新、协调、绿色、开放、共享的发展理念,把握为实现中华民族伟大复兴的中国梦而奋斗的工人运动时代主题,弘扬劳模精神、劳动精神、工匠精神,动员和组织职工积极参加建设和改革,努力促进经济、政治、文化、社会和生态文明建设;代表和组织职工参与国家和社会事务管理,参与企业、事业和机关的民主管理;教育职工践行社会主义核心价值观,不断提高思想道德素质、科学文化素质和技术技能素质,推进产业工人队伍建设改革,建设有理想、有道德、有文化、有纪律的职工队伍,不断发展工人阶级先进性。

民主管理是相对于绝对服从权威的管理而言的。即管理者在"民主、公平、公开"的原则下,科学地传播管理思想,协调各组织各种行为达到管理目的的一种管理方法。

本章主要涉及以下法规(均现行有效):

(1) 1999年《中华人民共和国个人独资企业法》(国家主席令第20号);

(2) 2008年《企业工会主席产生办法(试行)》(中华全国总工会发布);

(3) 2018年修正的《中华人民共和国公司法》(国家主席令第15号);

（4）2018年修正的《中国工会章程》（中华全国总工会发布）；

（5）2021年修正的《中华人民共和国工会法》（国家主席令第107号）。

第一节 工会的性质与职责

一、工会的性质

《中华人民共和国工会法》（以下简称《工会法》）第二条规定：工会是中国共产党领导的职工自愿结合的工人阶级群众组织，是中国共产党联系职工群众的桥梁和纽带。中华全国总工会及其各工会组织代表职工的利益，依法维护职工的合法权益。这些都进一步突出和强调工会维护职工合法权益的职能，进一步保障了工会组织切实发挥作用，保护、调动广大职工的积极性。

中华全国总工会、地方总工会、产业工会具有社会团体法人资格。基层工会组织具备民法典规定的法人条件的，依法取得社会团体法人资格。

《工会法》第三条规定：在中国境内的企业、事业单位、机关、社会组织（以下统称用人单位）中以工资收入为主要生活来源的劳动者，不分民族、种族、性别、职业、宗教信仰、教育程度，都有依法参加和组织工会的权利。任何组织和个人不得阻挠和限制。所以，工会会员具有广泛性，只要是工人群众自愿加入工会，遵守章程，履行一定的义务，就可以成为工会会员。结社自由是宪法规定的公民的基本权利。工会是社会团体，也必须遵守这一原则。自愿原则也是工会的基本属性。

二、工会的职责

2021年修正后的《工会法》突出了工会的维护和服务职能，《工会法》第六条明确规定：维护职工合法权益、竭诚服务职工群众是工会的基本职责。工会在维护全国人民总体利益的同时，代表和维护职工的合法权益。职工认为用人单位侵犯其劳动权益而申请劳动争议仲裁或者向人民法院提起诉讼的，工会应当给予支持和帮助；县级以上各级总工会依法为所属工会和职工提供法律援助等法律服务。

第二节 工会的组织组建与成员构成

一、工会的组织原则

《工会法》第十条规定:工会各级组织按照民主集中制原则建立。

二、工会的组织组建

《工会法》第十一条规定:用人单位有会员二十五人以上的,应当建立基层工会委员会;不足二十五人的,可以单独建立基层工会委员会,也可以由两个以上单位的会员联合建立基层工会委员会,也可以选举组织员一人,组织会员开展活动。女职工人数较多的,可以建立工会女职工委员会,在同级工会领导下开展工作;女职工人数较少的,可以在工会委员会中设女职工委员。

企业职工较多的乡镇、城市街道,可以建立基层工会的联合会。

县级以上地方建立地方各级总工会。

同一行业或者性质相近的几个行业,可以根据需要建立全国的或者地方的产业工会。

全国建立统一的中华全国总工会。

《工会法》第十二条规定:基层工会、地方各级总工会、全国或者地方产业工会组织的建立,必须报上一级工会批准。

上级工会可以派员帮助和指导企业职工组建工会,任何单位和个人不得阻挠。

综上,用人单位必须成立工会的两个基本前提条件:用人单位有工会会员25人以上的,应当建立基层工会委员会;上级工会也可以组织成立下级工会。

其他组建工会的法律依据有《劳动法》,规定劳动者有权依法参加和组织工会。2018年修正的《中华人民共和国公司法》第十八条规定,公司职工依照《工会法》组织工会,开展工会活动,维护职工合法权益。公司应当为本公司工会提供必要的活动条件。公司工会代表职工就职工的劳动报酬、工作时间、福利、保险和劳动安全卫生等事项依法与公司签订集体合同。

《中华人民共和国个人独资企业法》第六条规定,个人独资企业应当依法招用职工,职工的合法权益受法律保护。个人独资企业职工依法建立工会,工会依法开展活动。

三、基层工会组织

(一) 委员会任期规定

《工会法》第十六条规定:基层工会委员会每届任期三年或者五年。各级地方总工会委员会和产业工会委员会每届任期五年。

(二) 基层工会委员履行工会职责的待遇

《工会法》第四十一条规定:基层工会委员会召开会议或者组织职工活动,应当在生产或者工作时间以外进行,需要占用生产或者工作时间的,应当事先征得企业、事业单位、社会组织的同意。基层工会的非专职委员占用生产或者工作时间参加会议或者从事工会工作,每月不超过三个工作日,其工资照发,其他待遇不受影响。

第四十二条规定:用人单位工会委员会的专职工作人员的工资、奖励、补贴,由所在单位支付。社会保险和其他福利待遇等,享受本单位职工同等待遇。

四、工会的成员管理

(一) 产生工会主席、副主席候选人的规定

《企业工会主席产生办法(试行)》规定:企业工会主席产生,应坚持党管干部、依法规范、民主集中、组织有序的原则。上一级工会应对企业工会主席产生进行直接指导。

企业工会主席应具备下列条件:

(1) 政治立场坚定,热爱工会工作;
(2) 具有与履行职责相应的文化程度、法律法规和生产经营管理知识;
(3) 作风民主,密切联系群众,热心为会员和职工服务;
(4) 有较强的组织协调能力。

(二) 选举工会主席、副主席的规定

《企业工会主席产生办法(试行)》规定,选举企业工会主席应召开会员大会或会员代表大会,采取无记名投票方式进行。因故未出席会议的选举人,不得委

托他人代为投票。会员大会或会员代表大会选举企业工会主席,参加选举人数为应到会人数三分之二以上时,方可进行选举。企业工会主席候选人获得赞成票超过应到会有选举权人数半数的始得当选。任何组织和任何个人不得妨碍民主选举工作,不得阻挠有选举权和被选举权的会员到场,不得以私下串联、胁迫他人等非组织行为强迫选举人选举或者不选举某个人,不得以任何方式追查选举人的投票意向。企业工会主席出现空缺,应在三个月内进行补选。补选前应征得同级党组织和上一级工会的同意,暂由一名副主席或委员主持工作,一般期限不得超过三个月。

(三)关于工会主席的待遇规定

根据《企业工会主席产生办法(试行)》的规定,企业工会主席选举产生后应及时办理工会法人资格登记或工会法人代表变更登记。企业工会主席一般应按企业副职级管理人员条件选配并享受相应待遇。公司制企业工会主席应依法进入董事会。职工二百人以上的企业依法配备专职工会主席。由同级党组织负责人担任工会主席的,应配备专职工会副主席。企业应依法保障兼职工会主席的工作时间及相应待遇。由上级工会推荐并经民主选举产生的企业工会主席,其工资待遇、社会保险费用等,可以由企业支付,也可以由上级工会或上级工会与其他方面合理承担。

(四)罢免工会主席、副主席的程序规定

《工会法》第十八条规定,工会主席、副主席任期未满时,不得随意调动其工作。因工作需要调动时,应当征得本级工会委员会和上一级工会的同意。

罢免工会主席、副主席必须召开会员大会或者会员代表大会讨论,非经会员大会全体会员或者会员代表大会全体代表过半数通过,不得罢免。

(五)主席、副主席及工会委员的劳动合同规定

《企业工会主席产生办法(试行)》规定,企业工会主席任期未满,企业不得随意调动其工作,不得随意解除其劳动合同。因工作需要调动时,应当征得本级工会委员会和上一级工会同意,依法履行民主程序。

工会专职主席自任职之日起,其劳动合同期限自动延长,延长期限相当于其任职期间;非专职主席自任职之日起,其尚未履行的劳动合同期限短于任期的,劳动合同期限自动延长至任期期满。任职期间个人严重过失或者达到法定退休年

龄的除外。

(六) 对参加工会活动的职工的特殊保护规定

《工会法》第五十三条规定,违反本法规定,有下列情形之一的,由劳动行政部门责令恢复其工作,并补发被解除劳动合同期间应得的报酬,或者责令给予本人年收入二倍的赔偿:

(1) 职工因参加工会活动而被解除劳动合同的;

(2) 工会工作人员因履行本法规定的职责而被解除劳动合同的。

第三节 工会的权利与义务

工会的权利和义务,是《工会法》中最基本的内容和最重要的组成部分。所谓工会的权利,是指法律赋予工会能够作出或者不作出一定行为的许可;所谓工会的义务,是指法律要求工会作出或者不作出一定行为的责任。工会的权利与义务是相互依存,不可分离的。

一、我国工会的法定权利

《工会法》及其他法律,对工会的权利作了专门的规定。根据这些规定,我国工会享有代表维护权、依法参与权和民主监督权。

(一) 工会的代表维护权

我国工会的代表维护权,是指法律赋予我国工会代表职工利益、维护职工合法权益的权利。

《工会法》第二条规定:"中华全国总工会及其各工会组织代表职工的利益,依法维护职工的合法权益。"

职工参加工会的主要目的就是希望工会能代表和维护自己的利益。因此,代表和维护职工利益是工会安身立命的基础。《工会法》的上述规定一方面赋予了工会代表维护权,另一方面也明确了在中国,代表和维护职工合法权益的工会组织是指中华全国总工会及其下属的各地方工会、各产业工会、各基层工会组织,而其他各种所谓的职工组织不得称为工会。

代表维护权是工会最基本的权利。我国工会的代表维护权是通过集体协商权、建议权、协调权和紧急处置权这四项具体的权利来体现或实现的。

集体协商权由《工会法》第二十一条规定:"工会代表职工与企业、实行企业化管理的事业单位、社会组织进行平等协商,依法签订集体合同。集体合同草案应当提交职工代表大会或者全体职工讨论通过。"集体协商权是工会代表维护权的直接体现。工会要代表和维护职工的合法权益,而职工的合法权益主要由民主权利和劳动权益这两部分构成。职工的民主权利,工会主要通过职代会或其他形式来维护;职工的劳动权益,工会主要通过集体协商制度来代表和维护。

工会的建议权,是指法律规定当用人单位违法处分职工时,工会有权提出意见要求纠正。《工会法》第二十二条规定:"企业、事业单位、社会组织处分职工,工会认为不适当的,有权提出意见。用人单位单方面解除职工劳动合同时,应当事先将理由通知工会,工会认为用人单位违反法律、法规和有关合同,要求重新研究处理时,用人单位应当研究工会的意见,并将处理结果书面通知工会。职工认为用人单位侵犯其劳动权益而申请劳动争议仲裁或者向人民法院提起诉讼的,工会应当给予支持和帮助。"

工会在行使建议权时必须坚持依法维护。用人单位如果依法处分确有违纪行为的职工,而且处分得当,工会应该维护处理决定,主动做职工的思想工作,教育职工接受处理、吸取教训。相反,如果用人单位处分职工缺乏法律依据,缺少事实理由,处分不当或超过法定处理权限,工会则要维护职工的合法权益,提出意见要求用人单位慎重研究并重新作出正确的处理决定。如果用人单位坚持错误的决定,工会应当帮助、支持职工依法申请仲裁和提起诉讼。

工会的协调权,是指法律赋予工会在用人单位因故发生停工、怠工事件时,有权代表职工与用人单位或有关方面进行协调处理。《工会法》第二十八条规定:"企业、事业单位、社会组织发生停工、怠工事件,工会应当代表职工同企业、事业单位、社会组织或者有关方面协商,反映职工的意见和要求并提出解决意见。对于职工的合理要求,企业、事业单位、社会组织应当予以解决。工会协助企业、事业单位、社会组织做好工作,尽快恢复生产、工作秩序。"在我国,全国人民的总体利益与职工的具体利益在根本上是一致的,职工与企业也同处于一个利益共同体。因此,劳动关系从总体上说应是和谐与稳定的。但是,在现实生活中,总体利益与具体利益、职工利益与企业利益在一定条件下也会发生碰撞或冲突。尤其是

第十一章 工会与民主管理

腐败现象和官僚主义必然会损害职工群众的利益。这些矛盾如果得不到及时、妥善的解决就容易激化，职工的愿望或要求如果得不到满足或答复，他们就可能采取一些消极的做法——停工或怠工。工会作为职工代表参加事件的处理。停工、怠工事件发生后，工会不能游离在停工、怠工的职工之外而作壁上观，也不能参与停工、怠工并火上浇油，而是要通过深入的调研掌握真实情况，代表职工与用人单位或有关方面进行协商。在具体协商过程中反映职工的意见和要求，提出解决问题的建议。对于职工提出的不合理要求，工会要做好说服、劝解工作，疏导或平息职工的过激情绪和行为，协助用人单位恢复生产和工作。矛盾解决后，工会要协助用人单位恢复生产、工作秩序，做到在维护职工合法权益的同时，维护用人单位的整体工作，为促进经济发展做贡献。

工会的紧急处置权，是指法律赋予工会在发现危及职工生命安全和身体健康的情况或紧急情况时，有权向用人单位提出解决或撤离的建议。《工会法》第二十五条规定："工会发现企业违章指挥、强令工人冒险作业，或者生产过程中发现明显重大事故隐患和职业危害，有权提出解决的建议，企业应当及时研究答复；发现危及职工生命安全的情况时，工会有权向企业建议组织职工撤离危险现场，企业必须及时作出处理决定。"

劳动安全卫生，是职工最基本的合法权益。工会在这方面的维护除了源头维护（如参与"三同时"审查验收）和事后维护（如参与事故处理）外，更多的是在日常生产劳动过程中，时刻关注职工的劳动安全卫生状况。一旦有直接危及职工生命安全和身体健康的险情出现，及时采取措施，保护职工生命和避免国家财产的损失。

工会的紧急处置权主要有以下两个实现方式：

（1）及时提出紧急排险建议。当发现企业违章指挥、强令工人冒险作业，或者在生产过程中发现明显重大事故隐患和职业危害时，工会有权及时向企业提出紧急排险建议。

（2）及时提出紧急避险建议。当发现危及职工生命安全的情况时，工会有权及时向企业提出紧急避险建议。在这种紧急关头，工会有权向企业建议组织职工撤离危险现场，企业必须及时作出处理决定，保证职工的生命安全。只有当危及职工生命安全的情况排除后，才能恢复生产。

(二) 工会的依法参与权

我国工会的依法参与权,是指法律赋予工会权利代表或组织职工参与企业、事业单位、社会组织的民主管理及参与国家、社会事务的管理。依照《工会法》的规定,中国工会的参与权是通过参与管理权、参与审查权、参与调处权这三项具体的权利来体现和实现的。

1. 参与管理权

(1) 参与企业、事业单位、社会组织的民主管理的权利。我国工会的参与管理权,首先体现为工会有权参与企业、事业单位、社会组织的民主管理。工会参与用人单位民主管理的基本形式就是职工代表大会。

《工会法》第六条规定:"工会依照法律规定通过职工代表大会或者其他形式,组织职工参与本单位的民主选举、民主协商、民主决策、民主管理和民主监督。"第二十条规定:"法律、法规规定应当提交职工大会或者职工代表大会审议、通过、决定的事项,企业、事业单位、社会组织应当依法办理。"

工会参与用人单位民主管理的基本形式是职工代表大会。但是,由于所有制性质各有不同,工会参与民主管理的形式也多种多样。

第一,国有企业的工会委员会是职工代表大会的工作机构。

国有企业是具有"全民所有制"性质的企业,国有企业职工有权参与本企业的管理。因此,职工代表大会是国有企业实行民主管理的基本形式。按照《工会法》第三十六条的规定,国有企业的工会委员会是职工代表大会的工作机构,负责职工代表大会的日常工作,检查、督促职工代表大会决议的执行。

第二,集体企业工会支持和组织职工大会。

集体企业由于其生产资料归本企业职工共同所有,因而职工对本企业的经营管理和重大决策享有充分的自主权和决策权,职工的民主权利更大、更直接。因此,集体企业的职工(代表)大会是企业的权力机构、决策机构,有权选举和罢免企业管理人员、决定经营管理的重大问题。

第三,非公有制企业工会以各种适当形式代表或组织职工参与企业管理。

非公有制企业主要指外商投资企业、台港澳企业、私营企业等。这些企业的劳动关系虽然带有雇佣劳动的性质,但又不同于资本主义条件下劳资之间的雇佣劳动关系。这些职工仍然是国家的主人,他们作为国家主人的地位和权利也应当

第十一章 工会与民主管理

在企业中得到体现,他们同样享有参与企业管理的权利。《工会法》要求其工会委员会"依照法律规定组织职工采取与企业、事业单位相适应的形式,参与企业、事业单位民主管理"。近年来,非公有制企业的工会运用多种形式,如建立平等协商和集体合同制度、工会代表列席董事会议、建立职工代表大会或会员代表大会等,对参与企业管理进行了探索。这些探索都是值得肯定和推广的。

（2）工会参与企事业单位民主管理的内容。工会参与企业、事业单位、社会组织的民主管理并非什么都参与,而是主要参与涉及职工切身利益的有关问题。按照我国《工会法》第三十九条的规定,无论什么性质的企事业单位,工会有权参与对企业、事业单位、社会组织经营管理和发展等重大问题的研究讨论,并提出自己的意见和建议,单位行政方面应当认真听取;基层工会有权参加用人单位召开的涉及职工切身利益的会议,反映和维护职工在工资、福利、劳动安全卫生、社会保险等方面的要求和利益。

《工会法》第三十四条规定:"国家机关在组织起草或者修改直接涉及职工切身利益的法律、法规、规章时,应当听取工会意见。县级以上各级人民政府制订国民经济和社会发展计划,对涉及职工利益的重大问题,应当听取同级工会的意见。县级以上各级人民政府及其有关部门研究制定劳动就业、工资、劳动安全卫生、社会保险等涉及职工切身利益的政策、措施时,应当吸收同级工会参加研究,听取工会意见。"第三十五条规定:"县级以上地方各级人民政府可以召开会议或者采取适当方式,向同级工会通报政府的重要的工作部署和与工会工作有关的行政措施,研究解决工会反映的职工群众的意见和要求。各级人民政府劳动行政部门应当会同同级工会和企业方面代表,建立劳动关系三方协商机制,共同研究解决劳动关系方面的重大问题。"

我们党和国家历来重视工会代表和组织职工参与国家和社会事务的管理,并通过立法保障工会参与国家和社会事务管理的权利。1950年的《工会法》和1992年的《工会法》对工会参与管理权这一项权利都作了明确规定。2001年之后的《工会法》,更是全面拓展了工会的此项权利。根据2021年修正的《工会法》,工会参与国家和社会事务管理的权利涉及五个方面。

第一,参与制定直接涉及职工切身利益的法律、法规、规章的权利。如有关职工民主权利、劳动权益、社会保障以及文化、技术、教育、物价、环境保障等多方面的立法。

第二，参与制定国民经济和社会发展计划的权利。如国民经济和社会发展计划涉及发展生产、合理分配、提高人民生活水平、改善劳动条件、兴办社会保障和福利事业等多方面的内容，不少是直接关系到职工群众的切身利益。

第三，参与制定涉及职工切身利益的政策、措施的权利。如政府研究制定劳动就业、工资、劳动安全卫生、社会保险等的政策、措施时，更要通过工会了解广大职工的要求，作出切合实际的决策。

第四，听取政府通报重要工作部署和与工会工作有关的行政措施的权利。政府可以通过适当的方式，如联席会议、座谈会等，及时向同级工会通报政府的重要工作部署，通报与工会工作有关的行政措施。工会也可以通过这些途径，及时向政府反映职工最关心、最迫切的问题，并就这些问题的解决提出积极的对策和建议。

第五，参与劳动关系三方协商机制的权利。劳动关系三方协商机制是指国家（以政府为代表）、雇主（以雇主组织为代表）和工人（以工会组织为代表）三方，就以劳动关系为主的社会经济政策、法律的制定和实施相互协商的组织体制。在市场经济国家，劳动关系三方协商机制已成为处理劳动关系的基本格局和制度。近年来，我国在劳动关系领域引入三方协商机制进行了一系列尝试，取得了初步的成效。《工会法》关于建立劳动关系三方协商机制的规定，为工会参与劳动关系三方协商机制提供了法律保障，扩大了工会参与国家和社会事务管理的权利。

2. 参与审查权

工会的参与审查权，是指法律赋予工会权利参与建设项目劳动安全卫生设施与主体工程"三同时"审查验收。

《工会法》第二十四条规定："工会依照国家规定对新建、扩建企业和技术改造工程中的劳动条件和安全卫生设施与主体工程同时设计、同时施工、同时投产使用进行监督。对工会提出的意见，企业或者主管部门应当认真处理，并将处理结果书面通知工会。"

保护职工在劳动过程中的安全与健康，有三道防线。第一道防线是工艺改革，使企业生产过程尽量不要产生或出现危险因素和有害因素；第二道防线是给存在危险因素和有害因素的场所或设备配备安全卫生设施；第三道防线是给从事危险或有害作业又缺乏安全卫生设施防护的职工，穿戴并配备个体防御型装备——劳防用品。从我国目前用人单位的劳动条件来看,劳动安全卫生方面的第一道防线普遍较薄弱,这就需要加强第二、三道防线。而"三同时"原则要求建设项目的劳动安全卫生设施与主体工程同时设计、同时施工、同时投产使用,也就是要加强建设项目劳动安全卫生的第二道防线,其意义是很重大的。

3. 参与调处权

工会的参与调处权,是指法律赋予工会权利参与工伤事故和严重职业病、参与劳动争议的调查和处理。

(1) 参与工伤事故和严重职业病调处的权利。《工会法》第二十七条规定:"职工因工伤亡事故和其他严重危害职工健康问题的调查处理,必须有工会参加。工会应当向有关部门提出处理意见,并有权要求追究直接负责的主管人员和有关责任人员的责任。对工会提出的意见,应当及时研究,给予答复。"

当前工会参与工伤事故和严重职业危害问题调处的权利主要体现在两方面。

一是参与工伤事故和严重危害职工健康问题的调查。各级工会依法参与工伤事故和严重危害职工健康问题调查的具体步骤是:第一,工会会同企业或有关部门全面而详尽地了解事故或危害发生的过程,作出正确的判断。第二,找出事故或危害发生的直接原因和间接原因,并对直接原因和间接原因进行鉴别。第三,找出事故或危害发生的主要原因,有针对性地提出预防事故和危害的整改方案,防止同类事故的发生。

二是参与工伤事故和严重危害职工健康问题的处理。工会在参与工伤事故和严重危害职工健康问题的处理过程中,对于职工应负的责任不应偏袒,对于企业经营者应负的责任也不能手软。有关部门对工会提出的处理意见,要给予正式答复,使工会权利的行使能够落到实处。

(2) 参与劳动争议调处的权利。《工会法》第二十九条规定:"工会参加企业的劳动争议调解工作。地方劳动争议仲裁组织应当有同级工会代表参加。"

劳动争议,是指劳动关系双方当事人因实现劳动权利和履行劳动义务而发生的纠纷。劳动争议发生后,工会有权参与劳动争议的调解和仲裁工作。

劳动争议调解,主要是指用人单位劳动争议调解委员会以民主协商的方式解决争议。工会代表作为劳动争议调解委员参与劳动争议调解过程中,要做到依法调解,并做好劳动争议的预防工作。

劳动争议仲裁，是指劳动部门劳动争议仲裁委员会对劳动争议进行居中裁断。为了保证劳动争议仲裁委员会作出公正的裁决，《中华人民共和国企业劳动争议处理条例》规定劳动争议仲裁委员会要体现三方原则，即劳动争议仲裁委员会由劳动行政主管部门的代表、工会的代表、政府指定的经济综合管理部门的代表组成。

（三）工会的民主监督权

我国工会的民主监督权，是指法律赋予工会权利对企事业单位实行民主管理制度的情况和执行劳动法律法规的情况进行监督。

《工会法》第二十条规定："企业、事业单位、社会组织违反职工代表大会制度和其他民主管理制度，工会有权要求纠正，保障职工依法行使民主管理的权利。"第二十六条规定："工会有权对企业、事业单位、社会组织侵犯职工合法权益的问题进行调查，有关单位应当予以协助。"类似条款规定了我国工会民主监督权的对象、内容以及实现途径。

1. 工会民主监督的对象

根据规定，作为民主监督权利主体的各级工会组织，其民主监督的对象是企业、事业单位、社会组织。

2. 工会民主监督的内容

工会民主监督的内容主要是用人单位落实职工合法权益的情况。当前职工合法权益由民主权利和劳动权益两部分构成。现阶段职工代表大会制度、平等协商和集体合同制度、职工董事和监事制度等都是法定企业民主管理制度。这些制度是否得到落实，这是工会民主监督的一项内容。工会民主监督的内容之二便是用人单位工资、劳动安全卫生、加班加点、女职工和未成年工特殊权益的落实情况。

3. 工会民主监督权实现的途径

（1）通过调查。工会的调查包括视察、监察、调查、听取汇报、查阅有关文件资料、接受职工举报和控告等。用人单位有义务予以协作和配合。

（2）通过提出整改。发现用人单位有上述违法行为时，工会有权代表职工与用人单位交涉，要求用人单位采取措施予以改正。

（3）通过请求处理。如果用人单位无视工会的整改要求，拒不改正违法行为，工会有权请求当地人民政府依法处理。

二、我国工会的法定义务

我国工会在享有法律赋予的权利的同时，还要承担法律规定的义务。按照《工会法》的规定，我国工会的义务主要有三个方面：一是对政府履行支持的义务；二是对企事业单位履行协助的义务；三是对职工履行服务的义务。

（一）遵章守法、支持政府工作

《工会法》第四条规定："工会必须遵守和维护宪法，以宪法为根本的活动准则，以经济建设为中心，坚持社会主义道路，坚持人民民主专政，坚持中国共产党的领导，坚持马克思列宁主义、毛泽东思想、邓小平理论、'三个代表'重要思想、科学发展观、习近平新时代中国特色社会主义思想，坚持改革开放，保持和增强政治性、先进性、群众性，依照工会章程独立自主地开展工作。"第五条规定："工会组织和教育职工依照宪法和法律的规定行使民主权利，发挥国家主人翁的作用，通过各种途径和形式，参与管理国家事务、管理经济和文化事业、管理社会事务；协助人民政府开展工作，维护工人阶级领导的、以工农联盟为基础的人民民主专政的社会主义国家政权。"第三十三条规定："根据政府委托，工会与有关部门共同做好劳动模范和先进生产（工作）者的评选、表彰、培养和管理工作。"

1. 遵守和维护宪法

我国宪法是中国共产党领导工人阶级和广大人民制定的，它集中体现了广大人民的共同利益和意志。工会作为工人阶级的群众组织必须遵守和维护宪法，以宪法为根本的活动准则。

工会章程作为社团组织的内部规则，必须与宪法和法律的精神相一致，工会根据自身的性质和特点独立自主地开展活动。

2. 支持政府工作

我国是社会主义国家，人民政府是国家的行政机关和人民意志的执行机关。工会与人民政府虽然在具体代表利益和活动方式上有区别，但是在根本利益和长远目标上是一致的。这就决定了工会与人民政府之间是一种相互支持、相互配合、密切合作的关系。一方面，政府应当全心全意依靠工人阶级，对涉及职工利益的问题,应当听取工会的意见,以密切政府与职工群众的联系。另一方面,工会也有义务引导、动员职工完成政府提出的各项任务;协助政府协调社会矛盾,维护社会稳定;会同政府有关部门做好劳动模范和先进生产(工作)者的评选、表彰、培养和管理工作。

(二)协助用人单位开展工作、努力完成各项任务

《工会法》第三十一条规定:"工会协助用人单位办好职工集体福利事业,做好工资、劳动安全卫生和社会保险工作。"第三十二条规定:"工会会同用人单位加强对职工的思想政治引领,教育职工以国家主人翁态度对待劳动,爱护国家和单位的财产;组织职工开展群众性的合理化建议、技术革新、劳动和技能竞赛活动,进行业余文化技术学习和职工培训,参加职业教育和文化体育活动,推进职业安全健康教育和劳动保护工作。"

对于世界上相当一部分国家的工会来说,职工利益与企业利益之间存在难以调和的矛盾。我国是社会主义国家,工会有义务协助企业开展工作,完成生产任务。

1. 协助用人单位做好涉及职工切身利益的工作

在用人单位中,职工集体福利事业、劳动报酬、保护职工生命安全和身体健康的劳动安全卫生、职工社会保险,这四项工作都是行政的工作,工会在这里并不是直接去做这些工作,而是协助用人单位做好这些工作。以此激发职工群众的劳动热情和生产积极性,从而更好地推动企事业单位生产任务的完成。

2. 教育职工正确对待劳动,组织职工开展群众性的生产、技术活动

搞好用人单位的生产、工作,归根到底要靠职工的劳动来实现。然而,职工群众的劳动态度常会受到一些消极因素的影响,从而产生怠工、金钱至上、损公肥私等消极思想或行为。因此,工会一方面要积极维护职工的权益,另一方面又要教育职工树立正确的劳动观念,继承和发扬工人阶级的优良传统,为企业发展多作贡献。

(三)关心服务职工,提升职工队伍的整体素质

根据我国《工会法》第六条、第七条、第二十一条和第三十二条规定的内容,工会对职工履行服务的义务主要体现在全心全意为职工服务、关心职工的文体生活、提高职工的综合素质三个方面。

1. 全心全意为职工服务

工会作为工人阶级的群众组织,密切联系职工,听取和反映职工的意见和要求,关心职工的生活,帮助职工解决困难,全心全意为职工服务,这是工会的天职,也是工会做好一切工作的最基本、最重要的条件。就当前及今后一个时期而言,工会要重点解决好职工群众关心的三大问题。首先,促进下岗、失业职工再就业;其次,实施送温暖工程,为困难职工送温暖;最后,帮助、指导职工签订劳动合同。

2. 关心职工文体生活

组织职工开展文娱、体育活动,也是工会服务于职工应尽的义务。职工的文体活动有益于职工身心健康,有益于激发职工团结向上、爱国爱厂的精神,因此,各级工会都要关心职工的文体生活。

地方工会要大力扶持工会的工人文化宫、俱乐部、体育场、影剧院等文体事业单位的发展,把工会的文体事业单位真正办成有益于职工身心健康的"工人的乐园"。

基层工会要根据本企业、本单位的实际情况和职工的需求,有针对性地开展职工的音乐、舞蹈、美术、书法、摄影等群众喜闻乐见的文娱活动,开展工间操、运动会、球类比赛等体育活动,以丰富职工的业余生活。

3. 提高职工的综合素质

把工会办成职工学习政治、学习管理、学习文化、学习技术的大学校,把职工培养成有理想、有道德、有文化、有纪律的社会主义建设者,这不仅是工会的义务,也是社会主义国家工会区别于其他国家工会的一大特色。

工会一要积极参与政府部门和企事业行政的职工教育工作,维护职工受教育的权利;二要进一步办好工会系统的各级各类职工学校,以岗位培训和职业教育为重点,搞好多种形式的职业教育;三要深入开展职工的读书自学活动,组织职工循序渐进地学习文化科学知识,鼓励和引导职工自学成才、岗位成才。

第四节 工会经费

工会经费,是指工会依法取得并开展正常活动所需的费用。工会经费主要用于为职工服务和工会活动。经费使用的具体办法由中华全国总工会制定。

一、工会经费的来源

《工会法》第四十三条规定了工会经费的来源：(1)工会会员缴纳的会费；(2)建立工会组织的用人单位按每月全部职工工资总额的百分之二向工会拨缴的经费；(3)工会所属的企业、事业单位上缴的收入；(4)人民政府的补助；(5)其他收入。前款第二项规定的企业、事业单位、社会组织拨缴的经费在税前列支。

二、工会经费审查

《工会法》第四十五条规定："工会应当根据经费独立原则，建立预算、决算和经费审查监督制度。各级工会建立经费审查委员会。各级工会经费收支情况应当由同级工会经费审查委员会审查，并且定期向会员大会或者会员代表大会报告，接受监督。工会会员大会或者会员代表大会有权对经费使用情况提出意见。工会经费的使用应当依法接受国家的监督。"

2018年修正的《中国工会章程》第十三条规定，各级工会代表大会选举产生同级经费审查委员会。中华全国总工会经费审查委员会设常务委员会，省、自治区、直辖市总工会经费审查委员会和独立管理经费的全国产业工会经费审查委员会，应当设常务委员会。经费审查委员会负责审查同级工会组织及其直属企业、事业单位的经费收支和资产管理情况，监督财经法纪的贯彻执行和工会经费的使用，并接受上级工会经费审查委员会的指导和监督。工会经费审查委员会向同级会员大会或会员代表大会负责并报告工作；在大会闭会期间，向同级工会委员会负责并报告工作。上级经费审查委员会应当对下一级工会及其直属企业、事业单位的经费收支和资产管理情况进行审查。中华全国总工会经费审查委员会委员实行替补制，各级地方总工会经费审查委员会委员和独立管理经费的产业工会经费审查委员会委员，也可以实行替补制。

三、工会经费的使用

工会经费主要用于为职工服务和工会活动。经费使用的具体办法由中华全国总工会制定。这一规定，为工会经费的正确合理使用提供了依据。根据全国总工会的有关规定，基层工会经费的使用范围包括：组织会员开展集体活动及会员特殊困难补助;开展职工教育、文体、宣传活动以及其他活动;为职工举办政治、科技、业务、再就业等各种知识培训;职工集体福利事业补助;工会自身建设;培训工会干部和工会积极分子;召开工会会员(代表)大会;工会建家活动;工会为维护职工合法权益开展的法律服务和劳动争议调解工作;慰问困难职工;基层工会办公费和差旅费;设备、设施维修;工会管理的为职工服务的文化、体育、生活服务等附属事业的相关费用以及对所属事业单位的必要补助。

第五节 职工民主管理

2006年发布的《中华人民共和国国民经济和社会发展第十一个五年规划纲要》中提到,要全心全意依靠职工群众,探索现代企业制度下职工民主管理的有效途径。加强职工民主管理,要坚持和完善以职工代表大会为基本形式的企业民主管理制度,发挥工会和职工代表大会在民主决策、民主管理、民主监督方面的作用。职工代表大会是为了保障全民所有制工业企业职工的民主管理权利,充分发挥职工的积极性、智慧和创造力,办好全民所有制工业企业,发展社会主义经济职工代表大会制度。职工代表大会是公有制企业中职工实行民主管理的基本形式,是职工通过民主选举,组成职工代表大会,在企业内部行使民主管理权利的一种制度。它是中国基层民主制度的重要组成部分,主要任务是:贯彻执行党和国家的方针、政策,正确处理国家、企业、职工三者的利益关系,在法律范围内行使职权,保障职工的合法权益和主人翁地位,调动职工积极性,办好社会主义企业。

一、职工代表大会的职权

1986年中共中央、国务院发布《全民所有制工业企业职工代表大会条例》(以下简称《职工代表大会条例》),第七条规定职工代表大会行使下列职权。

一是,定期听取厂长的工作报告,审议企业的经营方针、长远和年度计划、重大技术改造和技术引进计划、职工培训计划、财务预决算、自有资金分配和使用方案,提出意见和建议,并就上述方案的实施作出决议。

二是,审议通过厂长提出的企业的经济责任制方案、工资调整计划、奖金分配方案、劳动保护措施方案、奖惩办法及其他重要的规章制度。

三是,审议决定职工福利基金使用方案、职工住宅分配方案和其他有关职工生活福利的重大事项。

四是,评议、监督企业各级领导干部,并提出奖惩和任免的建议。

五是,主管机关任命或者免除企业行政领导人员的职务时,必须充分考虑职工代表大会的意见。职工代表大会根据主管机关的部署,可以民主推荐厂长人选,也可以民主选举厂长,报主管机关审批。

二、职工代表大会的组织制度

《职工代表大会条例》对于主席团的规定:职工代表大会选举主席团主持会议。主席团成员应有工人、技术人员、管理人员和企业的领导干部。其中工人、技术人员、管理人员应超过半数。

对于职工代表大会召开期限的规定:职工代表大会至少每半年召开一次。每次会议必须有三分之二以上的职工代表出席。遇有重大事项,经厂长、企业工会或三分之一以上职工代表的提议,可召开临时会议。职工代表大会进行选举和作出决议,必须经全体职工代表过半数通过。

对于议题的确定,《职工代表大会条例》第十九条规定:职工代表大会应当围绕增强企业活力、促进技术进步、提高经济效益,针对企业经营管理、分配制度和职工生活等方面的重要问题确定议题。

对于专门小组,第二十一条规定:职工代表大会可根据需要,设立若干精干的临时的或经常性的专门小组(或专门委员会,下同),完成职工代表大会交办的有关事项。其主要工作是:审议提交职工代表大会的有关议案;在职工代表大会闭会期间,根据职工代表大会的授权,审定属本专门小组分工范围内需要临时决定的问题,并向职工代表大会报告予以确认;检查、督促有关部门贯彻执行职工代表大会决议和职工提案的处理;办理职工代表大会交办的其他事项。

各专门小组对职工代表大会负责。

对于闭会期间事宜,第二十二条规定:职工代表大会闭会期间,需要临时解决的重要问题,由企业工会委员会召集职工代表团(组)长和专门小组负责人联席会议,协商处理,并向下一次职工代表大会报告予以确认。

联席会议可以根据会议内容邀请企业党政负责人或其他有关人员参加。

三、职工代表

（一）职工代表的产生

1. 条件

《职工代表大会条例》规定：按照法律规定享有政治权利的企业职工，均可当选为职工代表。

2. 职工代表来源

《职工代表大会条例》第十一条规定：职工代表的产生，应当以班组或者工段为单位，由职工直接选举。大型企业的职工代表，也可以由分厂或者车间的职工代表相互推选产生。

3. 职工代表构成

《职工代表大会条例》第十二条规定：职工代表中应当有工人、技术人员、管理人员、领导干部和其他方面的职工。其中企业和车间、科室行政领导干部一般为职工代表总数的五分之一。青年职工和女职工应当占适当比例。

为了吸收有经验的技术人员、经营管理人员参加职工代表大会，可以在企业或者车间范围内，经过民主协商，推选一部分代表。

职工代表按分厂、车间、科室（或若干科室）组成代表团（组），推选团（组）长。

4. 职工代表任期

《职工代表大会条例》第十三条规定：职工代表实行常任制，每两年改选一次，可以连选连任。

职工代表对选举单位的职工负责。选举单位的职工有权监督或者撤换本单位的职工代表。

（二）职工代表的权利

《职工代表大会条例》第十四条规定了职工代表的权利：(1)在职工代表大会上，有选举权、被选举权和表决权；(2)有权参加职工代表大会及其工作机构对企业执行职工代表大会决议和提案落实情况的检查，有权参加对企业行政领导人员的质询；(3)因参加职工代表大会组织的各项活动而占用生产或者工作时间，有权按照正常出勤享受应得的待遇。对职工代表行使民主权利，任何组织和个人不得压制、阻挠和打击报复。

（三）职工代表的义务

《职工代表大会条例》第十五条规定了职工代表的义务：(1)努力学习党和国家的方针、政策、法律、法规，不断提高政治觉悟、技术业务水平和参加管理的能力；(2)密切联系群众，代表职工合法利益，如实反映职工群众的意见和要求，认真执行职工代表大会的决议，做好职工代表大会交给的各项工作；(3)模范遵守国家的法律、法规和企业的规章制度、劳动纪律，做好本职工作。

四、职工代表大会与工会的联系

《职工代表大会条例》第二十三条规定，企业工会委员会作为职工代表大会的工作机构承担下列工作：

（1）组织职工选举职工代表；

（2）提出职工代表大会议题的建议，主持职工代表大会的筹备工作和会议的组织工作；

（3）主持职工代表团（组）长、专门小组负责人联席会议；

（4）组织专门小组进行调查研究，向职工代表大会提出建议，检查督促大会决议的执行情况，发动职工落实职工代表大会决议；

（5）向职工进行民主管理的宣传教育，组织职工代表学习政策、业务和管理知识，提高职工代表素质；

（6）接受和处理职工代表的申诉和建议，维护职工代表的合法权益；

（7）组织企业民主管理的其他工作。

本章小结

工会是中国共产党领导的职工自愿结合的工人阶级群众组织，是中国共产党联系职工群众的桥梁和纽带。中华全国总工会及其各工会组织代表职工的利益，依法维护职工的合法权益。

工会各级组织按照民主集中制原则建立。工会组织架构包括全国建立统一的中华全国总工会和基层工会委员会。

我国工会享有代表维护权、依法参与权和民主监督权。我国工会的义务主要有三个方面:一是对政府履行支持的义务;二是对企事业单位履行协助的义务;三是对职工履行服务的义务。

工会经费的来源:(1)工会会员缴纳的会费;(2)建立工会组织的用人单位按每月全部职工工资总额的百分之二向工会拨缴的经费;(3)工会所属的企业、事业单位上缴的收入;(4)人民政府的补助;(5)其他收入。工会应当根据经费独立原则,建立预算、决算和经费审查监督制度。各级工会建立经费审查委员会。工会经费主要用于为职工服务和工会活动。

国民经济和社会发展要全心全意依靠职工群众,探索现代企业制度下职工民主管理的有效途径。加强职工民主管理,要坚持和完善以职工代表大会为基本形式的企业民主管理制度,发挥工会和职工代表大会在民主选举、民主协商、民主决策、民主管理、民主监督方面的作用。

▶▶ 复习思考题

1. 工会的组建形式有哪些?
2. 工会的性质和组织原则是什么?
3. 我国工会的权利和义务有哪些?列举相应法律法规。
4. 我国工会的经费有哪些来源?应该如何使用?如何进行审查?
5. 职工代表大会的职权是什么?其与工会有什么联系?
6. 职工的基本职责有哪些?

▶▶ 案例与问题

跨国公司遭遇"工会门"[①]

沃尔玛、柯达、三星、戴尔、肯德基、麦当劳等一批知名的跨国企业在中国被点名批评。

---

① 案例来源:根据搜狐财经国内财经新闻整理,http://business.sohu.com/20060801/n244568163.shtml,2020 年 5 月 11 日访问。

提出批评的是中华全国总工会和部分人大代表，批评的理由是这些著名的跨国企业在中国已经存在多年却一直没有建立工会组织或是工会组织不健全。

这条消息经由新华社传出更加表明了政府相关部门对此事的关注和重视，也迅速引起舆论的全面跟进。这些跨国巨头如何应对这次"工会风波"？《财经时报》为此采访了中国人民大学劳动关系研究所所长、劳动人事学院劳动关系和劳动法博士生导师常凯教授，常凯从劳工权益保护和企业自身发展两个方面，对此事进行了深入的分析。

辩解的理由能否成立？

《财经时报》：面对中华全国总工会的公开批评，以及媒体频繁的追问，一些企业终于开始开口讲话，不过他们的"辩解"竟然惊人地相似，比如，"职工自愿结合，企业无权组建""没有组建工会的惯例"。您认为这些企业为自己辩解的理由能够成立吗？

常凯：从法律上讲，企业方的确没有组建工会的义务，或者说，企业方也没有组建工会的权利。在一些市场经济国家，企业老板自己成立工会是违反法律的，因为那样可能会形成老板控制工会，工会代表老板利益的危险局面。成立工会只能是工人的权利，但是企业却有义务支持工会组织的成立和活动。这种义务主要表现为两个方面：一是不作为义务，即工人在自愿成立工会时，不得干涉阻挠；二是作为义务，即企业必须依据法律为工人成立工会和开展活动提供必要的条件。

另外，我们还应该注意到一个问题，那就是在跨国公司投资者与中国员工之间的力量对比是很不平衡的，所以一旦投资者发出一种"我们不欢迎成立工会"这样的宣示，那么作为劳动者个体，是没有谁愿意拿自己的饭碗作代价去冒险同老板谈组建工会问题的。因此，投资方这种明显不欢迎的态度实际上已经给劳动者形成了压力，影响了劳动者组建工会的想法和行为。

而以"没有组建工会的惯例"为由拒绝组建工会，也是站不住脚的，因为企业惯例不能高于国家法律。不管企业有何惯例，都必须要服从和执行投资所在国的法律规定。

为什么拒绝工会？

《财经时报》：根据《国际劳工条约》和中国《工会法》的规定，劳动者有依法参加和组织工会的权利。那么这些跨国企业为什么不愿意、不鼓励工人参加和组织

第十一章 工会与民主管理

工会组织呢?他们持这种反对态度的根源是什么?

常凯:工会是代表劳动者利益的组织,维护的是劳动者的权益,成立工会是体现工人自己的权利,即工人在企业不仅仅是一个被动的劳动力,他们还有权利参与工资等劳动条件的决定,即劳动力的议价权。有了工会以后,企业的投资者和管理者就不能对劳动者的管理形成垄断,不能想怎么做就怎么做,而是要受到工会组织的制约。从本质上来讲,所有投资者和管理者对于工会都是有抵制情绪的,因为工会组织会对他们的利益和权利构成牵制和制约。一些跨国企业在中国不愿意或不鼓励工人建立工会的原因主要也是出于这种抵制情绪,因为他们担心外部力量介入企业的管理,担心自己的权利和利益受到工会组织的牵制和制约。

另外,经济方面的考虑也是这些跨国企业不愿意建立工会组织的一个重要原因。

如何度过危机?

《财经时报》:沃尔玛在中国已经不是第一次遭遇工会问题的危机了。因为拒绝组建工会,上海市政府已经拒绝了沃尔玛在上海的投资请求。而这一次被点名批评到的几家跨国企业也由于这件事受到社会各界的强烈关注,他们的品牌形象和政府关系也正经历着一场严峻的考验,你认为这件事会对这些跨国企业产生什么样的不良影响?

常凯:在工会问题上对抗投资国的法律,对这些跨国企业本身来说并没有什么好处。因为这些在发展中国家投资的企业,本身已经获得很高利润,但是在企业内部却不考虑工人权益问题,这样会让消费者感觉这些企业是一个没有社会责任感的企业,从长远角度来讲会影响企业的品牌和形象。

《财经时报》:您认为成立工会对这些跨国企业的管理来说有没有积极方面的意义?您认为跨国企业最后要让此事如何收场,他们会如何度过这次危机?

常凯:工会对企业来说,也不是仅仅有牵制和制约作用,实际上工会的存在对于企业发展也具有积极意义。一般来说一些大的企业,尤其是加工制造业都会组建工会组织,因为对劳资双方来说,工会对于消解彼此间的矛盾都会有一定的作用,所以这些非常了解国际惯例和国际劳工公约的跨国公司,完全没有必要拒绝工会。

而这次中华全国总工会明确提出自己的态度,对于这些企业来说也会形成一定的政治压力。在这样的政治和法律环境下,这些跨国企业虽然不一定能够迅速做出妥协,但至少会在态度上更谨慎一些。如果这些跨国企业最终在态度上有了妥协,像他们所表示的那样,不会阻挠工会的建立,那么上级工会组织应该借此机会深入到这些企业内部,从员工入手,多做员工的工作,引导他们建立自己的工会组织。这样此次跨国企业"工会风波"也就会以一个比较好的方式收场。

案例讨论题

1. 工人在自愿成立工会时,企业干涉阻挠违反了《工会法》的什么规定?

2. 常凯教授提到"经济方面的考虑也是这些跨国企业不愿意建立工会组织的一个重要原因",请结合相应法律条文解释这句话。

第十二章 劳动争议协调

劳动争议,是指劳动关系当事人之间因劳动的权利与义务发生分歧而引起的争议,又称劳动纠纷。其中有的属于既定权利的争议,即因适用《劳动法》和劳动合同、集体合同的既定内容而发生的争议;有的属于要求新的权利而出现的争议,是因制定或变更劳动条件而发生的争议。劳动监察是指法定专门机关代表国家对劳动法的遵守情况依法进行检查、纠举、处罚等一系列活动。劳动行政主管部门对违反劳动法规的单位或劳动者,可以依据现行劳动法律、法规、规章的决定,分别给予警告、通报批评、罚款、吊销许可证、责令停产整顿的处罚;对触犯其他行政法规的,建议有关行政机关给予行政处罚;对触犯刑律的,建议执法机关追究刑事责任。

我国先后出台过多部有关劳动争议与劳动监察的法规,诸如《中华人民共和国劳动争议调解仲裁法》《劳动保障监察条例》等,内容涉及劳动监察的范围、对象、程序、条件等,还有劳动争议的处理、调解、仲裁、诉讼。

第一节 劳动监察

劳动监察,是指法定专门机关代表国家对劳动法的遵守情况依法进行检查、纠举、处罚等一系列活动。我国当前劳动监察主要依据两部法规(均现行有效):

(1) 2004年《劳动保障监察条例》(国务院令第423号);

(2) 2004年《关于实施〈劳动保障监察条例〉若干规定》(劳社部令第25号)。

2004年之后,我国不再出台与劳动监察直接相关的法律法规。

一、劳动监察的范围

为了规范劳动保障监察工作,维护劳动者的合法权益,国务院于2004年10月26日通过了《劳动保障监察条例》(以下简称《监察条例》),并于2004年12月1日起施行。

根据《监察条例》第十一条的规定,劳动保障部门对下列事项实施劳动保障监察:

(1)用人单位制定内部劳动保障规章制度的情况;

(2)用人单位与劳动者订立劳动合同的情况;

(3)用人单位遵守禁止使用童工规定的情况;

(4)用人单位遵守女职工和未成年工特殊劳动保护规定的情况;

(5)用人单位遵守工作时间和休息休假规定的情况;

(6)用人单位支付劳动者工资和执行最低工资标准的情况;

(7)用人单位参加各项社会保险和缴纳社会保险费的情况;

(8)职业介绍机构、职业技能培训机构和职业技能考核鉴定机构遵守国家有关职业介绍、职业技能培训和职业技能考核鉴定的规定的情况;

(9)法律、法规规定的其他劳动保障监察事项。

二、劳动监察的对象

根据《监察条例》的规定,以下单位违法的,单位职工可以向劳动保障监察部门投诉:

(1)企业和个体工商户。《监察条例》第二条规定,对企业和个体工商户(以下称用人单位)进行劳动保障监察,适用本条例。

(2)职业介绍机构、职业技能培训机构和职业技能考核鉴定机构。《监察条例》第二条规定,对职业介绍机构、职业技能培训机构和职业技能考核鉴定机构进行劳动保障监察,依照本条例执行。

(3)国家机关、事业单位、社会团体。《监察条例》第三十四条规定,国家机关、事业单位、社会团体执行劳动保障法律、法规和规章的情况,由劳动保障行政部门根据其职责,依照本条例实施劳动保障监察。

(4) 不具备用工主体资格的单位和个人。《监察条例》第三十三条规定,对无营业执照或者已被依法吊销营业执照,有劳动用工行为的,由劳动保障行政部门依照本条例实施劳动保障监察,并及时通报工商行政管理部门予以查处取缔。

三、劳动监察的职责

劳动保障监察是县级以上劳动保障行政部门对用人单位和劳动者遵守劳动法律、法规、规章的情况进行监督监察,发现违法行为,依法进行查处,并予以处罚的劳动保障行政执法行为。劳动保障监察机构的主要职责如下:

(1) 宣传劳动保障法律、法规和规章,督促用人单位贯彻执行;
(2) 检查用人单位遵守劳动保障法律、法规和规章的情况;
(3) 受理对违反劳动保障法律、法规或者规章的行为的举报、投诉;
(4) 依法纠正和查处违反劳动保障法律、法规或者规章的行为。

四、举报受理与立案

对符合立案条件的举报与投诉,劳动保障行政部门应当在接到投诉之日起 5 个工作日内依法受理,并于受理之日立案查处;对违反劳动保障法律、法规或规章的行为的调查,应当自立案之日起 60 个工作日内完成;对情况复杂的,经劳动保障行政部门负责人批准,可以延长 30 个工作日;对已经完成调查取证的案件要及时作出处理意见。

五、调查与检查

劳动保障监察员进行调查、检查,不得少于 2 人,并应当佩戴劳动保障监察标志,出示劳动保障监察证件。劳动保障监察员办理的劳动保障监察事项与本人或者其近亲属有直接利害关系的,应当回避。

六、案件处理

(一) 立案

劳动保障监察机构应当在接到投诉或举报之日起 5 个工作日内决定是否立

案,立案应当填写立案审批表,劳动保障监察机构负责人批准之日即为立案之日,并通知投诉人或举报人。

(二) 调查

案件承办人员必须自立案之日起,在规定期限内完成对用人单位的调查取证,同时提出是否对用人单位进行行政处罚或行政处理以及建议、理由、法律依据,移送案件处理科。

(三) 审理

案件审理人员应当全面审理案件,审查案件事实是否清楚,证据是否确凿,程序是否合法,适用法律是否正确。

对用人单位拟作出责令停产停业、吊销许可证或较大数额罚款等行政处罚决定之前,应当告知当事人有权在规定期限内提出听证,用人单位要求听证的,应当组织听证。

主办审理人员在规定时间内审理案件后,应当提出初步处理建议,报劳动保障监察机构支队领导批准。

(四) 处理决定

劳动保障行政部门立案调查完成,应在15个工作日内作出行政处罚(行政处理或者责令改正)或者撤销立案决定;特殊情况,经劳动保障行政部门负责人批准可以延长。

(五) 结案

劳动保障行政部门对违反劳动保障法律的行为的调查,应当自立案之日起60个工作日内完成;情况复杂的,经劳动保障行政部门负责人批准,可以延长30个工作日。案件执行时间不包括在案件处理时间内。

(六) 执行

劳动保障行政处理或处罚决定依法作出后,当事人应当在决定规定的期限内予以履行。当事人对劳动保障行政处理或行政处罚决定不服申请行政复议或者提起行政诉讼的,行政处理或行政处罚决定不停止执行。法律另有规定的除外。

当事人对劳动保障行政部门作出的行政处罚决定、责令支付劳动者工资报酬、赔偿金或者征缴社会保险费等行政处理决定逾期不履行的,劳动保障行政部门可以申请人民法院强制执行,或者依法强制执行。

七、回避制度

劳动保障监察员在实施劳动保障监察时,有下列情形之一的,应当回避:(1)本人是用人单位法定代表人或主要负责人的近亲属的;(2)本人或其近亲属与承办查处的案件事项有直接利害关系的;(3)因其他原因可能影响案件公正处理的。(《关于实施〈劳动保障监察条例〉若干规定》第二十三条)

八、追诉时效与监察处理时限

追诉时效:劳动保障监察适用"两年内"的追诉时效。时效指两年内劳动保障部门没有发现,并不包括两年内已发现(立案)而用人单位逃避的情况。(《监察条例》第二十条)

结案时效:劳动监察案件应从立案之日起60个工作日内结案。对情况复杂的,经局领导批准后,可以延长30个工作日。(《关于实施〈劳动保障监察条例〉若干规定》第三十条)

九、劳动保障行政处罚种类

劳动保障行政处罚的种类包括责令改正、罚款、警告、没收违法所得、吊销许可证等。《监察条例》第二十三条至第三十条进行了详细规定。如,第二十四条规定用人单位与劳动者建立劳动关系不依法订立劳动合同的,由劳动保障行政部门责令改正。第二十五条规定用人单位违反劳动保障法律、法规或者规章延长劳动者工作时间的,由劳动保障行政部门给予警告,责令限期改正,并可以按照受侵害的劳动者每人100元以上500元以下的标准计算,处以罚款。第二十八条规定职业介绍机构、职业技能培训机构或者职业技能考核鉴定机构违反国家有关职业介绍、职业技能培训或者职业技能考核鉴定的规定的,由劳动保障行政部门责令改正,没收违法所得,并处1万元以上5万元以下的罚款;情节严重的,吊销许可证。

十、劳动监察处罚决定书

对用人单位存在的违反劳动保障法律的行为事实确凿并有法定处罚（处理）依据的，可以当场作出限期整改指令或依法当场作出行政处罚决定。当场作出限期整改指令或行政处罚决定的，劳动保障监察员应当填写预定格式、编有号码的限期整改指令书或行政处罚决定书，当场交付当事人。劳动保障监察限期整改指令书、劳动保障行政处理决定书、劳动保障行政处罚决定书应当在宣告后当场交付当事人；当事人不在场的，劳动保障行政部门应当在7日内依照《中华人民共和国民事诉讼法》的有关规定，将劳动保障监察限期整改指令书、劳动保障行政处理决定书、劳动保障行政处罚决定书送达当事人。（《关于实施〈劳动保障监察条例〉若干规定》第三十八条）

第二节 劳动争议的处理

劳动争议，是指劳动关系当事人之间因劳动的权利与义务发生分歧而引起的争议，又称劳动纠纷。其中有的属于既定权利的争议，即因适用劳动法和劳动合同、集体合同的既定内容而发生的争议；有的属于要求新的权利而出现的争议，是因制定或变更劳动条件而发生的争议。我国当前劳动争议的处理主要依据的法规为2007年12月29日通过的《中华人民共和国劳动争议调解仲裁法》（国家主席令第80号，以下简称《劳动争议调解仲裁法》）。

一、处理范围

《劳动争议调解仲裁法》第二条规定，中华人民共和国境内的用人单位与劳动者发生的下列劳动争议，适用本法：

（1）因确认劳动关系发生的争议；

（2）因订立、履行、变更、解除和终止劳动合同发生的争议；

（3）因除名、辞退和辞职、离职发生的争议；

（4）因工作时间、休息休假、社会保险、福利、培训以及劳动保护发生的争议；

（5）因劳动报酬、工伤医疗费、经济补偿或者赔偿金等发生的争议；

（6）法律、法规规定的其他劳动争议。

二、处理原则

解决劳动争议,应当根据事实,遵循合法、公正、及时、着重调解的原则,依法保护当事人的合法权益。

三、处理程序

我国处理劳动争议的程序通常为:协商、调解、仲裁和诉讼。《劳动争议调解仲裁法》第五条规定,发生劳动争议,当事人不愿协商、协商不成或者达成和解协议后不履行的,可以向调解组织申请调解;不愿调解、调解不成或者达成调解协议后不履行的,可以向劳动争议仲裁委员会申请仲裁;对仲裁裁决不服的,除本法另有规定的外,可以向人民法院提起诉讼。

第三节 劳动争议的调解

调解是处理企业劳动争议的基本办法或途径之一。事实上,调解可以贯穿整个劳动争议的解决过程。它既指在企业劳动争议进入仲裁或诉讼以后由仲裁委员会或法院所做的调解工作,也指企业调解委员会对企业劳动争议所做的调解活动。这里所说的调解指的是后者。我国当前劳动争议的调解主要依据《劳动争议调解仲裁法》。

一、调解机构

《劳动争议调解仲裁法》第十条规定,发生劳动争议,当事人可以到下列调解组织申请调解:

(1) 企业劳动争议调解委员会;
(2) 依法设立的基层人民调解组织;
(3) 在乡镇、街道设立的具有劳动争议调解职能的组织。

企业劳动争议调解委员会由职工代表和企业代表组成。职工代表由工会成员担任或者由全体职工推举产生,企业代表由企业负责人指定。企业劳动争议调解委员会主任由工会成员或者双方推举的人员担任。

二、调解程序

企业劳动争议调解委员会所做的调解活动,主要是指调解委员会在接受争议双方当事人调解申请后,首先要查清事实、明确责任,在此基础上根据有关法律和集体合同或劳动合同的规定,通过自己的说服、引导,最终促使双方当事人在相互让步的前提下自愿达成解决劳动争议的协议。

经调解达成协议的,应当制作调解协议书。调解协议书由双方当事人签名或者盖章,经调解员签名并加盖调解组织印章后生效,对双方当事人具有约束力,当事人应当履行。自劳动争议调解组织收到调解申请之日起十五日内未达成调解协议的,当事人可以依法申请仲裁。(《劳动争议调解仲裁法》第十四条)

第四节　劳动争议的仲裁

仲裁也称公断,仲裁作为企业劳动争议的处理办法之一,是指劳动争议仲裁机构依法对争议双方当事人的争议案件进行居中公断的执法行为。我国当前劳动争议主要依据《劳动争议调解仲裁法》。

一、劳动仲裁受理范围

《劳动争议调解仲裁法》第二条规定,中华人民共和国境内的用人单位与劳动者发生的下列劳动争议,属于劳动仲裁受理范围:

(1) 因确认劳动关系发生的争议;
(2) 因订立、履行、变更、解除和终止劳动合同发生的争议;
(3) 因除名、辞退和辞职、离职发生的争议;
(4) 因工作时间、休息休假、社会保险、福利、培训以及劳动保护发生的争议;
(5) 因劳动报酬、工伤医疗费、经济补偿或者赔偿金等发生的争议;
(6) 法律、法规规定的其他劳动争议。

二、举证责任规定

《劳动争议调解仲裁法》第三十九条规定,劳动者无法提供由用人单位掌握管理的与仲裁请求有关的证据,仲裁庭可以要求用人单位在指定期限内提供。用人单位在指定期限内不提供的,应当承担不利后果。

三、仲裁员的任职条件

《劳动争议调解仲裁法》第二十条规定,仲裁员应当公道正派并符合下列条件之一:

（1）曾任审判员的;
（2）从事法律研究、教学工作并具有中级以上职称的;
（3）具有法律知识、从事人力资源管理或者工会等专业工作满五年的;
（4）律师执业满三年的。

四、劳动争议申请仲裁的时效

《劳动争议调解仲裁法》第二十七条规定,劳动争议申请仲裁的时效期间为一年。仲裁时效期间从当事人知道或者应当知道其权利被侵害之日起计算。因当事人一方向对方当事人主张权利,或者向有关部门请求权利救济,或者对方当事人同意履行义务而中断。从中断时起,仲裁时效期间重新计算。因不可抗力或者有其他正当理由,当事人不能在本条第一款规定的仲裁时效期间申请仲裁的,仲裁时效中止。从中止时效的原因消除之日起,仲裁时效期间继续计算。

劳动关系存续期间因拖欠劳动报酬发生争议的,劳动者申请仲裁不受仲裁时效期间的限制;但是,劳动关系终止的,应当自劳动关系终止之日起一年内提出。

五、仲裁申请书应当载明的事项

《劳动争议调解仲裁法》第二十八条规定,仲裁申请书应当载明下列事项:

（1）劳动者的姓名、性别、年龄、职业、工作单位和住所,用人单位的名称、住所和法定代表人或者主要负责人的姓名、职务;
（2）仲裁请求和所根据的事实、理由;
（3）证据和证据来源、证人姓名和住所。

六、仲裁申请的受理程序

《劳动争议调解仲裁法》第二十九条规定,劳动争议仲裁委员会收到仲裁申请之日起五日内,认为符合受理条件的,应当受理,并通知申请人;认为不符合受理条件的,应当书面通知申请人不予受理,并说明理由。对劳动争议仲裁委员会不予受理或者逾期未作出决定的,申请人可以就该劳动争议事项向人民法院提起诉讼。

第三十条规定,劳动争议仲裁委员会受理仲裁申请后,应当在五日内将仲裁申请书副本送达被申请人。被申请人收到仲裁申请书副本后,应当在十日内向劳动争议仲裁委员会提交答辩书。劳动争议仲裁委员会收到答辩书后,应当在五日内将答辩书副本送达申请人。被申请人未提交答辩书的,不影响仲裁程序的进行。

七、仲裁员应当回避的情形

《劳动争议调解仲裁法》第三十三条规定,仲裁员有下列情形之一,应当回避,当事人也有权以口头或者书面方式提出回避申请:

（1）是本案当事人或者当事人、代理人的近亲属的;
（2）与本案有利害关系的;
（3）与本案当事人、代理人有其他关系,可能影响公正裁决的;
（4）私自会见当事人、代理人,或者接受当事人、代理人的请客送礼的。

劳动争议仲裁委员会对回避申请应当及时作出决定,并以口头或者书面方式通知当事人。

八、仲裁庭的调解程序

《劳动争议调解仲裁法》第四十二条规定,仲裁庭在作出裁决前,应当先行调解。调解达成协议的,仲裁庭应当制作调解书。调解书应当写明仲裁请求和当事人协议的结果。调解书由仲裁员签名,加盖劳动争议仲裁委员会印章,送达双方当事人。调解书经双方当事人签收后,发生法律效力。调解不成或者调解书送达前,一方当事人反悔的,仲裁庭应当及时作出裁决。

九、仲裁庭裁决劳动争议案件的时限

《劳动争议调解仲裁法》第四十三条规定,仲裁庭裁决劳动争议案件,应当自劳动争议仲裁委员会受理仲裁申请之日起四十五日内结束。案情复杂需要延期

的,经劳动争议仲裁委员会主任批准,可以延期并书面通知当事人,但是延长期限不得超过十五日。逾期未作出仲裁裁决的,当事人可以就该劳动争议事项向人民法院提起诉讼。仲裁庭裁决劳动争议案件时,其中一部分事实已经清楚,可以就该部分先行裁决。

十、仲裁庭可以裁决先予执行的范围

《劳动争议调解仲裁法》第四十四条规定,仲裁庭对追索劳动报酬、工伤医疗费、经济补偿或者赔偿金的案件,根据当事人的申请,可以裁决先予执行,移送人民法院执行。仲裁庭裁决先予执行的,应当符合下列条件:

(1) 当事人之间权利义务关系明确;

(2) 不先予执行将严重影响申请人的生活。

劳动者申请先予执行的,可以不提供担保。

十一、劳动争议仲裁裁决终局的范围

《劳动争议调解仲裁法》第四十七条规定,下列劳动争议,除本法另有规定的外,仲裁裁决为终局裁决,裁决书自作出之日起发生法律效力:

(1) 追索劳动报酬、工伤医疗费、经济补偿或者赔偿金,不超过当地月最低工资标准十二个月金额的争议;

(2) 因执行国家的劳动标准在工作时间、休息休假、社会保险等方面发生的争议。

十二、劳动争议仲裁费

《劳动争议调解仲裁法》第五十三条规定,劳动争议仲裁不收费。劳动争议仲裁委员会的经费由财政予以保障。

第五节 劳动争议的诉讼

劳动争议的诉讼,是解决劳动争议的最终程序。《劳动争议调解仲裁法》第五十条规定,当事人对本法第四十七条规定以外的其他劳动争议案件的仲裁裁决

不服的,可以自收到仲裁裁决书之日起十五日内向人民法院提起诉讼。

人民法院按照民事诉讼法规定的诉讼程序,以劳动法及相关政策法规为依据,对劳动争议案件进行审理。

本章小结

劳动争议是指劳动关系当事人之间因劳动的权利与义务发生分歧而引起的争议,又称劳动纠纷。劳动监察是指法定专门机关代表国家对劳动法的遵守情况依法进行检查、纠举、处罚等一系列活动。

本章依据我国先后出台的多部有关劳动争议与劳动监察的法规,诸如《劳动争议调解仲裁法》《劳动保障监察条例》等,系统阐述了劳动争议与劳动监察相关内容,涉及劳动监察的范围、对象、程序、条件等,还有劳动争议的处理、调解、仲裁、诉讼。

第一,劳动监察。关于劳动监察的规定包括劳动监察的范围、对象、职责、举报受理与立案、调查与检查、案件处理、回避制度、追诉时效与监察处理时限、劳动保障行政处罚种类、劳动监察处罚决定书。

第二,劳动争议的处理。关于劳动争议处理的规定包括处理范围、原则、程序。

第三,劳动争议的调解。调解是处理企业劳动争议的基本办法或途径之一。本章所说的调解指的是企业调解委员会对企业劳动争议所做的调解活动。关于劳动争议调解的规定包括调解机构和调解程序。

第四,劳动争议的仲裁。仲裁也称公断,是指劳动争议仲裁机构依法对争议双方当事人的争议案件进行居中公断的执法行为。关于劳动争议仲裁的规定包括劳动仲裁受理范围、举证责任规定、仲裁员的任职条件、劳动争议申请仲裁的时效、仲裁申请书应当载明的事项、仲裁申请的受理程序、仲裁员应当回避的情形、仲裁庭的调解程序、仲裁庭裁决劳动争议案件的时限、仲裁庭可以裁决先予执行的范围、劳动争议仲裁裁决终局的范围、劳动争议仲裁费。

第五,劳动争议的诉讼。劳动争议诉讼是人民法院按照民事诉讼法规定的程序,以劳动法规为依据,对劳动争议案件进行审理的活动。依照现行法律规定,劳动者主要的法定维权渠道包括劳动争议处理程序、劳动保障监察程序。

第十二章 劳动争议协调

▶▶ 复习思考题

1. 什么是劳动争议？什么是劳动监察？
2. 劳动监察实施的范围包括哪些情况？对象有哪些？
3. 劳动保障监察机构的主要职责有哪些？
4. 劳动保障行政部门对受理与立案的时限有什么要求？
5. 劳动争议处理范围包括哪些情况？有哪些原则？有哪些程序？
6. 什么是调解？如何组成调解机构？有哪些程序？
7. 什么是仲裁？有哪些受理范围？谁负有举证责任？仲裁员有哪些任职条件和回避情形？劳动争议申请仲裁的时效如何计算？
8. 仲裁申请书应当载明哪些事项？仲裁申请有哪些受理程序？仲裁庭有哪些调解程序？仲裁庭裁决劳动争议案件的时限如何计算？

▶▶ 案例与问题[①]

某市大宝水泥厂始建于20世纪50年代，到20世纪90年代中期由于管理不善导致严重亏损，1997年被迫停产，该厂的500多名职工四处奔波谋生并领取了失业救济金。1998年，根据该市政府有关文件，该市民营企业宝强实业有限公司兼并了该水泥厂。在兼并该水泥厂的《企业资产转让合同》中规定，宝强公司同意接收水泥厂全部在册职工，对符合接收条件一时又不能安置的职工，每人每月由宝强公司发给180元基本生活费，并缴纳社会保险费。1999年1月，宝强公司正式接管水泥厂并恢复生产。宝强公司于1998年12月22日在报纸上发布通知，要求水泥厂在册职工回厂上班。凡在1998年12月31日前未回厂上班的干部、职工，一律按照自动离职处理，并解除劳动关系。到1998年12月31日，原水泥厂的551名职工先后有464人到厂报到。在大家满怀希望投入生产时，自1999年1月至2001年5月，宝强公司先后多次以自动离职或严重违反公司规章制度为由，辞退了原水泥厂职工中的373人；对没有被辞退又没有安置的原水泥厂职工，宝强公司也没有按照《企业资产转让合同》的约定，发放生活费和缴纳社会保险费。从2001年7月起，原水泥厂的员工向有关部门投诉，反映企业改制中员工劳

---

① 案例来源：《儋州劳动争议案：六年无解的样本》，《财经》2004年第12期。略有修改。

动权益受侵害。该市有关部门经过调查、调解,宝强公司未与职工达成协议。于是,237名职工于2001年10月29日,向该市劳动争议仲裁委员会申请仲裁,被该委员会于2001年12月2日以超过申诉时效为由不予受理。237名职工不服,依法向该市人民法院起诉。对于职工的起诉,宝强公司则认为,起诉的部分职工没有在1998年12月31日以前按公司的通告回厂报到,他们与公司之间不存在劳动关系;而其他回厂上班后被解除劳动关系的职工,因为没有及时提出申诉请求,已经超过了申诉时效。2002年1月25日,该市人民法院对此案作出了一审判决,以职工超过申诉期限为由,驳回了237名职工的起诉。职工不服。向中级人民法院提出上诉,该中级人民法院以237名职工超过申诉期限为由,驳回上诉,维持原判。

案例讨论题

1. 原水泥厂按宝强公司通知回厂上班的职工,与宝强公司是否存在劳动关系?为什么?

2. 宝强公司对373名职工作出按自动离职或解除劳动合同关系的处理决定是否合法有效?为什么?

3. 237名职工的申诉是否超过法定时效?为什么?

教师反馈及教辅申请表

北京大学出版社本着"教材优先、学术为本"的出版宗旨，竭诚为广大高等院校师生服务。为更有针对性地提供服务，请您认真填写完整以下表格后，拍照发到 ss@pup.pku.edu.cn，我们将免费为您提供相应的课件，以及在本书内容更新后及时与您联系邮寄样书等事宜。

书名		书号	978-7-301-	作者	
您的姓名				职称、职务	
校/院/系					
您所讲授的课程名称					
每学期学生人数	＿＿＿＿人＿＿＿＿年级			学时	
您准备何时用此书授课					
您的联系地址					
联系电话(必填)				邮编	
E-mail(必填)				QQ	
您对本书的建议：					

我们的联系方式：

北京大学出版社社会科学编辑室

北京市海淀区成府路 205 号，100871

联系人：韩月明

电话：010-62753121 / 62765016

微信公众号：ss_book

新浪微博：@未名社科-北大图书

网址：http://www.pup.cn

更多资源请关注"北大博雅教研"